智慧物流·数字化供应链系列丛书

人邮教育

数字化 供应链管理

微课版

李兴志　翟洁萍◎主　编
陈　晓　魏　进　刘艳玲　熊　菁◎副主编

人民邮电出版社

北　京

图书在版编目（CIP）数据

数字化供应链管理：微课版 / 李兴志，翟洁萍主编. --
北京：人民邮电出版社，2025. --（智慧物流·数字化
供应链系列丛书）. -- ISBN 978-7-115-67243-8

Ⅰ. F252.1-39

中国国家版本馆 CIP 数据核字第 20258BH247 号

内 容 提 要

本书全面介绍了数字化供应链的基本概念，并系统介绍了数字化供应链环境下的采购管理、生产管理、智慧物流管理、销售管理，以及供应链信息管理和风险管理等活动。同时，本书详细分析了大量案例，展示了不同企业如何成功实施数字化供应链管理，并讨论了企业在进行供应链数字化转型中面临的挑战及采取的解决方案。通过学习本书内容，读者可以获得数字化供应链管理的必要知识，掌握数字化供应链的内涵，推动供应链的创新发展。

本书可以作为高等职业院校现代物流管理、供应链运营等专业数字化供应链管理相关课程的教材，也可以作为供应链、物流行业从业者的参考书。

◆ 主　　编　李兴志　翟洁萍
　　副主编　陈　晓　魏　进　刘艳玲　熊　菁
　　责任编辑　白　雨
　　责任印制　王　郁　彭志环
◆ 人民邮电出版社出版发行　　北京市丰台区成寿寺路 11 号
　　邮编 100164　电子邮件 315@ptpress.com.cn
　　网址 https://www.ptpress.com.cn
　　三河市祥达印刷包装有限公司印刷
◆ 开本：787×1092　1/16
　　印张：13.75　　　　　　　　　2025 年 8 月第 1 版
　　字数：304 千字　　　　　　　2025 年 8 月河北第 1 次印刷

定价：56.00 元

读者服务热线：(010)81055256　印装质量热线：(010)81055316
反盗版热线：(010)81055315

前言

在这个快速变化的时代，供应链管理作为企业运营的核心部分，正面临前所未有的挑战与机遇。随着信息技术的飞速发展，特别是大数据、云计算、物联网和人工智能等技术的广泛应用，供应链管理领域正在经历深刻的数字化转型。这一转型不仅改变了企业的运作方式，也为提高供应链的效率、透明度和灵活性提供了强大的动力。本书旨在为读者提供一个全面而深入的视角，帮助其理解并掌握数字化时代供应链管理的新理念、新工具和新方法。

本书在编写过程中，一方面紧跟数字化供应链管理的发展动态，及时将新的理论和实践成果纳入其中，帮助读者了解供应链管理中的新技术、新动态，以及数字化转型给供应链管理带来的影响和变革，引导读者积极适应并推动数字化供应链管理的发展；另一方面强调校企合作，注重理论与实践相结合，邀请山东天瑞医药集团公司的领导和专家参与相关案例、实践操作内容的编写与修订，培养读者分析问题、解决问题的能力，以及运用数字化工具和技术进行供应链管理的实践能力。本书分为10个项目，包括数字化供应链管理认知、供应链管理方法、数字化供应链的设计与构建、数字化供应链合作伙伴、数字化供应链环境下的采购管理、数字化供应链环境下的生产管理、数字化供应链环境下的智慧物流管理、数字化供应链环境下的销售管理、供应链信息管理和风险管理，以及供应链绩效评价与激励。本书内容全面、结构清晰，从基础理论到实践应用，再到挑战与应对策略，形成了一个完整的知识体系。同时，本书配套丰富的教学资源，包括微课视频、PPT课件、教案、教学大纲、拓展案例，读者可以登录人邮教育社区（www.ryjiaoyu.com）下载并获取相关教学资源。本书配套精品微课视频，读者可以扫描下方二维码，登录人邮学院平台（www.rymooc.com）观看微课视频。

人邮学院

微课视频

本书由济宁职业技术学院李兴志、翟洁萍担任主编，由济宁职业技术学院陈晓、山东畜牧兽医职业学院魏进、济宁职业技术学院刘艳玲、江西交通职业技术学院熊菁担任副主编，广州市财经商贸职业学校周峰、江苏建筑职业技术学院袁晨皓、徐州技师学院戚鹤亭、深圳市中诺思科技股份有限公司王建宇参与编写。本书具体分工如下：李兴志负责全书统筹和统稿工作，并编写项目四、项目五；翟洁萍负责编写项目八、项目九、项目十；陈晓负责编写项目一、项目二、项目三；魏进负责编写项目七；刘艳玲、熊菁负责制作配套课件和教案；周峰负责编写项目六任务一、任务二；袁晨皓负责编写项目六任务三；戚鹤亭负责编写项目六任务四；王建宇负责提供全书拓展案例。由于编者水平有限，书中难免存在不足之处，敬请广大读者批评指正。

编者

2025 年 5 月

目录

01 项目一
数字化供应链管理认知

【项目描述】

在经济全球化背景下，企业之间的竞争已上升为供应链之间的竞争，构建和实施数字化供应链管理对于增强企业核心竞争力十分重要。随着数字化技术的快速发展和深入应用，数字化转型已成为企业的重要战略。利用数字化方式来提升企业发展质量和效率，并推动创新发展是一种必然趋势。本项目将重点介绍供应链及数字化供应链的定义与特征，以及数字化供应链管理的理念等内容。

【项目目标】

知识目标
1. 掌握数字化供应链的含义
2. 了解数字化供应链的特征
3. 熟悉数字化供应链的关键技术
4. 掌握数字化供应链管理的内容
5. 了解数字化供应链管理的理念

技能目标
1. 阐述供应链的产生背景
2. 理解供应链的内涵
3. 辨析数字化供应链的特征
4. 明晰数字化供应链管理的内容和目标

素质目标
1. 培养运用供应链思维思考问题、解决问题的能力
2. 增强对数字化供应链与供应链管理理论的接受和应用能力
3. 认识数字化供应链对企业乃至行业产生的深远影响，具备数字化供应链管理的基本素养

【引导案例】

淘菜菜——以数字化供应链惠民助农

阿里社区电商品牌——"淘菜菜"整合了阿里数字农业事业部，从产销两端串联起农业、小店、工厂。在"三位一体"的数字化转型探索与实践下，阿里社区电商已形成

独特的发展模式。

我国的农业生产具有分散性的特点，农户销售农产品通常面临两大障碍：一是信息不对称，导致供需不匹配；二是流通效率低，农村冷链物流等基础设施薄弱，农产品流通环节损失率高达 20%至 30%。

依托阿里的数字技术和多年积累的农业基础设施，淘菜菜提出了"直供直销"助农模式，构建了"从田头到餐桌"的农产品直采直销网络。

淘菜菜已直连近万个农产品基地，并与数字农业产地仓、销地仓及自身的加工仓、中心仓、网格仓、社区百万小店全面打通，持续推进农产品仓配冷链保鲜加工体系建设。

除了帮助农民销售农产品外，淘菜菜还积极探索科技兴农。例如，在江西武功、四川蒲江等地，阿里数字农业大规模推广即食猕猴桃，建立了 1 个采后研发中心、1 个大型产地仓和 30 个数字农业基地，初步形成了国产即食猕猴桃从统一品种、统一种植、采后研发、冷链物流到全渠道销售、品牌塑造的全产业链。淘菜菜通过对数字技术与农业科技相结合的探索，让产业链上的所有参与者都能分享到产业发展的成果。消费者能吃到优质的水果，农民能卖出更好的价钱，专家的研究成果得到了应用，阿里的数字技术也得以沉淀。

在数字化供应链的加持下，淘菜菜更具时间和成本优势，降低了社会交易成本。随着互联网基础设施的不断发展，小店店主之前的许多工作已被分解、替代和优化。升级后的淘菜菜能够实现更多功能，除了发挥原有的淘菜菜"云菜场"、零售通"云便利店"的功能外，淘菜菜还可协同菜鸟驿站、饿了么等平台，为小店提供"一店多能"的柔性定制服务。以往的社区电商运作模式是社会化团长裂变式倾销，即"人推货"；而淘菜菜小店则依靠数字化升级，实现了"货配人"。品牌商可凭借小店和网点的支持，更好地运营线下消费者，这也是社区电商未来发展的一个重要方向。

思考：阿里旗下"淘菜菜"构建的数字化供应链的重要作用。

任务一　供应链

任务描述

供应链是一种以客户需求为导向的组织形态，是一个生态网络，具有协调性、整合性、动态性、复杂性、虚拟性等特征。供应链的类型多样，不同行业的供应链存在一定差异。掌握供应链的相关知识，了解不同行业供应链的特点将是本任务的重点。

任务知识

一、供应链的内涵

供应链（Supply Chain）的概念最早出现在 20 世纪 80 年代末，是从扩大的生产

（Extended Production）发展而来的。随着精益生产、敏捷制造及全球制造等概念的出现，供应链在制造业中得到了广泛应用，成为一种全新的管理模式。由于经济全球化、信息技术的兴起、市场环境的剧烈变化及用户需求的多样化，供应链及供应链管理作为应对问题的有效方式和措施得到了理论界与实践界的广泛关注。图1-1所示为一条简单的供应链。

图1-1　一条简单的供应链

（一）供应链的定义

供应链是指生产及流通过程中，围绕核心企业的核心产品或服务，由所涉及的原材料供应商、制造商、分销商、零销商直到最终用户等形成的网链结构。

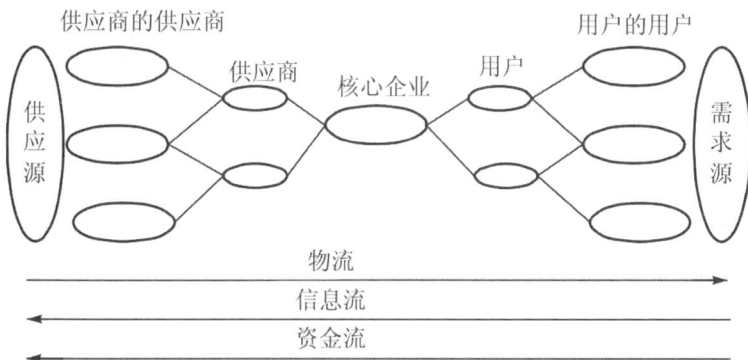

图1-2　功能网链结构模式

它是一种范围更广的企业结构模式，包含所有加盟的节点企业。它不仅是一条连接供应商与用户的物料链、信息链、资金链，而且是一条增值链。物料在供应链上通过加工、包装、运输等过程实现增值，为相关企业带来收益。

（二）对供应链定义的理解

供应链是指在产品生产和流通过程中，将供应商、制造商、分销商、零售商及最终用户等成员通过与上游、下游成员的连接组成的一个庞大的生态网络。它涵盖了从物料获取、物料加工到将成品送到用户手中这一过程所涉及的企业和企业部门。

每个供应链中都有一个核心企业和众多节点企业。节点企业在需求信息的驱动下，围绕着核心企业进行分工与合作，以资金流和物流为媒介，实现整个供应链的不断增值。

例如，小米就是供应链中的核心企业。在它的上游，有各层级的物料供应商、元器件生产商和组装制造厂，在它的下游，有各层级的批发商和经销商。此外，还有为其提供运输、仓储服务的物流服务商，它们共同组成了一条完整、顺畅的供应链。

📖 拓展案例

沃尔玛的全球供应链

二、供应链的特征

（一）协调性

供应链本身是一个整体合作、协调一致的系统。各成员企业为了共同的目标，协调运作，紧密配合。

（二）整合性

每个供应链成员企业都是链中的一个环节，都须与整个链的动作一致，服从全局，做到方向一致、步调一致。通过整合其他成员企业的资源，实现强强联合，取长补短，增强整体竞争力。

（三）选择性

供应链中的成员企业是在众多企业中筛选出的合作伙伴。只有符合供应链发展需求的企业才能进入链中，与其他成员企业建立合作关系。这种合作关系虽然追求长久，但并非固定不变。

（四）动态性

供应链需要根据目标的变化和服务方式的变化进行调整，因此处于动态调整的过程中。

（五）复杂性

不少供应链是跨国、跨地区和跨行业的组合。各国的国情、政体、法律、人文、地理、习惯、风俗等存在较大差异，经济发达程度、物流基础设施、物流管理水平和技术能力各不相同。这导致供应链的内部组成和外部条件具有复杂性。此外供应链操作必须保证目标明确、行动迅速和服务质量高，这进一步增加了供应链管理内容和实践过程的复杂性。

（六）虚拟性

供应链可能是由多个企业组成一个协作组织，而不一定是一个集团企业。这些企业通过协作方式组合在一起，依靠信息网络的支撑和相互信任关系，为共同利益强强联合，优势互补，协调运转。由于供应链需要保持较强的竞争力，必须进行优势企业之间的连接，因此供应链内的优胜劣汰是必然的。供应链犹如一个虚拟的强势企业群体，对外联合提供产品或服务，对内则不断优化组合。

三、供应链的类型

不同的分类标准决定了供应链的类型，供应链的类型如表 1-1 所示。

表 1-1 供应链的类型

分类标准	类型
制造企业供应链的发展过程	内部供应链
	外部供应链
供应链的稳定性	稳定的供应链
	动态的供应链
供应链容量与用户需求的关系	平衡的供应链
	倾斜的供应链
供应链的动力来源	推式供应链
	拉式供应链
供应链的主导企业控制能力	盟主型供应链
	非盟主型供应链
供应链的功能模式	有效型供应链
	反应型供应链

下面根据不同的分类标准，对具体的供应链类型进行阐述。

（一）内部供应链和外部供应链

根据制造企业供应链发展的不同阶段，供应链可分为内部供应链和外部供应链。

（1）内部供应链，从结构上讲，是指企业内部产品生产和流通过程中涉及的采购部门、生产部门、仓储部门、销售部门等组成的供需网络。最初的供应链概念局限于企业的内部操作，注重企业内部各部门的协调，通过团队合作和管理机制实现企业的利益目标。

（2）外部供应链，是指与企业的产品生产和流通过程相关的供应商、制造商、物流商、零售商以及最终用户组成的供需网络。外部供应链是新的供应链概念，强调企业与外部资源的联系，关注供应链的外部环境，以及供应链中不同企业的制造、组装、分销、零售等过程，即将原材料转换成产品并提供给最终用户的转换过程。外部供应链是一个更宏观、更系统的概念。

（二）稳定的供应链和动态的供应链

根据供应链稳定性的不同，供应链可分为稳定的供应链和动态的供应链。

（1）稳定的供应链，指基于相对稳定、单一的市场需求而形成的供应链，其内外部变化比较小，稳定性较强。

（2）动态的供应链，指基于相对频繁的变化、复杂的需求而形成的供应链，其外部环境瞬息万变，内部成员企业也时常调整，动态性较强。

在实际管理运作中，供应链的组成会根据需求的变化而调整，因此稳定和动态都是相对的。动态是必然的，而稳定是暂时的。

（三）平衡的供应链和倾斜的供应链

根据供应链容量与用户需求的关系，可以将供应链划分为平衡的供应链和倾斜的供应链。供应链具有一定的、相对稳定的设备容量和生产能力（包括所有节点企业的能力的综合，如供应商、制造商、运输商、分销商、零售商等），但用户需求处于不断变化之中。

（1）当供应链容量能够满足用户需求时，供应链处于平衡状态。

（2）当市场变化加剧，导致供应链成本增加、库存增加、浪费增加等问题时，企业无法在最优状态下运作，供应链则处于倾斜状态。

（四）推式供应链和拉式供应链

根据供应链动力来源的不同，供应链可分为推式供应链和拉式供应链。

（1）推式供应链是指供应链中的产品生产根据市场预测和企业计划进行，表现为按库存（Make-to-Stock）生产的模式，即以产定销，从上游到下游推销产品，如图1-3所示。推式供应链适用于大批量生产的功能性产品，这类产品的品种和规格较为单一，生命周期较长。

图1-3　推式供应链示意图

（2）拉式供应链是指供应链中的产品生产是根据订单进行，表现为按订单（Make-to-Order）生产的模式，即以销定产，将下游的实际需求沿供应链向上游传递，拉动供应链各级成员的管理工作，如图1-4所示。拉式供应链适用于价值较高、数量较少的定制产品。例如，在造船业中，船厂一般根据船东的要求进行船只的设计和物料采购和生产等活动。

图1-4　拉式供应链示意图

表1-2所示为推式供应链、拉式供应链的优缺点。

表1-2　推式供应链、拉式供应链的优缺点

供应链	优点	缺点
推式供应链	实现运输和制造的规模经济；利用库存平衡供需之间的不均衡现象，增加系统产出并提高设备利用率；供应链实施相对容易	不能快速响应市场；牛鞭效应导致库存量过大，当某些产品需求消失时，产品容易过时；生产批量更大和更容易变动；企业间信息沟通不足、协调性差、服务水平较低

供应链	优点	缺点
拉式供应链	更好地满足客户的个性化需求；有效缩短提前期；随着提前期的缩短，零售商的库存减少；制造商的库存也随之减少；系统成本降低	对各节点企业及供应链技术基础的要求较高；拉动式供应链的实施存在一定难度，难以实现制造与运输的规模经济；设备利用率较低，管理较为复杂

（五）盟主型供应链和非盟主型供应链

根据供应链中主导企业控制能力不同，供应链可以分为盟主型供应链和非盟主型供应链。

> 📖 **拓展案例**
>
> 藏在小饭馆里的"推""拉"式生产

（1）盟主型供应链：即某一成员企业在供应链中占据主导地位，对其他成员企业具有较强的辐射能力和吸引力，通常称该企业为核心企业或主导企业。

盟主型供应链相较于非盟主型供应链，是一种较为典型的供应链类型。从供应链的主导主体分析，可以将供应链划分为制造企业主导供应链、商业企业主导供应链和第三方物流企业主导供应链等形式。

（2）非盟主型供应链：供应链各成员企业的地位差距较小，对供应链的重要性几乎相同。各成员企业通过协商进行供应链的管理决策，而不是由某个核心企业主导决策。

（六）有效型供应链和反应型供应链

根据供应链功能模式的不同，供应链可以分为有效型供应链（Efficient Supply Chain）和反应型供应链（Responsive Supply Chain）。

（1）有效型供应链，也称物质效率型供应链，是以最低的成本将原材料转化为零部件、半成品和产品，并以尽可能低的价格来有效地实现以供应为基本目标的供应链。此类产品需求一般是可以预测的。在整个供应链中，各成员企业总是力争库存最小化，并通过高效物流实现物资和产品的高效周转，从而在不增加成本的前提下尽可能缩短市场导入期。在该类供应链中，企业选择供应商时应着重考虑服务、成本、质量和时间等因素。

（2）反应型供应链，也称灵敏反应型供应链，主要发挥市场中介功能，即将产品分配到满足用户需求的市场，对未预知的需求做出快速反应的供应链。此类产品需求一般是不可预见的，需要将因产品脱销、降价销售和存货过少所造成的损失最小化。因此，各成员企业需要具备一定的生产缓冲能力，准备有效的零部件和成品缓冲库存。同时，需要以多种方式投资以缩短市场导入期。在该类供应链中，企业在选择供应商时主要考虑速度、灵活性和质量等因素。

在供应链管理中，功能性产品强调有效实物供给，创新性产品强调市场灵敏反应。无论是提高物质效率过程还是提高市场灵敏反应过程，都需要相应的投资。

有效型供应链和反应型供应链的比较如表 1-3 所示。

表 1-3　有效型供应链和反应型供应链的比较

特征	有效型供应链	反应型供应链
基本目标	以最低成本供应可预见的需求	尽可能快地对不可预见的需求做出反应，使缺货、降价等造成的损失最小
库存策略	追求整个供应链的库存最小化以创造高收益	安排好零部件和成品的缓冲库存
选择供应商的标准	服务成本、质量、时间	速度、灵活性、质量
产品设计策略	绩效最大化、成本最小化	采用模块化设计，尽可能差异化

四、不同行业的供应链分析

不同的行业有不同的供应链结构形态。每一个行业都有其特点，其供应链也需要根据行业特点进行构建。下面从具体行业供应链的构建出发，选择具有代表性的制造业、零售业、物流业、电商行业等，逐一进行供应链结构形态分析。

（一）以制造企业为核心的供应链分析

随着工业 4.0、中国制造的逐步推进，制造业供应链也逐渐步入 4.0 时代。在 4.0 时代，协同、互通、生态化、平台化将成为供应链的主要特征。供应链的业务边界会逐步模糊，供应商的仓库可能会与企业的原材料仓库进行合并，实现协同作业。而业务边界的模糊必将带来系统的联通。对于制造业而言，从前端的供应网络到中间的计划与生产网络，再到后端的分销网络，这些网络都不再是独立存在的。在高效协作的同时，它们还在不断向两端延伸。

> **拓展案例**
> 丰田汽车的供应链应用

（二）以零售企业为核心的供应链分析

在以零售企业为中心的供应链中，零售企业掌握着消费者的第一手资料，并与制造商、分销商、物流服务提供商建立合作伙伴关系，将信息技术应用到供应链管理过程中。

在以零售企业为中心的供应链管理过程中，对上游企业的管理是对供应商的管理，对下游企业的管理则是变为对消费者的管理。

对于零售企业而言，要通过供应商获得稳定可控的货源。只有与供应商建立适应国际化市场竞争的新型合作关系，把供应商看作一种可挖掘的上游资源，并与供应商形成良好的互动，才能在竞争中实现双赢，推动供应链的高效运作。

零售企业作为供应链中距离消费者最近的一环，应该深入研究消费者心理，了解消费者需求，为消费者带来实际价值。企业综合形成的供应链动态能力决定了其供应链整体绩效和竞争能力。

（三）以第三方物流企业为核心的供应链分析

第三方物流是指企业为集中精力搞好主业，将原本由自己经营的物流环节以契约方式委托给提供专业物流服务的企业，同时通过信息系统与物流服务企业保持密切联系，以实现对物流全程管理和控制的一种物流运作与管理方式。我国第三方物流企业数量众多，市场竞争激烈，行业整体利润较低。第三方物流企业在寻求利润源和发展机会时出现了向供应链服务商转型的新动向，这意味着第三方物流能够为企业提供供应链一体化解决方案。

按照物流服务的不同层次，物流服务供应链有不同的内容。

1. 一体化物流服务

第三方物流企业对单一物流资源进行整合，为客户提供一体化的物流服务。在整合基本物流资源的基础上，第三方物流企业必须利用强大的信息系统，提供由基本物流服务拓展出来的延伸物流服务或增值服务，如货物跟踪、信息查询等。同时，还需运用丰富的物流管理知识，提供包含一定管理优化技术的增值服务，如库存控制、线路设计及优化。

2. 一体化物流方案的设计

第三方物流企业需要对客户的物流战略、物流设施系统、物流信息系统以及物流组织结构等方面进行全面规划与设计，以便更好地服务客户并赢得客户的信任。

3. 供应链的设计与管理

供应链的设计与管理和一体化物流方案的设计存在交集，但有所不同。提供供应链设计与管理服务的第三方物流企业在接到订单后，首先需要对订单产品的制造过程进行分解，分别选择合适的制造商进行加工制造；其次，还需进行原材料的采购。这两个过程通常需要在较广泛的地域内，甚至全球范围内进行。因此，供应链管理企业还需对具体执行物流作业的功能型物流服务商进行选择和评估，并依靠其强大的信息处理能力对供应链上的所有企业进行协调与整合。

（四）以电子商务企业为代表的供应链分析

互联网时代下，电子商务的兴起引发了企业营销、管理、生产以及物流方式的深刻变革，也给供应链管理带来了创新。电商供应链管理利用互联网的快捷、不受地域限制的优势，使供应链管理变得更加科学和高效。

电商供应链管理优化重点包括 4 个方面：采购模式数字化的形成、供应链中的产品设计、生产网络的构建以及供应链的流程优化。

供应链电子商务以企业内部企业资源计划（Enterprise Resource Planning，ERP）系统为基础，在统一了人、财、物、产、供、销各个环节的管理，规范了企业的基础信息及业务流程的基础上，建立全国乃至全球范围内的电子商务协同平台，并实现外部电子商务与企业内部 ERP 系统的无缝集成，从而实现全部商务过程的贯通。

拓展案例

京东智慧供应链

电商行业的持续稳定发展离不开供应链提供的强有力支持。现代企业竞争强调供应链之争与生态系统之争，生产企业、供应企业、零售企业、物流企业等上下游企业应高效联动，促进供应链一体化建设。

任务二　数字化供应链

任务描述

随着互联网和物联网等技术的不断发展，企业从生产到销售的整个运作模式发生了巨大的转变。原材料加工生产、包装、物流运输、仓储、销售、市场开发、客户服务等所有环节都已经开始数字化。许多企业正朝着智慧化工厂、数字化车间的方向进行发展升级，供应链的数字化时代已然来临。掌握数字化供应链的定义和特征，了解数字化供应链的关键技术，是本任务的重点。

任务知识

一、数字化供应链的定义及特征

（一）数字化供应链的定义

数字化供应链（Digital Supply Chain，DSC）是全球化、智能化、柔性化生产的基础，其运用云计算、大数据、人工智能等数字技术对企业各项资源进行数字化整合共享，促进资源的最佳匹配，指导供应链预测、计划、执行、决策等活动，以实现供应链网络新的价值创造。

数字化供应链的本质由"供应链管理"和"数字化"两部分构成。

其中，供应链管理是数字化供应链的基础，它将供应链活动分为研究与计划、寻源采购、生产制造、物流交付（仓储与运输）、售后与支持等环节，可以实现对全过程的管理，做到对供应链各环节中数据的及时收集、分析、反馈、预测、协同等。通过将庞杂交错的供应链运营信息数据化后进行处理，供应链管理能够起到提前决策、提高效率、节省成本、控制风险的作用，并使供应链不断接近真正的"端到端"状态。

"数字化"是指供应链各个运作环节的作业数据被量化和数字化，通过信息技术手段对供应链数据进行采集、分析、优化、预测，甚至基于数据平台进行决策管理，利用人工智能技术进行智能调度，代替人工作业。

（二）数字化供应链的特征

数字化供应链由多种要素整合而成，是一个有机整体。其核心目标是实现全流程、全系统的数字化，从而优化供应链的资源配置和业务流程，提高供应链的运行效率和效益，具有以下几个方面的特征。

1. 系统集成性强

数字化供应链涉及众多企业资源和业务流程，包括采购、生产、营销、销售、服务等环节。一个环节或多个环节出现问题，都可能导致整个供应链运作的失败或混乱。

2. 全过程数字化

数字化供应链管理中的业务处理通常是在数字化平台上进行的，所有数据和流程都以数字信息的形式呈现。数据从采集、存储到加工处理形成信息后，被及时传输给决策者及业务人员，他们的决策依据就是数字信息。因此，在数字化供应链管理中，数字信息管理至关重要。

3. 业务与管理一体化

数字化供应链中的所有环节都是围绕生产和经营进行的，运营管理需要基于数字化技术进行优化和管控。在业务处理环节中实现数字信息管理后，运营人员能够对相应数据和信息进行及时处理和反馈，从而使整个供应链上的企业产生协同效应，实现管理决策和业务流程的同步化、一体化。

4. 全价值链优化

供应链中有许多环节存在关联或交叉关系，例如采购、生产、物流、销售等环节，数字化供应链能够利用数字化技术对各环节进行有效管理，以实现全价值链优化。

> 📖 **拓展案例**
>
> 蒙牛乳业供应链数字化转型

5. 安全稳定

数字化供应链涉及整个供应链系统中的各个环节，无论是上游供应商还是下游用户，都是连接在一起的。而信息存在于数字化平台中，一旦出现安全漏洞或问题，整个供应链系统就可能瘫痪。因此，安全稳定是数字化供应链运行的基本要求。

二、数字化供应链的技术基础

数字化供应链融合了现代流程、战略和技术，其关键技术包括大数据、物联网和人工智能、区块链、云计算、边缘计算和 3D 打印等。这些技术提供自动化和预测分析功能，不仅使企业或组织能够更快地预测和解决问题、缩短规划周期、改进决策并为所有利益相关者创造价值，还促使供应链更具稳健性、弹性与韧性，更能适应未来的挑战和机遇。例如，在冷链物流中，如果融入更多的数据分析能力、智能卡技术、传感技术以及供应链工程软件等技术，就可以对车辆和货物的状况进行实时追踪。当车辆或货物出现问题时，比如车内温度上升超过限定温度，系统会自动控制车辆进行制冷。车辆的位置、状态，车内的温度、湿度，在供应链系统里都以数据形式呈现。这使得新一代信息技术的融入能够实现供应链的数字化、可视化，为数据驱动管理创造了条件。

（一）数字化供应链关键技术

数字化供应链的关键技术包括以下几种。

1. 大数据

供应链运营过程中产生的数据种类繁多、数量巨大、更新迅速，其中既有供应链内部的数据，也有供应链外部的数据；既有结构化数据，也有非结构化数据，如社交媒体上的散乱、无序的数据。大数据融入供应链的过程，就是要把这些数据装入数据分析框架，形成一个数据仓库，然后通过计算机和软件进行数据的建模、分析和优化，从中提取有用的信息和规律，以提升供应链管理决策的科学性、高效性。

2. 物联网和人工智能

物联网技术的迅速发展，促进了网络技术和传感器技术的进步，使计算机及相关设备具备了数字神经系统，赋予了它们数字化的感知能力，使其拥有类似于人类的视觉、味觉、嗅觉、听觉、触觉。正是各种智能传感设备和互联网的结合实现了实物的数字化描述与传输，让供应链运营过程中的产品、车辆、供应商、客户等各种实体的状态信息数字化、实时化、可视化。而人工智能能够充分利用供应链运营过程中产生的各种数据进行科学合理的识别与控制，从而实现供应链管理的高效化和智能化。

3. 区块链

区块链是一种安全共享的分布式数字账本系统，具有去中心化、公开透明、不可篡改、可追溯等特点。区块链直击供应链管理的难点，在供应链场景中具有极强的适用性和应用价值。首先，区块链去中心化的特点，使其能够打通不同主体之间的"数据壁垒"，实现信息和数据共享。其次，区块链可用于跟踪供应链中各层的环境条件，从而确保供应链的可追溯性和透明度，这一点对于食品和药物行业尤为重要。最后，使用区块链有助于提升供应链数据流以及端到端供应链中产生的物联网数据的安全性。

4. 云计算与边缘计算

云计算指的是一种可以按需访问的可配置的计算资源（例如，网络、服务器、存储设备、应用程序以及服务）的计算方式，可分为软件即服务（Software as a Service，SaaS）、平台即服务（Platform as a Service，PaaS）和基础设施即服务（Infrastructure as a Service，IaaS）3种模式。云计算的5个本质特征（包括按需自我服务、广泛的网络访问、资源聚合、快速弹性能力和定量服务）打破了传统信息技术部署建设架构。在缩短建设周期、降低部署成本和运营成本的同时，云计算的部署也将提高应用系统的可靠性、灵活性、可拓展性和可管理性。随着供应链管理思想在企业内部逐步深入，供应链上云已成为大势所趋。

相较于云计算将计算、存储和网络资源集中在云数据中心，边缘计算是指将计算、存储和网络资源尽可能地放置在接近数据源或最终用户的边缘设备或边缘节点上。换言之，边缘计算使云能够分布在更靠近用户的地方，从而使用户能够以更快的速度收集和分析大量信息。例如，边缘计算可用于自动化仓库、工厂或制造设施中对时间敏感的供应链流程。基于边缘的计算可以用更少的劳动力完成更多的工作，从而提高供应链的效率和弹性。

5．3D 打印

3D 打印（也称增材制造）指的是运用多种技术和制造过程，使用户能够利用数字三维模型创建有形物体。与传统的制造工艺不同，3D 打印允许用户使用各种材料（如塑料、金属、陶瓷、砂岩、树脂、生物材料）构建高度复杂的产品。目前，3D 打印已经广泛应用于小批量生产或需要定制的行业，如医药、航空航天和定制消费品等。

3D 打印使供应链更加敏捷，能够快速适应市场变化。这也将对全球供应链产生重大影响，降低产品研发、设计和生产的复杂性，节省生产成本，缩短交货时间及新产品的上市时间。3D 打印也是一种更绿色、更具成本效益的生产方式。

（二）数据驱动的数字化供应链运营

数据是数字化供应链的核心，数字化平台是整个数字化供应链的"大脑"，也是其关键所在。数据对数字化供应链的驱动性主要体现在以下方面。

1．提高需求预测准确性

对未来需求的预测构成了供应链中战略性和规划性决策的基础。预测不准确时，可能导致库存水平过高或断货现象频发；企业无法准时交货，客户投诉不断；生产计划变更频繁，员工丧失积极性等。不管其中哪一种情况发生，都将给供应链上的企业带来无法估量的损失。数字化供应链能够高效、实时地对市场信息、库存信息、需求信息等进行收集、处理和分析，为提高需求预测的准确性提供强有力的数据支持。

2．提高采购效率

企业通过与供应商线上沟通，了解供应商的产品、交货能力等信息，为新产品、高质量产品、低成本产品寻找最佳供应商，与供应商建立良好关系，提高采购效率，提升企业自身利益，满足生产需求，做到快速反应。

3．降低库存成本

区块链和云计算操作简单且可用于快速获取信息，可为企业制定合理的库存策略，并对货物的实时信息进行动态收集和分析。利用智慧平台对货物进行合理区分，提高货物信息的准确性，避免因库存短缺或积压造成损失，从而有效降低库存成本。

4．提高物流效率

物流包括装货、配送、卸货等环节。要想提高物流效率，必须优化物流各环节的工作，建立高效的运输和配送中心，使用智能物流管理系统，如智能派车系统、智能配送系统、电子铅封智能管理系统等，进行智能配货、路线规划、车辆监控和签收统计，以实现高效管理的目标。

5．风险预警

风险预警主要是通过数据进行预测性分析，以规避风险。例如，问题预测可应用于质量风险控制。生产线上的传感器可将流水化作业过程中设备的运行状况以及产品质量通过数据反映出来，以监控生产线的运行状态。企业还可以利用大量的实时数据计算设备发生故障的概率，从而提前安排设备维修，降低风险，保证生产安全。

任务三　数字化供应链管理

任务描述

供应链管理是一种集成的思想和方法，是从供应商开始，经由制造商、分销商、零售商直到最终用户的全要素、全过程的集成化管理模式。如今，企业管理的重心已从单个企业的内部管理转向对整个供应链生态网络的管理，强调供应链中上下游企业之间的合作与协同，以实现全局最优。利用数字化方式提升企业的质量和效率，在降低成本的基础上构建数字供应链和物流，其最终目的是实现高效运作，并通过互联网对数字供应链进行管理。掌握数字化供应链管理的内容和目标是本节任务的重点。

任务知识

一、数字化供应链管理

供应链管理（Supply Chain Management，SCM）是指从供应链整体目标出发，对供应链中采购、生产、销售各环节的商流、物流、信息流及资金流进行统一计划、组织、协调和控制的活动与过程。供应链管理旨在通过对传统商务活动进行总体的战略协调以提高企业个体和供应链整体的长期绩效。其管理内容围绕供应链各方经营主体、设施资源、功能服务等的一体化与集成管理，资源的有效利用、与整合贯穿企业战略层、战术层直至作业层的决策、经营和作业管理活动。

数字化供应链管理是指通过应用信息技术手段，实现供应链各环节的信息共享、协同工作和优化决策，从而提高供应链的整体效率和竞争力。数字化供应链管理的核心是数据，通过对大量数据的收集、分析和应用，实现对供应链的实时监控、智能预测和精准控制。

二、数字化供应链管理的领域与内容

（一）数字化供应链管理涉及的领域

数字化供应链管理涉及 4 个主要领域：供应、生产作业、物流、需求，如图 1-5 所示。

数字化供应链管理涉及的领域还包括战略性供应商和用户伙伴关系管理，供应链产品需求预测和计划，全球节点企业的定位，设备和生产的集成化计划、跟踪和控制，企业内部与企业之间的物料供应与需求管理，基于供应链的产品设计与制造管理，基于供应链的用户服务以及运输、库存、包装等管理，企业间资金流管理（如汇率、成本等问题），基于 Internet/Intranet 的供应链交互信息管理。

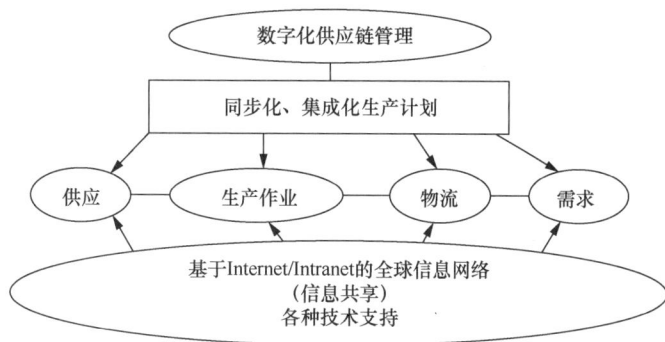

图1-5 数字化供应链管理涉及的领域

（二）数字化供应链管理的内容

1. 需求预测

数字化供应链管理基于互联网、物联网和边缘计算等新兴技术获取供应链中的关键信息，并利用机器学习等技术对数据进行深度分析，从而对未来需求进行精准预测。

2. 计划

数字化供应链管理通过多主体、多部门之间的共享数据进行同步计划，甚至能够自动制订与执行计划。

3. 采购

采购双方通过数字化供应链平台协作采购，消除信息不对称问题并降低采购成本。自动采购系统可根据当前库存量、补货周期以及产品历史价格变化计算最佳补货量与补货时间。

4. 生产制造

数字化供应链管理基于用户数据进行分析，提供差异化产品与服务，建立支持大规模混线生产的柔性制造体系。

5. 物流运输

数字化供应链利用物联网、无人机、机器人等数字技术对物流运输全渠道进行监控与干预；同时，利用智能算法结合实时交通状况优化运输路线，提高运输效率。

三、数字化供应链管理的理念与目标

供应链管理的本质就是同时实现服务水平与运作成本的优化，这也决定了数字化供应链管理的理念和目标。

（一）数字化供应链管理的理念

1. 以顾客为中心

数字化供应链管理以顾客需求为出发点，通过数字化技术实时掌握市场需求，驱动生产和流通，快速响应市场变化，满足消费者需求，减少库存积压和促销风险。

2. 强调企业的核心竞争力

在供应链管理中，一个重要的理念是强调企业的核心竞争力，并在供应链上对其定位，将非核心业务外包。由于企业资源有限，要在各个行业和领域都获得竞争优势是十分困难的，因此企业必须集中资源于自己擅长的领域，即核心业务。

3. 相互协作的双赢理念

传统的企业运营中，供销之间互不相干，呈现一种敌对争利的关系，系统协调性差。在供应链管理模式下，所有环节都被看作一个整体，链上的企业除了追求自身的利益外，还应共同追求整体的竞争力和盈利能力。

4. 优化信息流程

信息流程是企业内员工、客户和供货商的沟通过程。过去只能通过电话、传真，甚至会面达成信息交流的目的，信息系统仅作为支持业务过程的工具，企业的商业模式决定了信息系统的架构模式。如今，随着物联网、大数据、云计算、人工智能等现代信息技术的成熟及应用，信息流程可以实现可视化、即时化，并能够驱动业务的发展。

（二）数字化供应链管理的目标

数字化供应链管理的核心目标是提升客户价值，同时以最少的成本缩短现金周转时间、降低企业面临的风险、实现盈利增长，使供应链运行最优化，使工作流、实物流、资金流和信息流的效率均达到较高水平。

四、数字化供应链管理与传统企业管理的比较

与传统企业管理仅关注企业自身和内部各部门不同，供应链管理的关注范围扩展至供应商、制造商、零售商以及客户的需求与发展。供应链管理将供应链中的所有成员企业视为一个整体，涵盖从供应商到最终客户的采购、制造、分销等整个职能领域的过程。供应链管理与传统企业管理的差异如表 1-4 所示。

表 1-4　供应链管理与传统企业管理的差异

管理内容	供应链管理	传统企业管理
管理理念	关注在满足最终客户需求的前提下，通过变革供应链流程、协调供应链成员关系、优化供应链资源配置、降低成本，以实现企业目标	关注企业和部门本身的优化，通过节约成本、提高效益等达到企业目标
管理对象	供应链上所有企业	企业内部业务单位和各部门
管理方法	强调全局性、整体性，使用一切能提高供应链整体效益的工具、技术和方法	强调边界，主要关心本企业、本部门的利益
生产方式	柔性定制，为客户定制产品或服务	强调大规模生产
管理功能	在尽量低的成本下，引导供应和需求实现更加完美的平衡与优化	面向事务处理的管理
营销方式	拉动式	推动式
职能部门	跨越多个业务流程，具备多种职能，全方位进行协作及有效沟通	依据传统、狭义的职能划分，被动反应的工作模式

管理内容	供应链管理	传统企业管理
计划制订	将企业计划流程扩展到企业外部，实现供应链计划的一体化协同，包括计划、预测与补货，各阶段运营计划需基于约束条件制订	在各独立职能部门内进行计划制订，业务计划与生产计划缺乏联系
计划执行	集成跨部门的协同计划执行，具有更强的可预见性、实时性、灵活性和主动响应能力，能够快速将新产品推向市场	基于独立部门的计划执行，较少考虑对其他部门的影响，缺乏连贯性，表现出较强的被动反应性
信息流	贯穿整个供应链，信息的标准化和共享性使供应链效率提高	不连贯，信息缺乏横跨企业的标准，可视性有限
资源利用	资源在整个供应链上实现最佳配置、协调利用	资源在企业内部实现调度计划、有效利用
客户服务水平	实施前瞻性的客户关系管理，实现客户细分和一对一营销，将客户分类特征与客户服务水平相匹配，有效进行客户与生产可用性查询，提高对客户的承诺能力	客户服务是被动的，与生产和其他前序过程的沟通较少
效益	整个链条上的业务流程更加紧密协调，减少了中间环节的浪费，提高了客户响应速度，提升了客户满意度，整体效益得以提升	采用追求局部效益的传统管理方法，效益很难持续提高

数字化供应链利用供应链各环节产生的数据进行有效规划，并在出现不可预见的延迟时进行动态响应。传统供应链常因缺乏可操作性信息或信息不对称而陷入困境，而数字化供应链则依托实时大数据信息流，能够更高效地管理计划、生产、运输等环节。

数字化供应链与传统供应链的对比如表 1-5 所示。

表 1-5　数字化供应链与传统供应链的对比

类别	数字化供应链	传统供应链
供应链组织架构	以用户为中心的网状结构	以企业为中心的线性结构
供应链协同	多来源实时信息交换，端到端透明可视	非实时信息交换，跨企业跨部门有信息孤岛，供应链不够透明
供应链响应能力	比传统供应链的响应速度更快，企业可以根据需求或其他因素的变化快速调整，确保供应链始终高效运行	响应较慢，效率较低
供应链业务	基于大数据驱动，可实现智能分析与精准预测	基于经验或依赖之前的步骤驱动
供应链弹性/韧性	富有弹性/韧性	弹性/韧性不足

一、单选题

1. 供应链不仅是一条连接供应商与用户的物料链、信息链、资金链，而且是一条（　　）。

    A. 加工链　　　　B. 运输链　　　　　　C. 分销链　　　　　　D. 增值链

2. 下面哪个不是供应链的特征（　　）。

    A. 复杂性　　　　B. 单向性　　　　　　C. 整合性　　　　　　D. 动态性

3. 拉式供应链管理以（　　）为中心，以客户需求为原动力。

    A. 利润指标　　　　　　　　　　　　B. 销售业绩

    C. 客户及客户满意度　　　　　　　　D. 战略目标

4. 根据不同的划分标准，我们可以对供应链进行不同的划分，其中一种划分方法是将供应链分成有效型供应链和（　　）。

    A. 快速性供应链　　　　　　　　　　B. 反应型供应链

    C. 平衡性供应链　　　　　　　　　　D. 动态性供应链

5. 供应链管理的英文缩写为（　　）。

    A. SST　　　　　B. SC　　　　　　　C. SCM　　　　　　D. CIMS

6. 供应链是由多个企业以协作的方式组合在一起，依靠信息网络的支撑和相互信任关系，为了共同的利益，强强联合，优势互补，协调运转。这体现了供应链的（　　）特点。

    A. 复杂性　　　　B. 虚拟性　　　　　　C. 整合性　　　　　　D. 动态性

二、多选题

1. 数字化供应链管理涉及的领域主要有（　　）。

    A. 供应　　　　　B. 生产作业　　　　　C. 物流　　　　　　　D. 需求

2. 根据供应链的动力来源的不同可将供应链分为（　　）。

    A. 推式供应链　　B. 稳定供应链　　　　C. 有效性供应链　　　D. 拉式供应链

3. 供应链的特征包括（　　）。

    A. 复杂性　　　　B. 动态性　　　　　　C. 协调性　　　　　　D. 整合性

4. 供应链管理的理念包括（　　）等。

    A. 以顾客为中心　　　　　　　　　　B. 相互协作的双赢理念

    C. 合作共享　　　　　　　　　　　　D. 优化信息流程

5. 数字化供应链的关键技术有（　　）等。

    A. 大数据　　　　B. 云计算　　　　　　C. 人工智能　　　　　D. 3D打印

三、简答题

1. 简述供应链与数字化供应链的定义。

2. 简述数字化供应链管理的定义。

3. 简述数字化供应链管理的内容。

4. 简述数字化供应链的关键技术。

02 项目二
供应链管理方法

【项目描述】

供应链管理方法有很多种,包括快速反应(Quick Response, QR),有效顾客反应(Efficient Customer Response, ECR),协同、规划、预测和连续补货(Collaborative Planning Forecasting and Replenishment, CPFR)等方法。本项目将着重介绍 QR、ECR、CPFR 等几种核心的供应链管理方法及其在数字化供应链管理中的新应用,以及其定义、优点、实施步骤等。

【项目目标】

知识目标
1. 掌握 QR 的含义与实施方法
2. 掌握 ECR 的含义与实施方法
3. 了解 QR 与 ECR 的异同
4. 掌握 CPFR 的含义与实施方法

技能目标
1. 阐述 QR、ECR、CPFR 的含义与特征
2. 应用这几种供应链管理方法

素质目标
1. 利用供应链管理方法提升自身的供应链管理水平
2. 增强对新理论、新方法、新技术的接受和应用能力
3. 认识供应链管理方法的重要性,培养利用供应链管理方法分析问题、解决问题的观念和意识
4. 提高供应链管理专业素养,能学以致用

【引导案例】

实施 QR 战略的沃尔玛,究竟赢在哪里?

沃尔玛作为世界著名的零售连锁超市之一,其崛起与实施 QR 战略息息相关。我们来看一下沃尔玛 QR 战略的实施过程。

1. QR 战略的初期阶段 1973 年,沃尔玛建立了电子收款系统(Point of Sale, POS);1979 年,建成了第一个数据处理和通信中心,实现了计算机网络化和 24 小时连续通信。

20世纪80年代，沃尔玛率先利用电子数据交换系统（Electronic Data Interchange，EDI）与供应商建立了自动订货系统。这两大信息系统的建设为沃尔玛实施QR战略奠定了技术基础。1986年，沃尔玛Seminole公司与Milliken公司在服装商品方面开展合作，开始建立垂直型的QR系统。当时双方合作的领域仅限于订货业务和付款通知业务。

2. QR战略的发展阶段。为了促进零售业内电子商务的发展，沃尔玛与其他商家共同成立了产业协同商务标准（Voluntary Interindustry Commerce Standards，VICS）委员会。VICS委员会制定了行业统一的EDI标准并确定产品识别标准采用通用产品代码（Universal Product Code，UPC）。沃尔玛基于行业统一标准设计了POS数据的传输格式，通过EDI系统向供应商传递POS数据。供应商根据沃尔玛传递的POS数据，可以及时了解产品的销售情况，掌握需求的动向，并迅速调整生产计划和材料采购计划。

3. QR战略的成熟阶段：沃尔玛将零售产品的进货和库存管理的职能转移给供应商，由供应商进行管理和控制沃尔玛的流通库存，即采用供应商管理库存的方式。沃尔玛事前可以做好进货准备，同时可省去货物数据的录入作业，从而提高产品检验作业的效率。

从沃尔玛的实践来看，QR系统通过零售商与供应商建立战略伙伴关系，利用EDI等信息技术，进行销售时点信息交换以及订货补充等其他经营信息的交换。通过多批次小批量配送方式连续补充产品，以实现缩短交货周期、减少库存、提高顾客服务水平和企业竞争力。美国学者Jamie Bolton认为QR战略是准时生产方式（Just In Time，JIT）在零售领域的一种应用。这些都为沃尔玛实施"天天平价"的价格竞争战略提供了有利条件。

思考： 实施QR战略给沃尔玛带来了什么影响？

任务一　快速反应（QR）

任务描述

供应链节点企业可以通过共享信息资源，建立QR体系来实现销售额的增长，以达到顾客服务最优化、库存量最小化、产品缺货水平降低以及产品风险最小化的目的。快速反应是一种全新的业务开展方式，它体现了技术支持的业务管理思想：即在供应链中，为了实现共同目标，各环节之间都应进行紧密合作。

任务知识

一、QR的含义

快速反应（Quick Response，简称QR）是指通过共享信息资源，建立快速供应体系，减少原材料到销售点的时间和整个供应链上的库存，最大限度地提高供应链的运作效率，实现销售额增长和客户服务的优化。

QR最初是美国纺织服装业运用的一种供应链管理方法，现已广泛应用于商业的各个领域。运用 QR 能够实现销售额显著提升、总成本显著降低、商品周转率显著提高、需求误差大幅度下降等供应链管理目标。现在，随着零售商和供应商结成战略联盟，市场竞争也从企业与企业之间的竞争转变为战略联盟与战略联盟之间的竞争。

二、QR 的优点

企业可以利用 QR 和最终客户建立联系，并获取客户最新的需求信息，利用这些信息做出快速准确的物流反应。因此，QR 是以信息取代库存的最典型方式之一。

（一）QR 对厂商与供应商的优点

QR 对厂商与供应商的优点包括以下几个方面。

1. 提供更好的客户服务

由于 QR 体系的建立，厂商的货物能够与客户需求的货物相符，厂商可以很好地协调与零售商之间的关系，为零售商快速、高效地提供更多符合客户需求的产品，同时可以为客户提供更好的店内服务。长期提供良好的客户服务能够提高客户满意度，扩大市场份额。

2. 降低流通费用

快速反应体系能够对客户消费水平进行预测并对企业的生产过程进行统一协调与规划，从而显著提高库存周转速度，实现对货物需求的实时量化，使库存量大大降低，从而降低流通费用。

3. 降低管理费用

QR 体系的建立以及现代信息技术系统的应用，使供应链内部的订单不再依靠手工输入，并可实现对订单的实时反馈，从而提高采购订单的准确率得以提高。额外发货、无效发货的减少也降低了管理费用。货物发出之前，仓库对运输标签进行扫描并向零售商发出提前运输通知，这些措施都能降低管理费用。

4. 提供更好的生产计划

由于能够对市场需求进行预测并获得准确的销售信息，厂商可以制订更加精准的生产计划。准确的生产计划对原材料的采购、成本的控制、工人工时的安排都将产生积极影响，从而降低生产成本，提高生产效率。

（二）QR 对零售商的优势

QR 的高效运用，不仅对供应商具有巨大优势，对零售商的优势也非常显著。QR 对零售商的优势主要体现在以下几个方面。

1. 提高销售额

供应商运用 QR，可以将对消费者需求的精准预测结果实时反馈给零售商、批发商、经销商，零售商、批发商、经销商能够实现销售额的大幅提升。

2. 降低采购成本

零售商通过运用 QR，可实现对消费者产品需求和销量的有效预测，使采购计划更加合理，从而显著降低采购成本。

3. 加快库存周转

QR 的应用能够提高产品销售数量的预测准确性，从而加快库存周转速度。

4. 降低流通费用

通过共享信息资源，QR 能够帮助零售商减少从原材料到销售点的时间，从而有效降低了流通费用。

5. 缩短销售周期

借助 QR，零售商能够缩短产品的销售周期，减少因降价带来的损失，降低管理成本，使总成本降低，产品周转率提高，需求误差下降，这可以提高零售商的核心竞争力。

三、QR 实施条件

有效建立 QR 体系，应用 QR 系统，需要具备多个条件，包括改变传统的经营方式、革新经营意识、开发和应用现代信息技术、与供应链相关方建立战略伙伴关系、改变传统的对企业商业信息保密的做法、供应商必须缩短生产周期和降低库存水平等。QR 实施条件如表 2-1 所示。

表 2-1　QR 实施条件

实施条件	说明
改变传统经营方式，革新经营意识	① 改变仅依靠自身力量提高经营效率的传统经营观念，树立通过与供应链各方建立合作伙伴关系，积极利用各方资源提升经营效率的现代经营理念； ② 零售商在垂直型 QR 系统中起主导作用，零售店铺是垂直型 QR 系统的起点； ③ 明确垂直型 QR 系统内各企业之间的分工协作范围与形式，消除重复作业，建立高效的分工协作框架； ④ 通过信息技术实现事务作业的无纸化和自动化，改变传统的事务处理方式
开发和应用现代信息技术	商品条形码技术、物流条形码技术、电子订货系统、POS 数据读取系统、EDI 系统、预先发货通知（Advanced Shipping Note，ASN）技术、电子资金转账（Electronic Funds Transfer，EFT）系统、生产厂家管理的库存系统、连续补货系统等
与供应链相关方建立战略伙伴关系	具体内容包括以下两个方面：一是积极寻找和发现战略伙伴；二是在合作伙伴之间建立分工与协作关系。合作的目标是既要减少库存，又要避免缺货现象的发生，降低产品风险，避免大幅度降价现象发生，减少作业人员和简化事务作业等
改变传统的对企业商业信息保密的做法	将销售信息、库存信息、生产信息、成本信息等与合作伙伴分享，并在此基础上要求各方共同发现问题、分析问题、解决问题
供应商必须缩短生产周期和降低库存水平	供应商缩短产品的生产周期，实施多品种、少批量生产和高频率、小批量配送，降低零售商的库存水平，提高客户服务质量，在产品实际需要发生时采用 JIT 生产方式组织生产，从而降低自身的库存水平

四、QR 战略的再造

QR 战略的再造环节包括同步生产、供应商合理化、自动库存补给等，其核心是提高对复杂多变的顾客需求的响应速度，努力缩短订货提前期。

（一）同步生产

同步生产主要包括：灵活的生产设备投资；以能够扩大生产能力的"拉"的模式为指导，重新设计企业流程；转变强调的重点，生产顺序从"固定物—质量—可变物"转变为"可变物—质量—固定物"；在生产线之外采取行动以增强流程的可靠性；规定工作效率的下限和废品率的上限；维修并妥善保管在流程中需要使用的原材料和零部件；利用生产改进小组进行流程分析、确定问题所在，并对此加强管理。

（二）供应商合理化

要实现供应商合理化，应考虑以下因素。

（1）企业与供应商关系的紧密程度。

（2）信息技术的应用情况。

（3）在单独投资、双方投资和多方投资情况下，各自的投资成本。

（4）未来供应商的能力评价。

（5）是否具备能够建立和管理与供应商的合作关系的人力资源。

（6）在缺乏绩效的情况下，维持 QR 战略需要的时间和成本。

（7）市场渠道、技术和财务的风险估计。

（8）为维持技术和竞争优势而进行的投资可能失败的风险。

（9）通过合并和扩大规模中得到的成本和价格优势。

（10）竞争程度削弱对企业可能产生的影响。

（三）自动库存补给

自动库存补给主要用于制造业和工程中具有多种用途、低价值的产品。其目的是在订货和补给流程中提高效率，并给供应商提供更多的自由空间去直接对采购商的要求做出反应。自动库存补给系统要求合作伙伴之间必须有良好的互动关系，并且利用电子信息交换等方式提供信息给上下游，以掌控销售信息和库存量。供应商与批发商通过分享重要信息以改善需求预测、补货计划、促销管理和运输装载计划等。

（四）货物交付

供应商和采购商在交付货物时，需要订立合适的协议。该协议要反映双方的能力、合作关系的性质及各种支出的种类。具体来说，协议中应包含以下内容。

（1）仓储水平的最低限度和最高限度。

（2）补货周期。

（3）产品要求及生产过程中的健康、安全和环境保护问题。

（4）库存财产权的分割和转移原则。

（五）供应商管理库存

供应商管理库存是一种以用户和供应商双方都获得最低成本为目的，在一个共同协议下由供应商管理库存，并不断监督协议执行情况和修正协议内容，使库存管理得到持续改进的合作性策略。

供应商通过共享用户企业的当前库存和实际耗用数据，按照实际的消耗模型、消耗趋势和补货策略进行补货。交易双方尽可能减少因独立预测的不确定性导致的商流、物流和信息流的浪费，降低供应链的总成本。

（六）供应商能力开发

（1）确定选择供应商的标准，以使企业在产品生产和合作关系的管理上获得优势。

（2）对供应商的资格进行审查，建立信息跟踪和反馈体系。

（3）对照选择供应商的标准，以查明供应商在哪些方面需要改进以及是否需要淘汰水平较差的供应商。

（4）通过与供应商的日常联系、技术训练、讨论会等形式收集反馈意见。

（5）供应商越来越多地参与到产品设计和新产品开发中。

任务二　有效顾客反应（ECR）

任务描述

ECR 侧重于减少和消除供应链中的浪费，提高供应链运行的有效性。除了新产品有效引入外，还实施有效产品管理。ECR 适用于产品单位价值低、库存周转率高、毛利少、可替代性较强、购买频率较高的行业。ECR 改革的重点在于提升效率和降低成本。

任务知识

ECR 最初出现在美国食品杂货行业，是该行业进行供应链体系构造的一种实践。ECR 在美国食品杂货行业得到广泛认可和应用的原因包括：零售业态间的竞争激化，日益增加的促销费用和大量进货造成库存成本高、消耗增加，构建新型的供应链管理体系的需要。

ECR 是指企业在面对多品种、小批量的客户需求时，不再储存成品，而是储存各种生产要素。当客户提出需求时，企业能够及时提取生产要素进行生产或组装，从而提供客户所需的产品或服务。

一、ECR 的定义和特征

（一）ECR 的定义

ECR 是由制造商、批发商和零售商等供应链节点企业相互协调和合作，以更低的成本满足消费者需求的供应链管理系统。ECR 的过程由有效新产品导入、有效促销、有效商店空间管理、有效产品补充四部分组成，将营销技术、物流技术、信息技术和组织革新技术有机结合起来，可以实现产品和信息的低成本流通，消除组织间隔阂，协调合作，以满足消费者需求。

ECR（有效客户反应）是一种以满足顾客要求和最大限度降低物流过程费用为原则的供应链管理策略，能够及时做出准确反应，使物品供应或服务流程优化。

运用 ECR 策略，供应链各成员企业为了提高消费者满意度这个共同的目标进行合作。由于在流通环节中缩减了不必要的成本，零售商和批发商之间的价格差异也随之降低。这些节约的成本最终将体现在消费者身上，各成员企业也将在激烈的市场竞争中赢得一定的市场份额。ECR 的活动是一个贯穿供应链的过程，如图 2-1 所示。因此，ECR战略主要集中在 4 个领域：高效率的店铺空间安排、高效率的产品补充、高效率的促销活动、高效率的新产品开发与市场投入。

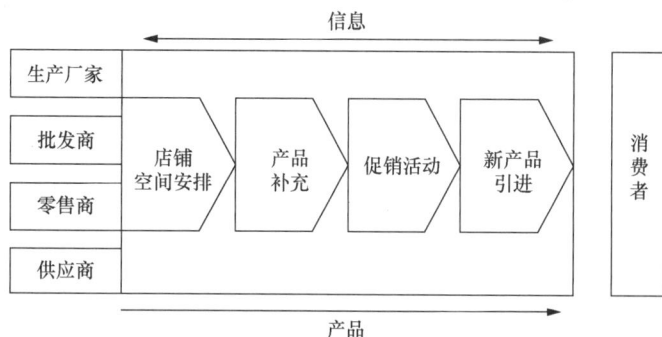

图 2-1　ECR 贯穿供应链的过程

（二）ECR 的特征

1. 新技术、新方法的深度应用

ECR 采用了先进的信息技术，在生产企业与流通企业之间通过电子订货系统（Electronic Ordering System，EOS）进行连接。EOS 通常与 POS 系统结合使用，利用 POS 系统提供的商品销售信息，将有关订货要求自动传输给配送中心，由该中心自动发货，这样就可以使零售商的库存降为零，并缩短商品从订货至交货的周期，提高商品新鲜度，降低商品破损率，还可使生产企业以最快捷的方式得到自己的商品在市场上是否适销对路的信息。

ECR 中采用的新技术和新方法包括种类管理和空间管理的应用。种类管理的基本思想是不从特定品种的商品出发，而是从某一种类商品的总体出发考虑如何使收益率最大化。空间管理与种类管理相结合，可以实现单位销售面积的销售额和毛利额的提高，从而取得更好的销售效果。

2. 稳定伙伴关系的建立

在传统的商品供应体制中，制造商、批发商、零售商之间的联系不紧密，每一次订货都有很强的随机性，这就造成生产与销售之间极不稳定的商品流动，增加了商品的供应成本。而 ECR 系统能够有效克服这些缺点，在制造商、批发商、零售商之间建立一个连续的、闭合式的供应体系，改变他们相互敌视的心理，使他们结成相对稳定的伙伴关系，改变商业交易中的对立局面，实现共存共荣，这是一种新型的产销同盟和产销合作形式。

3. 无纸化的实现

ECR 系统充分利用信息处理技术，使产、购、销各环节的信息传递实现了无纸化。无论是企业内部的传票处理，还是企业之间的订货单、价格变更、出产通知等资料都通过 EDI 进行自动处理。由于全面采用了 EDI，可以根据出产明细自动地处理入库问题，从而使处理时间接近于零，这对于迅速补充商品、提高预测精度、大幅度降低成本具有重要作用。

4. 管理意识的创新

传统的产销双方交易关系是一种此消彼长的对立型关系，即交易双方以对自己有利的买卖条件进行交易。简单来说，双方是一种零和博弈的关系。ECR 要求产销双方建立合作伙伴关系，即交易双方通过相互协调与合作，实现以低成本向消费者提供更高价值服务的目标，并在此基础上追求各自的利益。这是一种双赢型关系。

5. 供应链整体协调

传统的组织以部门或职能为中心进行经营活动，以各部门或职能的效益最大化为目标。虽然能够提高各个部门或职能的效率，但容易引起部门或职能间的冲突。ECR 要求消除各部门、各职能以及各企业之间的隔阂，而进行跨部门、跨职能和跨企业的管理与协调，使商品流和信息流在企业内和供应链内顺畅地流动。

6. 涉及范围广

由于 ECR 对供应链整体进行管理与协调，ECR 涉及的范围必然包括零售业、批发业和制造业等多个相关行业。为了最大限度地发挥 ECR 的作用，必须对关联的行业进行分析研究，并对组成供应链的各类企业进行管理与协调。

二、ECR 系统的构建

ECR 系统作为一个供应链管理系统，需要将营销技术、物流技术、信息技术和组织革新技术有机结合起来作为一个整体使用，以实现 ECR 的目标。ECR 系统的结构如图 2-2 所示。构建 ECR 系统的具体目标：实现低成本流通、建设基础关联设施、消除组织间的隔阂，并通过协调合作满足消费者的需求。

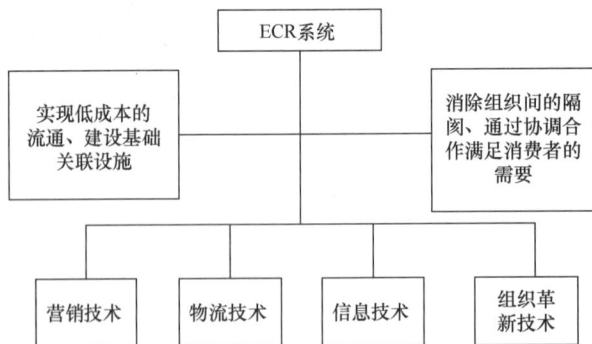

图 2-2　ECR 系统的结构

（一）营销技术

在 ECR 系统中采用的营销技术主要包括商品类别管理和店铺空间管理。

1. 商品类别管理

商品类别管理以商品类别为管理单位，旨在寻求整个商品类别收益的最大化。具体来说，企业对经营的所有商品按类别进行分类，确定或评估每一个类别的商品功能、收益性、成长性等指标，并在此基础上，综合考虑各类商品的库存水平和货架展示等因素，制订商品品种计划，对整个商品类别进行管理，以便在提高服务水平的同时增加企业的销售额。商品类别管理的基础是商品分类。商品分类的标准以及各类商品的功能和作用因企业的使命和目标的不同而有所差异。原则上，商品分类应根据顾客的需求和购买方式来进行。

2. 店铺空间管理

店铺空间管理是对店铺的空间安排、各类商品的展示比例以及商品在货架上的布置等进行最优化管理。在 ECR 系统中，店铺空间管理和商品类别管理同时进行，相互作用。在综合店铺管理中，通过对店铺中所有类别的商品货架展示面积分配和展示布置，可以提高单位营业面积的销售额和单位营业面积的收益率。

（二）物流技术

ECR 系统要求准时配送和顺畅流动。满足这一要求需要用到的技术包括：连续库存补充计划（Continuous Replenishment Program，CRP）、电子订货系统、预先发货通知（Advance Shipment Notice，ASN）、供应商管理库存（Vendor Managed Inventory，VMI）、交叉配送、店铺直送（Direct Store Delivery，DSD）等。

1. 连续库存补充计划

连续库存补充计划是指利用及时准确的 POS 数据确定销售出去的商品数量，根据零售商或批发商的库存信息和预先规定的库存补充程序确定库存补充数量和配送时间，以小批量、高频率方式进行连续配送，补充零售商或批发商的库存，提高库存周转率，缩短交货周期。

2. 电子订货系统

电子订货系统是基于库存和需求信息，利用计算机进行自动订货的系统。

3. 预先发货通知

预先发货通知是制造商或批发商在发货时利用电子通信网络提前向零售商传送货物的明细清单。这样零售商可以做好进货准备，同时省去货物数据的输入作业，提高商品检验效率。

4. 供应商管理库存

供应商管理库存是制造商等上游企业对零售商等下游企业的流通库存进行管理和控制。具体来说，制造商基于零售商的销售、库存等信息，判断零售商的库存是否需要补充。如果需要补充，制造商会自动向本企业的物流中心发出发货指令，以补充零售商的库存。

5. 交叉配送

交叉配送是指零售商的流通中心将来自各个供应商的货物按发送店铺迅速进行分拣装车，并向各个店铺发货。在交叉配送的情况下，流通中心充当具有分拣装运功能的中转中心，有利于缩短交货周期、减少库存、提高库存周转率，从而节约成本。

6. 店铺直送

店铺直送是指商品不经过物流中心，直接由制造商运送到店铺。采用店铺直送方式可以保持商品的新鲜度，减少商品运输破损，缩短交货周期。

（三）信息技术

ECR 系统应用的信息技术主要包括 EDI 和 POS。

1. EDI

ECR 系统应用的一种重要信息技术是 EDI：一方面，利用 EDI 在供应链节点企业间传送和交换订货清单、发货清单、价格变动信息、付款通知单等文件和单据；另一方面，利用 EDI 在供应链节点企业间传送、交换销售时点信息、库存信息、新产品开发信息以及市场预测信息等直接与经营有关的信息。

2. POS

ECR 系统应用的另一种重要信息技术是 POS。对零售商而言，对 POS 数据进行整理和分析，可以掌握消费者的购买动向，找出畅销商品和滞销商品，做好商品类别管理、库存管理、订货管理等工作。对制造商来说，通过 EDI 利用及时获取准确的 POS 数据，可以把握消费者需要，制订生产计划，开发新商品，还可以把 POS 数据、EOS 数据结合起来分析，从而把握零售商的库存水平，实现供应商管理库存的目标。

（四）组织革新技术

应用 ECR 系统不仅需要企业内部各部门间紧密协调和合作，还需要供应链节点企业紧密协调和合作，因此，成功地应用 ECR 需要对企业的组织体系进行革新。

（1）在企业内部的组织革新。需要把按照采购、生产、物流、销售等职能划分的组织形式，改变为按照商品类别划分的横向组织形式。把企业经营的所有商品按类别划分，并针对每个商品类别设立一个管理团队，以这些管理团队为核心构建新的组织形式。在这种组织形式中，企业针对每个商品类别设定经营目标（如消费者满意度、收益水平、成长率等），同时在采购、品种选择、库存补充、价格设定、促销等方面赋予管理团队相应的权限。每个管理团队由一个管理者和 6～7 个履行各自职能的成员组成。由于商品类别管理团队规模小，内部容易交流，各职能间协调较为容易。

（2）供应链节点企业间的合作革新需要建立双赢型的合作伙伴关系。具体讲，制造商和零售商都需要在各自内部建立以商品类别为管理单位的组织。这样双方相同商品类别的管理人员可以就材料采购、生产计划、销售状况、消费者动向等有关问题进行协商与交流，并制定符合双方共同利益的管理决策。当然，这种合作伙伴关系的建立有赖于企业最高决策层的支持。

三、ECR 战略

ECR 战略从经营角度来看包括有效的店内布局、有效的补货、有效的促销和有效的新产品导入 4 个部分。

（一）有效的店内布局

实施有效的店内布局战略，目的是使零售商通过有效利用店铺空间和店内布局，最大限度地提高商品的获利能力。零售商可以通过空间管理系统提高货架的利用率。有效的商品分类要求店铺储存消费者需要的商品，并将商品范围局限在高销售率的商品上，从而提高店铺销售业绩。

零售商应经常监测店内空间分配情况，以提升销售业绩。优秀的零售商至少每月检查一次店内空间分配情况，甚至每周检查一次。这样能够使品种经理及时、准确地制定关于新产品的导入、老产品的撤换、促销措施及季节性产品的摆放等的决策。同时，零售商要注意分析各种产品的投资回报率，这有助于了解产品的销售趋势，从而对产品的空间分配进行适当的调整，保证产品的销售，实现事先确定的收益目标。

（二）有效的补货

有效的补货战略是通过降低系统的运行成本，从而降低商品的价格，其目标是以最有效的方式将适当数量的适当商品在适当时间、适当地点提供给消费者。有效的补货其构成要素主要包括：店铺单品预测、集成的采购订单管理、从供应商到店铺的直接出货方式、高效的配送系统、POS机扫描系统等。

（三）有效的促销

有效的促销战略的主要内容是简化贸易关系，将经营重点从采购转移到销售上。快速周转消费品行业现在把更多的时间和资金来评估促销活动的影响。消费者则能够从这些新型的促销活动中获益。

（四）有效的新产品导入

无论在哪个行业，新产品导入都是一项重要的创造价值的业务。它能够激发消费者的购买意愿，为企业创造新的业务机会。

有效的新产品导入包括让消费者和零售商尽早接触新产品。其首要的策略就是零售商和制造商应为了双方的共同利益而密切合作，包括将新产品放在特定店铺内进行试销，然后再按照消费者类型分析试销结果，并据此决定如何处理新产品。新产品处理办法包括：淘汰新产品、改进新产品、优化营销技术、采用不同的分销策略等。

四、QR与ECR的比较

（一）QR与ECR的差异

QR主要用于一般商品和纺织行业，其主要目标是快速响应客户的需求，并快速补货。ECR主要以食品行业为对象，其主要目标是降低供应链各环节的成本，从而提高效率。

1. 侧重点不同

QR侧重于缩短交货周期，快速响应客户需求；ECR侧重于减少和消除供应链的浪费，提高供应链运行效率。

2. 管理方法的差别

QR 主要借助信息技术实现快速补货，通过联合产品开发缩短产品上市时间；ECR 除快速有效引入新产品外，还实行有效产品管理和促销活动管理等。

3. 适用的行业不同

QR 适用于产品单位价值高、季节性强、可替代性差、购买频率低的行业，ECR 适用于产品单位价值低、库存周转率高、毛利少、可替代性强、购买频率高的行业。

4. 改革重点不同

QR 的改革重点是提高补货和订货速度，目的是最大限度地消除缺货，并且只在有产品需求时才去采购；ECR 的改革重点是提高效率和降低成本。

（二）QR 与 ECR 的共同点

1. 建立紧密联系

QR 和 ECR 都需要建立供应商与销售商之间的紧密联系，通过合作与协调优化供应链管理。

2. 信息技术支持

QR 和 ECR 的实现都依赖信息技术的支持，利用 EDI（电子数据交换）等技术进行信息交换与共享，以提高供应链的响应速度和效率。

3. 商业信息共享

QR 和 ECR 都强调贸易伙伴间的商业信息共享，通过合作追求物流效率化，具体表现在贸易伙伴间的商业信息共享、商品供应方涉足零售业、提供高质量的物流服务、企业间订货、发货业务实现订货数据或出货数据的无纸化传送等方面。

4. 物流效率化

QR 和 ECR 都致力于通过合作与协调优化物流过程，降低物流成本，提高供应链运行效率。

任务三　协同、规划、预测和连续补货（CPFR）

任务描述

CPFR 是一种协同式供应链库存管理方法，它在降低分销商和零售商存货量的同时，也提升了供应商的销售额。其主要特点是协同、规划、预测与补货。CPFR 体系架构影响着企业运营管理的基本模式，是当前企业供应链管理的主导趋势和主要框架。

任务知识

一、CPFR 的定义

CPFR 通过零售企业与生产企业共同进行商品预测，实施连续补货。实行 CPFR 后，不仅合作企业间进行共同预测和补货，原来属于各企业内部的计划工作（如生产计划、库存计划、配送计划、销售规划等）也由供应链节点企业共同完成。

CPFR 的最大优点是能及时、准确地预测由各项促销措施或异常变化带来的销售高峰和波动，从而使分销商、零售商和供应商都能做好充分的准备，赢得主动。CPFR 遵循双赢的原则，强调始终从全局出发，制定统一的管理目标及实施方案，以库存管理为核心，同时兼顾供应链其他方面的管理。因此，实行 CPFR 能够使合作伙伴之间实现更加深入广泛的合作。

二、CPFR 的特点

（一）协同

从 CPFR 的基本思想来看，供应链上下游企业只有确立共同的目标，才能使双方的绩效都得到提升，取得综合性的效益。CPFR 要求双方长期承诺公开沟通、信息分享，从而确立协同性的经营战略。这种战略的实施必须建立在信任和承诺的基础上，这也是双方取得长远发展和良好绩效的唯一途径。正因为如此，协同的第一步就是签署保密协议。

（二）规划

CPFR 要求制定合作规划（品类、品牌、分类、关键品种等）及合作财务规划（销量、订单满足率、定价、库存、安全库存、毛利等）。此外，为了实现共同的目标还需要双方协同制订促销计划、库存政策变化计划、产品导入和中止计划及仓储分类计划。

（三）预测

CPFR 强调双方必须做出最终的协同预测，例如季节因素和趋势管理信息等这些信息对服装或相关品类的供应方和销售方都是十分重要的，基于这类信息的共同预测能大大避免整个价值链体系的低效率、高库存水平，从而促进产品销售，节约供应链资源。与此同时，最终实现协同促销计划是实现预测精度提高的关键。CPFR 所推动的协同预测还有一个特点是它不仅关注双方共同做出最终预测，也强调双方都应参与预测反馈信息的处理以及预测模型的制定和修正，特别是处理预测数据的波动等问题。只有全面考虑数据集成、预测和处理的所有方面，才有可能真正实现共同的目标，使协同预测落到实处。

（四）连续补货

销售预测必须通过时间序列预测和需求规划系统转化为订单预测，并且确定供应方的约束条件，如订单处理周期、前置时间、订单最小量、产品单元等都需要采供双方协商确定。根据 VICS 的 CPFR 指导原则，协同运输计划也被认为是补货的主要因素，此外，存货的百分比、预测精度、安全库存水平、订单实现的比例、订单批准的比例等，都需要在双方公认的评价基础上定期协同审核。

三、CPFR 实施

（一）CPFR 的体系结构

CPFR 的体系结构包括决策层、运作层、内部管理层、系统管理层 4 个层面，如表 2-2 所示。

表 2-2　CPFR 的体系结构

层面	说明
决策层	主要负责管理合作企业的领导层，包括制定企业联盟的目标和战略、建立跨企业的业务流程、进行企业联盟的信息交换以及共同决策
运作层	主要负责合作业务的运作，包括制订联合业务计划、实施需求信息共享、共担风险以及平衡合作企业利益
内部管理层	主要负责企业内部的运作和管理，包括市场营销、生产制造、销售管理、商品分类管理、库存管理、门店运营、物流管理、客户服务等
系统管理层	主要负责供应链运营的支撑系统和环境管理及维护

（二）CPFR 的实施步骤

1. 识别可比较的机遇

CPFR 的实施有赖于数据间的比较，这既包括企业间计划的比较，又包括组织内部新计划与旧计划、计划与实际绩效之间的比较。这种比较越详细，CPFR 的潜在收益越大。

在识别可比较的机遇方面，关键在于：①订单预测的整合。CPFR 为补货订单预测和促销订单预测提供了整合、比较的平台。CPFR 参与者应该收集所有的数据资源及其拥有者，力求实现一对一的比较；②销售预测的协同。CPFR 要求企业在按周计划促销的基础上做出客户销售预测，以有效地避免因在销售预测中未考虑促销、季节等因素而导致的差错。

2. 数据资源的整合运用

（1）不同层面的预测比较

不同类型的企业受其利益驱动，对计划的关注点各不相同，这导致其信息的来源不同。CPFR 要求协同团队寻求不同层面的信息，并确定可比较的层面。

（2）商品展示与促销包装的计划

CPFR 在数据整合方面最大的突破在于它能对每一个商品进行追踪，并以包含展示信息的销售报告反映出来。这样的报告不仅包含了销量数据，还包含了不同品类、颜色及形状等特定的展示信息。这样数据之间的比较不再是预测与实际绩效的比较，而是建立在单品基础上，包含商品展示信息的比较。

（3）时间段的规定

CPFR 在整合利用数据资源时，非常强调时间段的统一。由于预测、计划等行为都是建立在一定时间段的基础上的，所以如果交易双方对时间段的规定不统一，必然会导致交易双方的计划和预测很难协调。CPFR 参与者需要就时间段，如预测周期、计划起始时间、补货周期等，进行协商统一。

3. 组织评判

一旦 CPFR 参与者拥有可比较的数据资源，他们就必须建立特定的组织框架，以反映产品和地点层次、分销地区以及其他品类计划的特征。

CPFR 能在企业明确界定组织框架后，支持多种框架的并存，并体现不同框架之间的对应关系。CPFR 支持的多层组织框架，如图 2-3 所示。

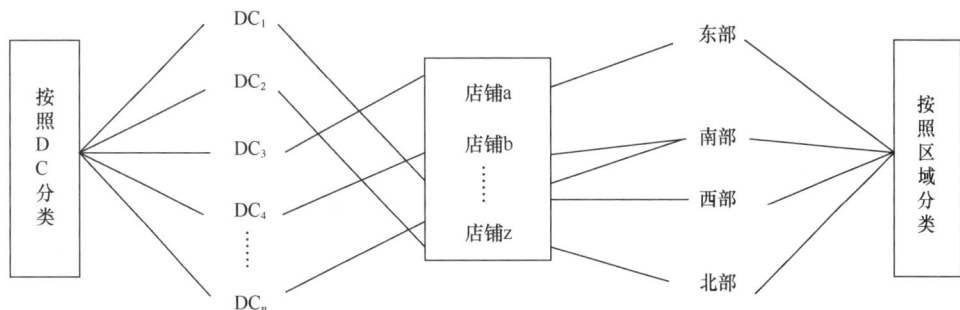

图 2-3　CPFR 支持的多层组织框架

4. 商业规则确定

当所有业务规范和组织框架确立后，在实施 CPFR 的过程中，最后需要确定的是CPFR 参与者需遵守的商业规则。这种规则主要表现为对例外情况的界定和判断上。

案例赏析

零售电商 CPFR 联合计划预测补货项目

2023—2024 年度中国 ECR 年度案例——宝洁与合作伙伴荣获 5 个卓越项目、4 个最佳实践项目及 1 个创新项目。宝洁与北京京东世纪贸易有限公司的"零售电商 CPFR 联合计划预测补货项目"被评为最佳实践项目之一。

在零售电商领域，随着销售场景和履约模式的增多，如何保障电商网站页面有货率持续保持在高水平，成为供应链的一大挑战。

宝洁与北京京东世纪贸易有限公司（以下简称京东）合作，面对零售电商领域供应链管理的挑战，共同建设 CPFR（Collaborative Planning, Forecasting and Replenishment），即协同计划，预测与补货流程及相关系统能力。从经营规划、供应链规划、补货规划、生产履约规划 4 个模块入手，结合"概率分布预测及可解释 AI 技术"实现计划指导预测，让供应链系统能够更加从容地面对各类挑战。

通过宝洁与京东 CPFR 合作，京东提高了订单履约速度和利润，宝洁通过提升整车率和动态履约实现了成本优化，实现共赢。

一、单选题

1. QR 是在美国（　　）发展起来的一种供应链管理方法。

    A. 日杂百货业　B. 纺织服装业　　　C. 医药业　　　　　　D. 家电业

2. QR 供应链管理中零售商和制造商建立战略伙伴关系，用（　　）的配送方式连续补充商品，提高客户服务水平和企业竞争力。

    A. 定期　　　　　　　　　　　　　B. 少批次大批量

    C. 多批次大批量　　　　　　　　　D. 多批次小批量

3. 由于商品特性不同，所以 QR 和 ECR 的改革重点是不同的，QR 的改革重点是（　　）。

    A. 效率　　　　　B. 成本　　　　　C. 速度　　　　　　　D. 质量

4. ECR 是（　　）的英文缩写。

    A. 快速反应系统　　　　　　　　　B. 有效客户响应

    C. 电子数据交换　　　　　　　　　D. 电子化供应链

5. ECR 战略不包括（　　）。

    A. 有效的新产品导入　　　　　　　B. 有效的组织革新

    C. 有效的促销　　　　　　　　　　D. 有效的店内布局

6. ECR 是首先出现在美国（　　）的一种供应链管理方法。

    A. 食品杂货行业　　　　　　　　　B. 纺织服装行业

    C. 汽车制造业　　　　　　　　　　D. 家电业

7. ECR 是以（　　）满足消费者需要为目的的供应链管理系统。

    A. 更低的成本　　　　　　　　　　B. 更快的速度

    C. 更高的品质　　　　　　　　　　D. 更短的时间

8. POS 是指（　　）。

    A. 销售时点系统　　　　　　　　　B. 电子订货系统

    C. 增值网　　　　　　　　　　　　D. 无线电射频技术

二、多选题

1. CPFR 是指（　　）。

    A. 协同　　　　　B. 规划　　　　　C. 预测　　　　　　　D. 连续补货

2. ECR 战略包括（　　）。

    A. 有效的店内布局　　　　　　　　B. 有效的补货

    C. 有效的促销　　　　　　　　　　D. 有效的新产品导入

3. QR 战略的再造包括（　　）等。

    A. 同步生产　　　　　　　　　　　B. 有效促销

    C. 自动库存补给　　　　　　　　　D. 供应商管理库存

4. ECR 作为一个供应链管理系统，需要把（　　　）和组织革新技术有机结合起来作为一个整体使用。

    A. 营销技术　　　B. 计算机技术　　　C. 信息技术　　　D. 物流技术

三、简答题

1. QR 实施的条件是什么？

2. 简述 ECR 战略。

3. 比较 ECR 与 QR 的异同。

4. 简述 CPFR 的实施步骤。

03 项目三
数字化供应链的设计与构建

【项目描述】

设计和运行一个有效的供应链对于每个企业来说都至关重要。有效的供应链以用户需求为中心，强调运用新的思维、新的手段从企业整体角度确立企业蓝图和服务体系，以达到降低库存水平、减少成本、缩短提前期、实施准时制生产与供销、提高供应链整体运作效率的目的。本项目引领大家认识常见的供应链结构模型，学习如何设计供应链，为企业构建高效的数字化供应链。

【项目目标】

知识目标

1. 掌握供应链的结构模型
2. 理解供应链设计的原则
3. 掌握典型的供应链设计策略
4. 掌握数字化供应链的构建步骤

技能目标

1. 绘制供应链的结构模型图
2. 正确理解供应链设计的原则并遵循原则进行设计
3. 正确运用基于产品的供应链设计策略设计供应链
4. 运用供应链的构建方法构建供应链

素质目标

1. 培养整体性思维，理解供应链设计的思想
2. 增强对新理论、新思想、新方法的接受能力
3. 能够用供应链管理的整合性、集成性思想思考问题

【引导案例】

小米模式下的供应链构建

快速动态的供应链作为小米与供应商之间的桥梁，用于对接产品设计与工艺设计，确保供应商能够有效、经济地将小米设计的产品生产出来，并保证小米的盈利水平。

小米模式的成功源于互联网资源整合的成功，更源于供应链战略的成功。随着移

动互联网的进步,客户对产品提出了更高的要求。从小米手机等产品的迭代频率来看,市场竞争、需求与供应的不确定性等因素,导致越来越多的产品快速更新换代,其生命周期越来越短。

小米供应链模型如图 3-1 所示。小米在供应链中属于核心企业,扮演的是原始设备制造商的角色。小米的主要原始设计制造商是南京英华达和廊坊富士康,而小米则专注于设计研发、客户体验和销售等方面。

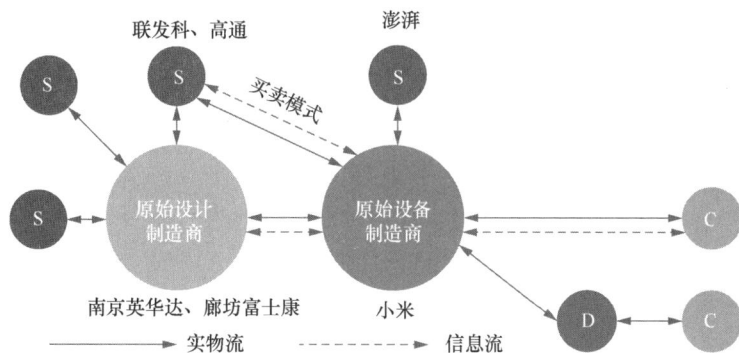

图 3-1 小米供应链模型

以小米手机为例,小米通过电商渠道采用预售和直销的模式,产品从小米的分销仓库直接向最终用户发货,还有部分产品通过线下渠道向最终用户发货。

预售模式使得小米的资金流得到保障。这一模式以订单拉动生产,以需求信息集约化来组织供应链运营,而小米的合作企业能够在 2~3 周内快速响应生产需求。对小米而言,其几乎可以实现"零库存",所有库存都属于客户。

在互联网模式下,小米供应链实施的是拉动式策略。这一策略能实现的关键因素是供应链能够快速传递信息,缩短提前期。我们从时间维度来分析目前的供应链模式对供应链战略的影响。以小米手机为例,产品上市周期(Time to Market,TTM)就是每一代新手机从早期研发、粉丝参与设计、量产一直到新产品发布的时间。而交付周期(Time to Customer,TTC)反映的是企业满足客户需求的供应链反应速度。对于新产品而言,供应链战略的制胜因素在于 TTM,最小化 TTM 是供应链战略的主要目标。小米在手机研发过程中和上游核心供应商紧密合作,如参与联发科和高通的芯片开发,从而较早以较低价获得量产级芯片供应。同时,小米将最终用户带入研发链,邀请他们体验工程样机并提供反馈,将供应链和开发链紧密结合起来,以实现尽快向市场推出新产品的目标。

当产品进入成长期和成熟期后,供应链战略的制胜因素在于 TTC,即在平衡成本效益的基础上最小化 TTC。具体到供应链的采购、生产、配送等流程,这对于提前期的控制尤为重要。

小米实行的是非核心业务外包的运营模式,其专注于研发和市场营销等核心业务,然后向指定的超过 100 家境外供应商采购产品,并提供分拣、贴标、VMI、添加卫星定位模块等服务,按照最经济的原则向境内超过 10 个海关进行申报通关。由于货物运输价值高且需快速响应,小米采取零担、空运、专车、快递等形式,向境内众多代工厂及其指定的地点运送货物，并随时根据各代工厂生产进度进行快速调拨，以满足"零库存"生产的要求。

思考：在互联网模式下，小米是如何构建其供应链的？

任务一　数字化供应链的结构与设计

任务描述

为了更好地了解和掌握数字化供应链的设计，我们首先了解供应链的结构模型，主要包括链状模型和网状模型；再从企业整体角度去确立企业蓝图和服务体系，设计适合企业的供应链，以用户需求为中心，提升企业的柔性与响应能力，提高供应链的整体运作效率。

任务知识

一、供应链的结构模型

（一）链状模型

结合供应链的定义，可以得出供应链模型，如图 3-2 所示。产品的最初来源是自然界，例如农田、煤矿、橡胶园等，最终去向是用户。产品因为有用户的需求而组织生产，最终被用户所消费。产品从自然界到用户经历了供应商、制造商和分销商三级传递，并在传递过程中完成产品加工、装配等转换过程。

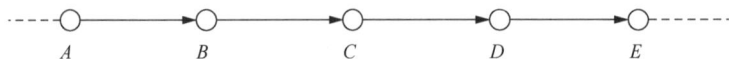

图 3-2　供应链的链状模型

该模型将企业都抽象为一个个的点，称为节点，并用字母表示。节点按照一定的方式和顺序连接成一串，构成一条抽象结构的供应链。

供应链上除了物流和信息流外，还存在资金流。物流的方向一般是从供应商流向制造商，再流向分销商。在特殊情况下（如产品退货），产品在供应链上的流向与上述方向相反。在该模型中，依照物流的方向来定义供应链的方向，可以确定供应商、制造商和分销商之间的顺序关系。其中，箭头指向即表示供应链的物流方向。

在链状模型中，假设 C 为制造商，则 B 为 C 的一级供应商，A 为 C 的二级供应商，还可以递归地定义三级供应商、四级供应商等。同样，D 为一级分销商，E 为二级分销商，并可以递归定义三级分销商、四级分销商等。一般来说，企业可能有多级供应商或多级分销商，这与企业所在的行业及企业管理者对供应链的构建有关。企业应尽可能考虑多级供应商或分销商，这样有助于从整体上了解供应链的运行状态。

（二）网状模型

在上述链状模型中，实际上 C 的供应商可能不止一家，而是有 B_1，B_2，$\cdots$，B_n 等 n 家，分销商也可能有 D_1，D_2，$\cdots$，D_m 等 m 家。动态地考虑，C 也可能有 C_1，C_2，$\cdots$，C_k 等 k 家，这样链状模型就转变为网状模型，如图 3-3 所示。网状模型更能说明现实世界中产品的复杂供应关系。

在理论上，网状模型可以涵盖世界上所有厂家，把所有厂家都看作其上的节点，并认为这些节点间存在联系。当然，这些联系有强有弱，而且在不断变化。网状模型对供应关系的描述性很强，有利于对供应关系进行整体把握。

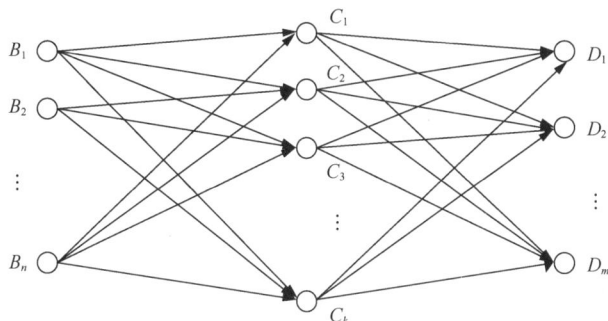

图 3-3　供应链的网状模型

在网状模型中，物流呈有向流动，从一个节点流向另一个节点。这些物流在某些节点补充流入，在某些节点分流流出。我们把这些物流进入的节点称为入点，将物流流出的节点称为出点。入点相当于煤矿、橡胶园等原始材料提供商，出点相当于用户。

有些厂家规模非常大，内部结构也非常复杂，与其他厂家相联系的只是其中一个部门，而且这些厂家内部也存在产品供应关系，仅用一个节点来表示这些复杂关系显然不行，这就需要将表示这个厂家的节点分解成很多相互联系的小节点，这些小节点构成一个网络，称为子网模型，如图 3-4 所示。子网模型对企业集团具有很强的描述能力。

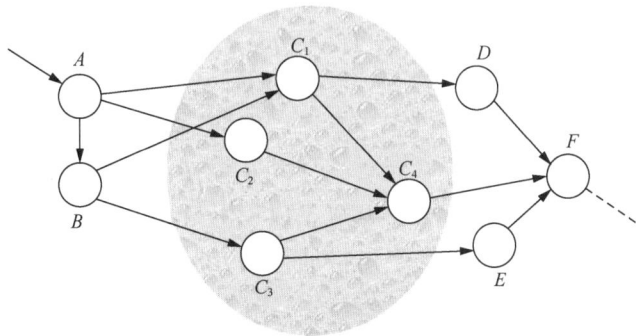

图 3-4　子网模型

基于以上对子网模型的描述，我们可以将供应网络中为了完成共同目标而相互合作并同时实现各自利益的厂家形象地看成一个厂家，这就是虚拟企业，如图 3-5 所示。

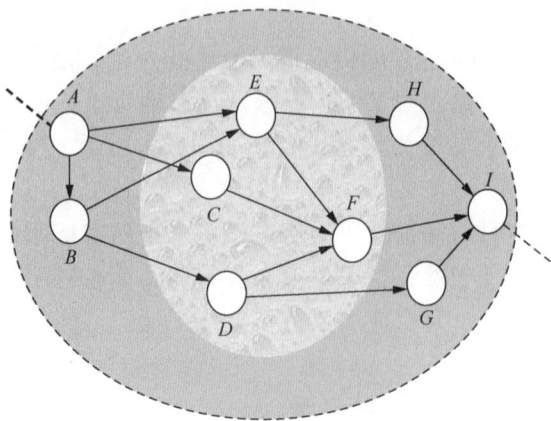

图 3-5　虚拟企业图

在图 3-5 中，虚拟企业的节点用虚线框标示。虚拟企业是在经济交往中，一些独立企业为了共同利益和目标，在一定时间内结成的相互协作的利益共同体。虚拟企业组建和存在的目的是获取协作所产生的效益。

二、供应链设计的主要内容与原则

（一）供应链设计的主要内容

供应链设计的主要内容包括：供应链成员及合作伙伴选择、网络结构设计及供应链运行基本规则的制定。

1. 供应链成员及合作伙伴选择

供应链成员包括供应商、制造商、物流商和零售商等，他们共同构成了从原材料采购到最终产品交付的全过程。这些成员数量庞大，关系复杂，因此，选择合适的合作伙伴以确保高效协作是供应链管理的核心问题。

2. 网络结构设计

供应链网络结构主要由供应链成员、网络结构变量以及供应链间工序连接方式 3 方面组成。为了使复杂的网络更易于设计和合理分配资源，有必要从整体出发进行网络结构设计。

3. 供应链运行基本规则设计

供应链成员之间的合作以信任为基础。信任关系的建立和维系不仅需要各个成员的共同努力，还必须有一个共同的规则予以引导和约束。这些规则主要包括：协调机制、信息开放与交互方式、生产物料的计划与控制体系、资金结算方式以及争议解决机制等。

（二）供应链设计的原则

在供应链设计过程中，企业应遵循一定的基本原则，以确保供应链设计能够有效实施并贯彻供应链管理的核心思想，这些原则如图 3-6 所示。

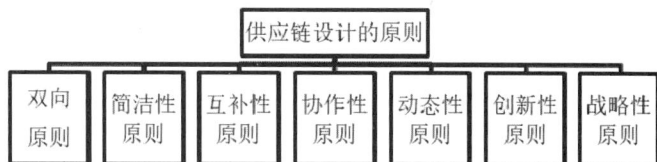

图 3-6 供应链设计的原则

1. 双向原则

在系统建模设计方法中，有两种设计方法，即自顶向下和自底向上的方法。前者是从全局走向局部，后者是从局部走向全局。自顶向下是系统分解的过程，而自底向上则是一种集成的过程。在设计供应链系统时，一般先由企业高层依据市场需求和企业发展规划制定战略规划和整体决策，然后由下层部门根据自身情况做出各部门决策，建立内部工作流程，进行集成和实施。因此供应链的设计是自顶向下和自底向上的综合。

2. 简洁性原则

简洁性是供应链设计的重要原则。为了使供应链具有灵活性和快速响应市场的能力，供应链的每个成员都应简洁而有活力，能实现业务流程的快速组合。例如供应商应少而精，企业通过与少数供应商建立战略伙伴关系，就能降低采购成本，实现准时采购和准时生产。生产系统的设计更应以精益思想（Lean Thinking）为指导，从精益的制造模式到精益的供应链是企业努力追求的目标。

3. 互补性原则

互补性原则也称为集优原则。供应链各成员的选择应遵循强强联合的原则，从而实现资源外用的目的。每个成员应集中精力于各自的核心业务，成员间的"强强联合"将实现核心能力的协同整合，全面提升整个供应链的核心竞争力。

4. 协作性原则

供应链成员利用协作性原则建立战略伙伴关系，是实现供应链最佳绩效的保证。只有和谐且协调的系统才能避免利益本位主义动摇供应链各成员之间的关系，从而发挥最佳效能。

5. 动态性原则

动态性是供应链的显著特征。一方面，企业经营环境是动态且复杂多变的；另一方面，由于成员间的相互选择，供应链的构成必然会时常发生变化。为了适应环境，供应链的结构及成员往往需要动态地更新。因此，供应链的设计应符合动态性原则，设计者应根据成员发展的需要优化乃至重构供应链，以使供应链适应不断变化的竞争环境。

6. 创新性原则

创新是系统设计的重要原则。系统设计者如果缺乏创新思维，就不可能设计出具有创新性的系统。因此在供应链的设计过程中，创新性原则至关重要。要得到一个创新的系统，就要敢于突破现状，破除陈旧思维的限制，用新的角度、新的视野审视原有的管理模式和体系，进行大胆的创新设计。

7. 战略性原则

战略性原则强调供应链设计应与企业的长期发展目标相协调，确保供应链具有灵活性和适应性，以应对市场变化和不确定性。企业应制定供应链发展规划，确保其与企业整体战略保持一致。

三、供应链设计的策略

供应链设计的策略主要有基于产品的供应链设计策略、基于成本的供应链设计策略、基于多代理的供应链设计策略等。

（一）基于产品的供应链设计策略

设计供应链首先要明确用户对产品的需求产品生命周期、需求预测、产品多样性、提前期以及服务的市场标准等都是影响供应链设计的重要因素。产品有不同的特点，供应链有不同的功能，只有两者相匹配，才能起到事半功倍的效果。企业应当根据不同的产品设计不同的供应链，即设计与产品特性一致的供应链，这就是所谓的基于产品的供应链设计（Product-Based Supply Chain Design，PBSCD）策略。

1. 产品类型

不同类型的产品对供应链有不同的要求，产品可以分为低边际利润、有稳定需求的功能性产品和高边际利润、需求不稳定的创新性产品。这两类产品的对比如表 3-1 所示。

表 3-1　功能性产品与创新性产品的对比

需求特征	功能性产品	创新性产品
产品生命周期	>2 年	1～3 年
边际利润率	5%～20%	20%～60%
产品多样性	低（每一个品类 10～20 个）	高（每一个品类上千个）
预测的平均边际利润率	10%	40%～100%
平均缺货率	1%～2%	10%～40%
季末降价率	0	10%～25%
按订单生产的提前期	6 个月～1 年	1 天～2 周

功能性产品一般用于满足用户的基本要求，如生活用品、粮食、家电等，其特点是产品形态与功能变化较小，需求具有稳定性和可预测性。这类产品的生命周期较长，但它们的边际利润率较低，不适合高成本供应链。因此，功能性产品的供应链设计应尽量降低供应链成本。

创新性产品的需求一般难以预测，如数码电子产品、时装、流行音乐等，生命周期较短，但利润空间大。这类产品是按订单制造的，生产这类产品的企业未接到订单之前不生产，一旦接到订单便快速制造。创新性产品的供应链设计应少关注成本而更多地关注向客户提供其所需属性的产品，重视客户需求并对此做出快速反应，因此特别强调速度和灵活性，而非成本控制。

2. 设计策略

供应链从功能上可以划分为两种：有效性供应链和反应性供应链。有效性供应链主要体现供应链的物理功能，即以最低的成本将原材料转化为零部件、半成品、产品；反应性供应链主要体现供应链的市场中介功能，即把产品分配到满足用户需求的市场，并对未预知的需求做出快速反应等。

当知道产品和供应链的特性后，企业可以设计出与产品需求一致的供应链。基于产品的供应链设计策略矩阵如图 3-7 所示。

	功能性产品	创新性产品
有效性供应链	匹配	不匹配
反应性供应链	不匹配	匹配

图 3-7 基于产品的供应链设计策略矩阵

该策略矩阵中的 4 个元素代表可能的产品和供应链的 4 种组合，功能性产品匹配有效性供应链，能够降低供应链中的物理成本，提高企业的市场占有率。对创新性产品的需求是很难做出准确预测的，此时构建反应性供应链才能抓住产品创新机会，快速、灵活和高质量地获取高边际利润。

管理者可以根据这一理论判断企业的供应链与产品类型是否一致。但在实践中，由于市场行情、用户需求、企业经营状况等因素的影响，产品与供应链之间匹配并非绝对，而是会随着情况的变化而发生变化，此时的关键在于企业能否及时做出调整，完善实际采用的供应链设计策略。

拓展案例

安踏大数据赋能需求精准导向型供应链

（二）基于成本的供应链设计策略

供应链管理者通过成本核算和优化来选择供应链的成员，找出最佳的成员组合，设计出低成本的供应链，就是基于成本的供应链设计策略。

该策略的核心是在给定的时间内计算所有企业组合的供应链总成本，从中选择供应链总成本最低的企业组合以构建供应链。其要旨是在特定时间内综合考虑供应链的物料成本、人力成本、运输成本、设备成本及其他变动成本，同时考虑经验曲线、相关国家的汇率、通货膨胀等影响成本的因素来完成供应链的设计。基于成本的供应链设计步骤如图 3-8 所示。

（三）基于多代理的供应链设计策略

随着信息技术的发展，供应链不再是由人和组织简单组成的实体，而是以信息处理为核心，以计算机网络为工

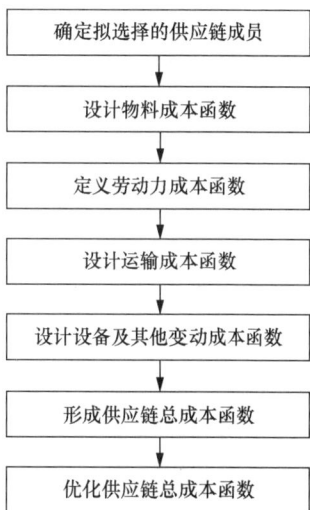

确定拟选择的供应链成员

↓

设计物料成本函数

↓

定义劳动力成本函数

↓

设计运输成本函数

↓

设计设备及其他变动成本函数

↓

形成供应链总成本函数

↓

优化供应链总成本函数

图 3-8 基于成本的供应链设计步骤

具组成的人—信息—组织集成的有机整体。

基于多代理的集成供应链设计策略强调核心企业通过现代通信技术与组织技术连接相关的各类企业构成虚拟经营环境。根据既竞争又合作的原则在虚拟经营环境内动态选配成员，优化、快速配置各种专项资源，从而组成面向某特定任务或市场机遇的敏捷型虚拟企业——动态联盟，使企业能在持续发展、变化中快速、协调、有效地响应动态变化的市场，最大限度地满足市场需求。从集成化供应链管理的角度看，该策略将集成化供应链系统的内在机制视为由相互协作的智能代理模块组成的网络。每个代理模块具备供应链的一项或几项功能，并与其他代理模块协同运作。

基于多代理集成的供应链设计策略是涵盖"两个世界"的三维集成设计策略，即实体世界的人与人、组织与组织集成和技术世界（又称软件世界）的信息集成（横向集成），以及实体世界与技术世界的人与机集成（纵向集成）。该策略注重动态设计思想，是一个不断循环和并行的过程，如图 3-9 所示。

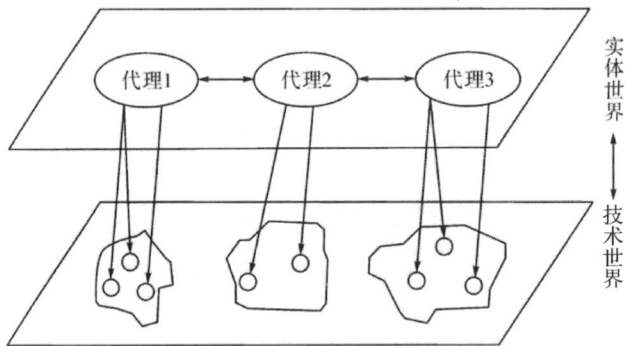

图 3-9　基于多代理的供应链设计策略

四、数字化供应链设计内容

数字化供应链设计的内容包括信息技术平台搭建、组织模式重构和数字化运营闭环。

（一）形成数字化技术保障

进行供应链数字化转型的基础保障是拥有信息化平台以及相应的数据集成技术。企业在具备各类智能设备、信息网络、云基础设施、智能业务系统以及新一代信息技术等基础条件的前提下，才能开展数字化的改革与转型。

企业可根据自身情况合理应用自动化技术、信息技术、传感技术等改造生产制造车间的各类设备与信息系统，实现设备间的互联互通，实现设备与设备、设备与系统、系统与系统间的数据共享。

（二）流程再造与组织重构

企业应认真分析自身的优势与劣势，根据内外部因素制定数字化转型战略规划，合理进行流程再造与组织重构，以进一步提升信息交流效率，减少工作交接手续，并由分工时代的金字塔架构转变为扁平化、网络化的架构。

在这一阶段，企业可通过信息技术平台规范一体化的采购流程，打造智能化的生产制造流程和数字化生产线，建设自动化仓储物流基地，建造精准化的销售流程等。企业要认真规划建设每一个数字化供应链环节，才能将供应链由"链"变"网"，推动自身从"数字化"迈向"数智化"。

（三）数字化运营

拥有信息技术平台以及数字化组织流程后，企业进入数字化过程最重要的一个环节，即将数字信息融入自身的生产运营中。企业可建设工业大数据中心，依托传感器、嵌入式系统、射频识别（Radio Frequency Identification，RFID）和数字化集成技术从多方获取数据，以保证数据的有效性和精准性。

随后，企业需要结合现有数据库技术和先进的分布式存储技术，对数据建模和存储技术进行优化，构建多级混合存储结构，针对不同类型的存储系统进行统一访问，将设备、产线、流程、用户等方面的总体模型存储进去。

接下来，在进行数据分析和决策的过程中，企业需将数据录入系统，设置相应的计算框架，对数据分类融合、回归分析等情况进行可视化展示。

最后，企业需将数据作为生产要素融入供应链的各个环节，推动供应链从端到端、点到点运行，形成网状的信息系统，高效传递供应链各环节所需的数据信息，推动整个供应链的管理与运营。

> **拓展案例**
>
> 宝洁：打造智能柔性、灵活高效的"孙悟空"型供应链

任务二　数字化供应链的构建与实施

任务描述

供应链的构建需要与之相适应的组织保障、系统建设、流程设计等支持，并从战略角度通过数字化手段打造企业的数字化供应链。了解供应链构建的内容，掌握数字化供应链构建的步骤，是本节任务的重点。

任务知识

一、供应链构建的内容

供应链构建的内容包括供应链成员的选择、供应链组织机制的建立、供应链物流系统的构建、供应链信息系统的搭建以及供应链管理流程的设计等。

（一）供应链成员的选择

供应链成员的选择是供应链构建的前提。供应链成员的选择是双向的。一般而言，供应链成员基于市场交易，为了共同的利益结成相对稳定的交易伙伴关系。但供应链的主体企业，尤其是核心企业，主导整个供应链的存在和管理，因而在对供应链其他成员的选择上具有一定的主动性；非主体企业在供应链上处于从属地位，在选择能否成为供应链成员方面往往没有话语权。

（二）供应链组织机制的建立

供应链组织机制实际上是各供应链成员相关业务组织机制的集合。供应链组织机制具有以下特点：企业边界模糊，对市场需求具有快速响应能力，组织目标系统集成化，企业的决策权分散，并且需要先进的信息处理系统作为支撑等。

（三）供应链物流系统的构建

集成化供应链建设是从企业整体角度出发的战略性问题，包括物流系统、信息系统、组织系统和相应服务体系的建设。因此，作为供应链通道的物流系统是供应链的重要组成部分。企业需要从竞争战略的高度对供应链物流系统进行规划，并通过物流策略的贯彻实施来落实供应链管理策略。

供应链物流系统是供应链系统的子系统，它以供应链管理及物流系统管理为基础，在物流系统设计与运作中注重网络关系管理，将物流网络的整体性与协作性作为突出特点。与传统物流系统设计相比，供应链物流系统的设计更加强调供应链成员的参与性、系统整体性、协作性，通过企业间的合作来配置物流资源，以提高物流运作效率，降低物流运作成本，在实现供应链价值最大化的同时，达成供应链成员的经营目标。

（四）供应链信息系统的构建

供应链信息系统的构建，主要解决基于互联网/内联网、电子数据交换（EDI）的供应链成员间的信息组织与集成问题。传统的企业信息系统是以企业内联网和ERP为核心，而当今的供应链信息系统在互联网技术的推动和支持下，成为以电子商务为基础，以供应链管理软件为核心，并辅以EDI、条形码、RFID、物联网等多种信息技术手段的体系结构。

信息共享是实现供应链管理的基础。供应链的协调运行建立在各供应链成员高质量的信息传递与共享之上。因此，有效的供应链管理离不开信息系统提供的支持。企业对信息系统的应用有效地推动了供应链管理的发展，这可以节省时间，提高企业间信息交换的准确性，还能减少复杂、重复工作中的人为错误，从而减少因为失误造成的时间浪费和经济损失，最终提高供应链的运行效率。

（五）供应链管理流程的设计

供应链管理流程合理设计是保证供应链有效运营的关键。供应链管理流程包括：供应链战略管理、供应链计划管理、供应链运作管理、供应链绩效管理和供应链关系管理。其中，供应链战略管理包括对快速反应、有效客户响应以及供应链集成战略的管理；供应链计划管理主要包括供应链需求预测与管理、供应链需求与供应计划（包括供应链综合计划、销售与运作计划等）管理及协同库存管理等内容；供应链运作管理包括供应链采购管理、供应链生产管理和供应链物流管理等内容；供应链绩效管理主要涉及供应链流程管理、供应链成本管理和供应链绩效评价等内容；供应链关系管理贯穿前述 4 个流程，主要涉及供应链协同管理、供应链可视化管理及供应链风险管理等内容。

二、数字化供应链构建

（一）构建数字化供应链的准备

供应链数字化转型是企业在数字时代的发展趋势，需要企业从战略角度予以重视，通过数字化策略来实现。

1. 战略驱动

企业首先应该认识到供应链数字化转型的重要性，将其纳入企业发展战略，明确战略发展目标与计划，组织相应的团队与资源，并推动执行。

2. 技术创新

技术是供应链数字化转型的赋能者，对技术的投入与规划是供应链数字化转型的先决条件。供应链数字化转型的最终目的是满足客户需求，因此企业要利用现代技术，动态实时获取客户的各类数据，加深对客户的认知，提升对客户需求预测的准确性，甚至引导或刺激客户需求的产生。

3. 供应链细分与协同

供应链细分旨在提供差异化的供应链解决方案，以满足特定属性的客户需求，通过客户细分、触点细分、资源细分、渠道细分，协同上下游资源，进行产品设计、生产、销售与交付。供应链协同通过电子数据交换、互联网、物联网将供应链中的成员、数据和系统连接在一起，使供应商能够通过自动化系统对关键业务信息进行双向交换，从而通过减少物料交付时间、简化补货技术、改进库存计划和提高信息透明度来实现业务目标，提升供应链的反应速度，以更好地应对市场的不确定性。

4. 数字化供应链执行

数字化供应链执行是指在计划、采购、物流等供应链执行层面，进行数字化转型。在这一转型过程中，企业规划周期将缩短，并依托上下游协同产生的实时数据，通过人工智能、认知分析等技术提升供应链的自动预测能力与速度。在数字化供应链中，采购职能的角色将从业务支持者转为价值创造者，这将促进企业内部与外部之间的互联互通，推动实现供应链协同，为企业创造更大价值。

5. 人才储备

随着大数据、人工智能、云计算等技术的发展，越来越多的企业逐渐走上了构建数字化供应链的道路，数字化供应链时代正快速到来，这一趋势导致对数字化人才的需求日益增长。然而，数字化人才队伍建设步伐滞后，数字化人才短缺。因此，企业应加强供应链数字化转型所需的人才队伍建设，为提升供应链数字化水平提供人才保障。

（二）构建数字化供应链的步骤

构建数字化供应链需要企业进行全面数字化转型，包括技术、流程和组织等方面的变革。

1. 建立数字化基础设施

要构建数字化供应链，企业首先需要建立完善的数字化基础设施。这包括应用物联网技术、云计算和大数据分析等技术，建立供应链数字化平台。该平台可以集成各个环节的信息，实现供应链的可视化和实时监控。

2. 优化供应链流程

数字化供应链需要通过清晰的流程设计来保证高效运转。企业需要对供应链的各个环节进行优化，包括采购、生产、库存、物流等环节。通过数字化技术，可以实现流程自动化和智能化，提高供应链的效率和准确性。

3. 加强供应链合作

数字化供应链需要各个环节之间的紧密协作，企业需要加强与供应商、物流公司等合作伙伴的沟通和协作。通过数字化技术，可以实现供应链协作的信息共享和协同决策，提高供应链的整体效率和灵活性。

4. 实时监控和预警

数字化供应链需要实时监控和预警，企业需要通过数字化技术建立实时监控系统和预警机制，及时发现和解决供应链中的问题。通过数据分析和预测，可以预测供应链中的风险和机会，为企业提供决策支持。

三、数字化供应链技术架构

数字化供应链以数字化和一体化为主要特征，拥有最新的信息与先进的通信技术是实现供应链一体化运作的基础，进而搭建协同创新的数字化供应链技术架构。数字化供应链技术架构如图 3-10 所示。

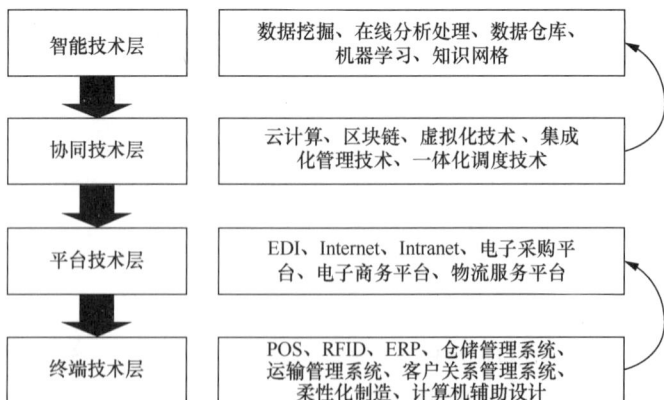

智能技术层	数据挖掘、在线分析处理、数据仓库、机器学习、知识网格
协同技术层	云计算、区块链、虚拟化技术、集成化管理技术、一体化调度技术
平台技术层	EDI、Internet、Intranet、电子采购平台、电子商务平台、物流服务平台
终端技术层	POS、RFID、ERP、仓储管理系统、运输管理系统、客户关系管理系统、柔性化制造、计算机辅助设计

图 3-10　数字化供应链技术架构

（一）终端技术层

终端技术层将供应链各成员业务操作数据化，完成供应链协同所需的数据储备。这些数据主要包括采购与库存数据、设计与生产数据、销售与物流数据、客户服务与定制化数据。基于基础数据的收集，企业需完成内部业务数据的整合，形成可以进行网络传输并实现跨企业协同的业务数据单元。

（二）平台技术层

平台技术层主要负责构建能够实现上下游企业间业务协同的现代化商业模式，它依托基础互联网和数据通信技术，将制造企业的关键业务活动需求连接到第三方企业服务平台，实现产品主要生产流程的系统化衔接，促使企业间形成基于某种主营业务的行业联盟。

（三）协同技术层

供应链协同是从价值链的角度出发，通过组织结构、运营模式、实施技术等方面的革新，探索生产要素运动过程中可以创造和增加价值的契机。因此，打破企业级的资本与技术壁垒，形成优势资源自由流动、自由组合的行业级联盟是实现供应链协同的必然趋势。

（四）智慧技术层

创新为供应链的演进与升级提供了不竭动力，协同创新更是数字化供应链切实可行的发展策略。利用大数据技术，对存储于行业联盟数据库的信息进行筛选、加工、分析和重构，可得到能够指导实际运营管理的结构性知识模型及行业规律，为供应链企业间协同提供创新性行动方案。

能力测试

一、单选题

1. 下列属于创新性产品特征的是（   ）。
   A. 产品多样性低　　　　　　　　　B. 市场需求可测性高
   C. 季末降价率高　　　　　　　　　D. 产品生命周期长

2. 功能性产品匹配（   ）。
   A. 推动式供应链　　　　　　　　　B. 反应性供应链
   C. 拉动式供应链　　　　　　　　　D. 有效性供应链

3. （   ）是指在经济交往中，一些独立企业为了共同的利益和目标而在一定时间内结成的相互协作的利益共同体。
   A. 动态企业　　B. 供应链　　　C. 供应链成员　　　D. 虚拟企业

4. （   ）的选择是供应链构建的前提。
   A. 供应链运行机制　　　　　　　　B. 供应链网络结构
   C. 供应链成员　　　　　　　　　　D. 供应链组织结构

5. 供应链设计的原则不包括（　　　）。

  A. 创新性原则 B. 协作性原则   C. 简洁性原则   D. 复杂性原则

6.（　　　）的供应链设计应少关注成本而更多地关注向客户提供其所需属性的产品，重视客户需求并对此做出快速反应，因此特别强调速度和灵活性。

  A. 功能性产品   B. 稳定需求产品

  C. 不稳定需求产品   D. 创新性产品

7. 为了使供应链具有灵活性和快速响应市场的能力，供应链的每个成员都应是简洁而有活力的，能实现业务流程的快速组合。这体现了供应链设计中的（　　　）原则。

  A. 创新性   B. 协作性   C. 互补性   D. 简洁性

8. 供应链企业的组织结构应该基于（　　　）来设计。

  A. 职能   B. 流程   C. 分工   D. 需要

9. 为了适应动态、复杂多变的环境，供应链的结构以及成员往往需要动态地更新。这体现了（　　　）这一供应链的显著特征。

  A. 简洁性   B. 创新性   C. 协作性   D. 动态性

10. 供应链管理目标的实现离不开（　　　）的有力支撑。为此，企业需要从竞争战略的高度对供应链物流系统进行规划，并使供应链管理策略通过物流策略的贯彻实施来落实。

  A. 供应链信息系统   B. 供应链物流系统

  C. 供应链管理系统   D. 供应链组织机制

二、多选题

1. 供应链的结构模型有（　　　）。

  A. 推动式模型 B. 链状模型   C. 拉动式模型

  D. 静态模型   E. 网状模型

2. 功能性产品相对于创新性产品具有（　　　）等特征。

  A. 产品生命周期长   B. 产品多样性低

  C. 市场需求较稳定   D. 边际利润率较高

3. 对反应性供应链描述正确的有（　　　）。

  A. 对未预知的需求做出快速反应

  B. 大量投资用于缩短提前期

  C. 以最低的成本供应可预测的需求

  D. 以速度、柔性、质量为核心

4. 关于供应链信息系统的构建的说法正确的有（　　　）。

  A. 应主要解决基于互联网/内联网、EDI 的供应链成员间的信息组织与集成问题

  B. 供应链信息系统应该以企业内联网和 ERP 为核心

  C. 供应链信息系统应该以供应链管理软件为核心

  D. 供应链信息系统以 EDI、条形码和 POS 等多种信息技术作为辅助手段

5. 数字化供应链技术架构包括（　　　）。

　　A. 终端技术层　B. 平台技术层　　　C. 协同技术层　　　D. 智慧技术层

三、简答题

1. 供应链的结构模型有哪几种？请分别加以介绍。

2. 简述基于产品的供应链设计策略。

3. 简述基于成本的供应链设计策略。

4. 简述供应链设计的原则。

5. 数字化供应链构建包括哪些内容？请分别加以论述。

04 项目四
数字化供应链合作伙伴

【项目描述】

当前，不仅企业间的竞争日益激烈，供应链与供应链之间的竞争也愈加突出，为了提高供应链的竞争力，供应链企业之间签订协议、开展战略合作，在市场、生产、库存等方面进行信息共享，以降低成本、减少库存、提高效率和服务水平，形成利益共享、风险共担的合作伙伴关系。然而如何选择合作伙伴，以及如何建立和维持合作伙伴关系，已成为供应链企业面临的重大问题。本项目将围绕这一问题进行分析，引导读者学习相关知识。

【项目目标】

知识目标

1. 理解数字化供应链合作伙伴的定义
2. 掌握选择数字化供应链合作伙伴的方法与步骤
3. 掌握数字化供应链合作伙伴关系的建立和维持的相关知识
4. 理解数字化供应链合作伙伴评价的作用和步骤

技能目标

1. 根据企业现状和发展需求对合作伙伴进行选择
2. 对合作伙伴进行评价
3. 对企业合作伙伴关系的建立和维护提供相关建议

素质目标

1. 按照企业供应链管理岗位的工作职责和职业道德要求完成企业顶岗实习
2. 运用相关知识，促进供应链合作伙伴关系的提升与发展，提高企业自身竞争力和供应链企业间的合作水平

【引导案例】

联想举办政企合作伙伴大会 全栈 AI 共赢新时代

2024 年 4 月 19 日，以"全栈 AI 共赢新时代"为主题的 2024 联想政企合作伙伴大会在上海举行，大会宣布全新升级"4311"政企业务合作伙伴战略，携手抢抓 AI、智算、出海、绿色发展等机遇，开启政企业务新征程。

联想集团执行副总裁兼中国区总裁刘军在大会上首先对合作伙伴多年来与联想一心一意、不离不弃的支持表达感谢，并介绍了联想中国区过去一年取得的成果和新财年的战略规划。他表示，联想已经开启第五个十年，也是面向 AI 的全新十年，期待继续携手合作伙伴，风雨同舟、荣辱与共，以全栈 AI，共赢新时代。

据了解，此次联想政企合作伙伴大会还举行了聚焦政教、企业、基础设施、方案服务等多场分论坛，吸引线上线下万余名合作伙伴参与。

联想集团副总裁、中国政企业务群总经理王立平表示，联想将秉持长期主义，进一步构建开放共赢、有温度的渠道生态体系，通过全面赋能、联合拓客、成长激励等方式，助力合作伙伴做大做强，共赢 AI 新时代。

大会上，王立平宣布了全新升级的"4311"政企业务合作伙伴战略。该战略融合联想 3S 全栈产品、方案和服务，构建一体化渠道体系。其中，"4"指四大通路，包括服务商、经销商、独立软件开发商（ISV）/集成商（SI）和行业代理商；"3"指提供全面赋能、联合拓客、成长激励支持；两个"1"分别是数字化渠道平台和诚信、开放、成长、共赢的渠道文化。

此次全新亮相的"4311"政企业务合作伙伴战略重点对三大方向进行了升级。

升级一，加强与四大通路的协同。包括做大做强服务商，全面支持增值经销商，携手共赢 ISV/IS，与行业代理商共同转型等方式做大做强政企市场。值得一提的是，联想将在新财年加大对经销商的支持力度，通过打造盈利利器产品、联合拓客、铁三角支持，加速经销商成长。

升级二，优化伙伴赋能体系。通过学、练、战结合的方式，不仅为合作伙伴提供 3S 管理、3S 销售及认证、3S 技术及认证的课程，还采用渠道金牌顾问经验分享等多种方式，快速助力合作伙伴提升全业务能力。

升级三，推动厂商客一体化，强化对合作伙伴的支持力度。联想将为经销商提供易捷交易、快速交付、灵活账期等一站式支持。同时，联想将开放更多推广资源，包括超 100 场行业活动、超 1000 场圈层活动，超 4500 场走进联想活动，助力加速联合拓客。这种联想与合作伙伴、客户融为一体的厂商客一体化模式，势必会为联想及合作伙伴带来更大的市场机遇。

王立平表示，联想将继续深耕政府、金融、运营商、制造、教育、互联网和重点行业七大领域，坚守长期主义，建立持久稳定的合作支持体系，与合作伙伴携手共赢。

思考：联想如何发展合作伙伴关系？

任务一　数字化供应链合作伙伴关系

任务描述

在以供应链为基础的竞争中，企业同供应商、分销商以及零售商的关系，已不再是传统简单的业务往来关系，企业之间的竞争不再是单个企业在一定时间、一定地理区域内为争夺某些终端市场或顾客的竞争。企业必须以产品设计研发、生产制造、配送分销、销售及服务为基础，与供应链上的供应商、分销商以及零售商结成战略合作伙伴关系，以实现供应链企业间的优势互补、利益共享、风险共担。本任务将对供应链企业间这种合作伙伴关系的发展演变、定义、特征和作用等进行介绍。

任务知识

一、供应链合作伙伴关系的发展演变

传统观点认为供应链合作伙伴关系（Supply Chain Partnership，SCP）包括供应商—制造商关系、卖主/供应商与买主关系（Vendor/Supply-Buyer Partnership）、供应商关系（Supply Partnership）。供应链合作伙伴关系是指买卖双方就一段较长时间内的交易或者合作达成的承诺和协议，其内容包括信息共享，以及分享和分担因这种合作伙伴关系带来的利益和风险。

现代观点认为供应链合作伙伴关系通常指战略意义上的合作关系，它形成于集成化的供应链管理环境，是不同企业组织为了实现某种特定目标或利益而建立的一种合作关系。其核心在于共享信息、协同创新、共同管理供应链服务和资源，以此来提高整体效率，增强竞争力，最终实现商业上的成功。

通过合作伙伴关系的建立，供应链企业间的合作超越了通常的交易关系，而又没有达到合并的程度，这种关系体现为一种基于系统观的管理创新。其形成通常是为了降低供应链上的生产成本，减少库存水平，提升信息共享水平，改善企业产品质量，缩短交货提前期，提高客户满意度，并形成更大的竞争优势等。

目前，企业间的合作伙伴关系大致经历了如下 3 个发展阶段。

（1）传统企业关系阶段（以技术与管理革新为特点）。

（2）物流关系阶段（以制造创新与技术开发为核心）。

（3）供应链合作伙伴关系阶段（以合作为宗旨）。

供应链合作伙伴关系是企业间合作关系的高级形式。企业间的合作应是一种长久的合作，是更广范围、更高层次的合作，涵盖物流、资金流到信息流的长期合作，从操作层面到战略层面的协同管理，能够很好地实现链上企业的"双赢"目标。

二、供应链合作伙伴关系的定义

通常情况下，供应链合作伙伴关系是以某一个或几个大型企业为核心，多个中小型企业参与的集供应、生产、销售功能于一体的网络结构，以此实现供应链成员的产量、质量、交货状况、财务状况、业绩等的改善，进而提高客户满意度。合适的供应链合作伙伴成为大多数企业构建供应链、实现企业利润最大化和长远发展的关键。

中国物流与采购联合会将供应链合作伙伴关系定义为：供应链合作伙伴关系是在供

应链内部两个或两个以上独立成员之间形成的一种协调关系，以保证实现某个特定的目标和效益。建立供应链合作伙伴关系的目的在于通过提高信息共享水平，减少整个供应链产品的库存总量，降低成本并提高整个供应链的运作绩效。这一定义被国内学界广泛认可。我们可以从以下几个方面来理解供应链合作伙伴关系。

（一）源自供应链内部

供应链合作伙伴关系是供应链内部企业为了加强合作交流而建立的。这种合作关系比企业与外部供应商、客户的关系更加密切，合作范围更广，信任程度更高。

（二）不同企业间的关系

供应链合作伙伴关系是跨组织、跨单位的合作关系，是供应链内部两个或两个以上企业通过商流、物流、信息流、资金流等方式连接在一起，而形成的合作关系。

（三）具有特定的目标

供应链合作伙伴加强彼此之间的信任与合作，主要是为了实现降低供应链的整体库存水平和产品成本、提高供应链整体效率和效益等目标。

（四）能够带来收益

供应链成员间建立合作伙伴关系能够提高整个供应链的竞争力，进而提升产品在市场上的竞争力，获得更大的收益。

在竞争激烈的现代市场中，建立合作伙伴关系已成为越来越多企业提高核心竞争力的重要途径。在这种关系下，合作伙伴在合作方式和合作范围上均与普通合作关系有所不同。通过签订各种协议或合约，这种合作关系既能保护各供应链成员的利益，又能约束彼此的行为。在各种合作协议的基础上，供应链成员还通过建立业务协同、战略协同、文化协同等不同层次的合作机制，构建全方位的合作伙伴关系，如图4-1所示。

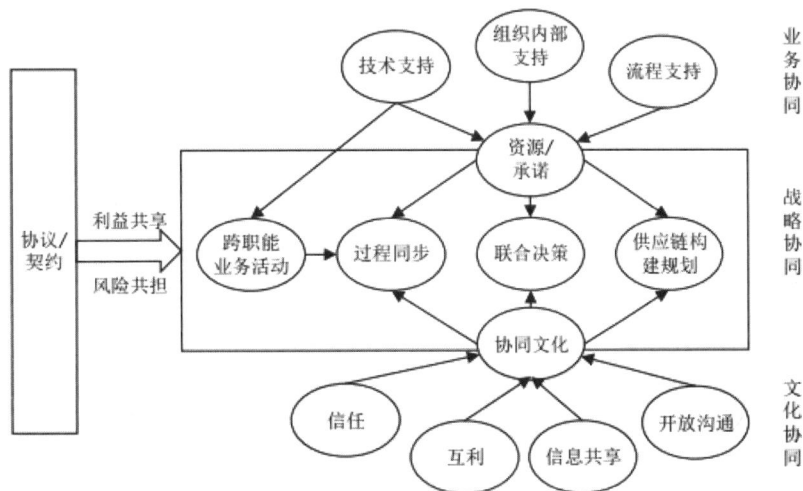

图4-1 供应链合作伙伴关系示意图

三、供应链合作伙伴关系的特征

传统的合作关系具有短期性和信息不对称的特点，合作方通常为了实现某一目标而临时组成利益共同体，随着目标的实现，合作关系也随之终结。这种合作关系往往是短期的，合作方之间缺乏信息沟通，为了自身利益，仅考虑短期效益而不注重合作伙伴的整体最优。在新的竞争环境下，供应链合作伙伴关系更注重于长期合作，各合作方通过与合作伙伴的协作和共同努力来实现共同目标，强调相互之间的协调与信任。这与一般意义上的合作关系有显著差别。具体而言，供应链合作伙伴关系往往具有以下几个特征。

（一）长期性

供应链合作伙伴关系建立在长期合作的基础上。这种合作关系的长期性和相对稳定性，对合作各方都有益处，它可以降低交易成本、协议成本和库存水平，从而使整个供应链的运行更加平稳高效。

（二）整体性

建立供应链合作伙伴关系后，供应链的管理运作以整体最优为目标，而不是单个企业为了自身利润的单打独斗或彼此竞争，而供应链整体效益的提升能够提高各个合作方的竞争力和收益。

（三）动态性

外部环境和企业自身条件不断变化，对供应链管理运作的要求也随之变化，这要求供应链合作伙伴关系既能保持相对稳定，又能根据外部变化适时、适度地调整。

（四）竞争性

供应链内部的企业间的合作与普通企业间的合作不同，前者对合作伙伴的选择有较高要求，只有具有特定优势的企业才有助于实现供应链企业的强强联合。企业在加入供应链的过程中，需要体现出竞争优势，因此从这个角度来看，供应链合作伙伴关系是基于竞争的。

（五）信息共享性

为了实现终端用户需求信息、企业供需信息等在整个供应链中的传递，提高供应链对市场需求的反应速度，必须强化供应链企业间的信息传递和共享，推广互联网/内联网、EDI、移动通信、ERP、电子商务等技术的应用，增强合作伙伴之间的联系和协调，促进供应链的高效运转。

数字化供应链管理阶段对合作伙伴间的信息共享提出了更高要求。供应链内部的各个企业应建设先进的信息收集、分析、处理、传输的设施设备。在此基础上，通过良好的信息共享机制，实现供应链内信息的实时共享和处理，为数字化供应链的运作提供必要条件。

（六）共赢性

"共赢"是供应链管理思想的核心特点，也是供应链合作伙伴关系的重要特征。各合作方通过精诚合作、强强联合、优势互补，能够提升供应链的整体竞争力，获得比单打独斗、相互竞争更多的利益，实现"共赢"，这既是建立供应链合作伙伴关系的重要目标，也是维系这一关系的重要纽带。

总之，在供应链合作伙伴关系中，各合作方常常能够合力将"利益之饼"做得更大，而不是在同一块饼上为争夺更多的份额而争论不休。当"利益之饼"变得更大时，企业间的零和博弈就转变为供应链合作伙伴关系下的共赢局面。

四、供应链合作伙伴关系的作用

建立供应链合作伙伴关系，对供应链中的上游企业和下游企业都具有重要作用。在供应链中，企业通过建立合作伙伴关系，可以有效利用外部资源，共同解决问题，从而提高效率，获得竞争优势，降低企业失败的风险。

以数字化模式下的生产型供应链为例，合作伙伴关系的形成可以缩短产品生命周期，改善合作方之间技术系统和信息系统的共享程度，降低生产成本与管理成本，增强企业的核心竞争力，实现双方利益共享与风险共担的目标。具体而言，建立供应链合作伙伴关系具有以下作用。

（一）缩短新产品上市时间

制造商可以充分利用供应商的专长，将自己不擅长的业务"外包"，集中力量于增强自己的核心竞争优势。各方充分发挥自己的优势，结合上下游合作企业共享的供应或需求数据，并行开展新产品的设计与制造，从而显著缩短新产品上市时间，为企业赢得时间上的竞争优势。

（二）降低供应链总成本

供应链合作伙伴关系的建立使供应商能够更早、更快地参与到产品的设计、制造过程中。本着"共赢"的原则，供需双方可以及时对产品设计和制造过程中的问题提出改进意见，减少产品研发、设计、生产中的风险。另外，供应链合作伙伴关系的建立能够增强企业之间的互信和信息共享，减少信息失真导致的库存增加，利用大数据、云计算等技术有效控制供应链的整体库存成本，这都有利于降低供应链总成本。

（三）提高用户满意度

分销商通常更了解用户的喜好，可以从产品需求的角度提出更合适的建议，合作伙伴间的信息共享能够促进用户需求信息在供应链中迅速流转，使产品的设计制造更加贴近用户需求，使产品的设计生产由推向用户改为由用户需求来拉动，从而提高产品与用户需求的匹配度，提高用户满意度。

（四）提高产品质量

供应商与制造商紧密合作，可以显著提升供应商的供应质量，使供应时间更加准确，节省制造商在产品零部件采购过程中的成本和资源，提高供应保障率。

（五）提高市场竞争力

供应链合作伙伴关系建立后，供应商、制造商、经销商共同参与产品的研发、设计、生产、销售等过程，且彼此合作，集中优势资源专注于自身擅长的事情，强强联合，优势互补，共同应对市场需求，从而提高供应链整体的市场竞争力。

总之，供应链合作伙伴关系的建立能增强供应链企业间的联系与合作，提高信息共享程度，实现供应链内部数据的高效流转。通过覆盖整个供应链的决策系统代替缺乏柔性与集成度低的传统决策系统，加强对供应链中物流、资金流、信息流和工作流的管理与协调，降低供应链成本，减少各个环节的延迟时间，消除信息扭曲、库存放大的牛鞭效应，提高供应链合作企业的效益。

五、数字化供应链合作伙伴的类型

在数字化供应链管理环境下，供应链合作伙伴关系的运作需要减少供应源的数量，使合作方之间的连接更加紧密。企业需要在全球市场范围内寻找优秀的合作伙伴，合作伙伴分为两个层次：重要合作伙伴和次要合作伙伴。重要合作伙伴是少而精的，而次要合作伙伴数量相对较多。供应链合作伙伴关系的变化主要影响重要合作伙伴，而对次要合作伙伴的影响较小。

根据合作伙伴在供应链中的增值作用和竞争力，可将合作伙伴分为不同的类别，如图 4-2 所示。

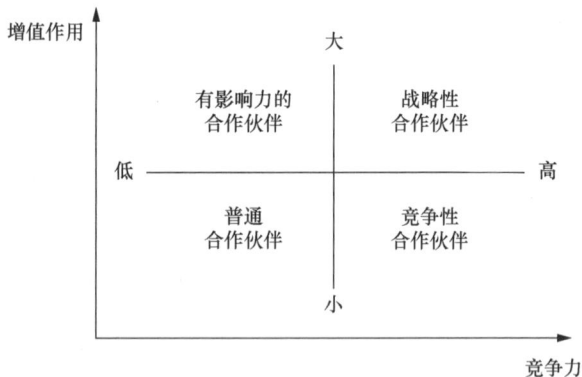

图 4-2　合作伙伴分类

纵轴代表合作伙伴在供应链中的增值作用。对于一个合作伙伴来说，如果它不能对增值做出贡献，那就难以对供应链上的其他企业产生足够的吸引力。横轴代表某个合作伙伴与其他合作伙伴之间差异，主要体现在设计能力、特殊工艺能力、柔性、项目管理能力等方面的竞争力差异。

在实际运作中，应根据不同的目标选择不同类型的合作伙伴。对于长期需求，合作伙伴应具有较强的竞争力和较高的增值率，因此最好选择战略性合作伙伴；对于短期需求，只需选择普通合作伙伴，以保证成本最小化；对于中期需求，可根据合作伙伴的竞争力和增值作用对供应链的重要程度的不同，选择有影响力的或竞争性合作伙伴。

拓展案例

联想 DCG 合作伙伴大会

任务二　数字化供应链合作伙伴的选择

任务描述

供应链是由各个独立企业组成的联盟，为了实现合作目的，各企业应具有一定的核心能力和竞争优势。合作伙伴的选择影响供应链管理和运作的全过程，如何选择合适的供应链合作伙伴成为供应链管理的重中之重。本任务将对供应链合作伙伴选择的原则、影响因素、步骤及方法进行介绍。

任务知识

供应链合作伙伴关系本质上是竞合关系，通过合作创造价值是供应链企业建立合作伙伴关系的目标。而由于这些企业间仍存在竞争，如何进行利益分配和风险分担则是这种合作伙伴关系能否稳定保持的关键。

建立供应链合作伙伴关系就意味着新产品、新技术、新工艺等的共同开发，信息的交换，较高信息透明度的保持，以及投资项目的共同研究和开发等。这对供应链企业的交易价格、服务、技术、研发等方面都有较高要求，因此选择合适的合作伙伴对于供应链的管理运作具有重要影响。

59

一、数字化供应链环境下企业对合作伙伴的要求

供应链管理的目的是把供应链上的企业有机结合在一起，从而最大限度地发挥出供应链的力量，提高供应链企业的收益水平和竞争力。因此，供应链合作伙伴关系强调企业间的合作、信任和信息共享。由此可见，在数字化供应链环境下，企业对合作伙伴的要求包括以下几个方面。

（一）拥有健全的质量管理体系。产品或服务是供应链企业和合作伙伴之间最主要的连接纽带，合作伙伴需要有健全的质量管理体系，以保障供应链整体产品质量。

（二）具有产品升级、转型能力和扩展潜力。合作伙伴需要具备较强的技术创新能力和应变能力，以保证整个供应链能够灵活响应市场需求。

（三）具有与供应链企业相同的利益和目标。合作伙伴应与供应链企业具有一致的

利益和目标，这样才能实现双赢。

（四）重视数字化建设，并具备建设能力。数字化供应链要求供应链企业在商流、物流、资金流、信息流等方面实现互通共享。这对合作伙伴的数字化能力提出了更高要求。

二、数字化供应链合作伙伴选择的原则

供应链合作伙伴关系的构建是一个十分重要的问题，它直接关系到供应链的成败。而供应链合作伙伴的选择又是供应链合作伙伴关系构建过程中的重要阶段。通常在选择供应链合作伙伴时，应遵循以下原则。

（一）核心能力原则

供应链合作伙伴必须具备并能够为供应链整体贡献自己的核心能力。这一核心能力正是构建供应链合作伙伴关系所需要的。这种互补性的贡献可以避免供应链企业重复投资，并能够降低供应链企业的学习成本。

（二）总成本最小原则

总成本最小原则要求供应链的实际运作成本不应高于各供应链企业独立运作的费用总和。这通常要求供应链合作伙伴之间具有良好的信任关系、地理位置相对较近，以及企业文化与管理方式相互兼容。这些条件是供应链合作伙伴关系建立的必要前提。

（三）学习能力原则

供应链管理的目标之一是把握快速变化的市场机会，因此供应链企业应该具备学习能力。供应链企业的学习过程不仅局限于避免犯错误或避免脱离既定目标，还应鼓励进行打破常规的探索性试验，允许出现错误的、复杂的组织学习过程。它在很大程度上依赖反馈机制，是一个循环的学习过程。

（四）风险最小原则

供应链合作伙伴关系形成后，市场风险依然存在，只不过在各个合作伙伴之间进行了重新分配。重新分配后的风险也有增大的可能。供应链企业通常具有不同的组织结构与技术标准、不同的企业文化与管理理念、不同的硬件与软件环境等，这大大增加了合作过程中的风险。因此，在选择供应链合作伙伴时必须认真考虑风险问题，以最大程度地回避或减少供应链整体的运行风险。

选择供应链合作伙伴是一个系统性的工程，需要综合考虑以上原则。企业应根据自身的战略需求、行业特点及合作伙伴的类型，对这些原则进行权衡和排序。

三、数字化供应链合作伙伴选择的影响因素

起初，供应链合作伙伴选择的影响因素主要包括价格、质量、交货准时性和服务等。

随着相关理论研究的不断深入，绩效表现、销售支持、设备与技术、财务状况等因素也对供应链合作伙伴的选择产生了重要影响。此外，随着数字化供应链的发展，管理信息能力、企业战略、信息传递水平、管理者的决策能力、管理者的学习能力等逐渐成为数字化供应链合作伙伴选择的重要影响因素。影响供应链合作伙伴选择的因素众多，但以下因素应重点考虑。

（一）价格因素

价格因素主要指供应链合作伙伴提供的原材料、初级产品或消费品组成部分的价格。供应链合作伙伴的产品价格决定了最终消费品的价格和供应链的投入产出比，对制造商和经销商的利润率产生重要影响。

（二）质量因素

质量因素主要指供应链合作伙伴提供的原材料、初级产品或消费品组成部分的质量。质量是供应链生存之本，产品的使用价值以产品质量为基础。如果产品质量低劣，该产品将缺乏市场竞争力，并很快被淘汰。而供应链合作伙伴所提供产品的质量是决定最终消费品质量的关键，因此质量是影响供应链合作伙伴选择的重要因素。

（三）数字化能力因素

数字化供应链环境下，供应链企业间需要通过合作实现数据采集、信息共享，进而完成供应链中的多方协同。如果供应链合作伙伴缺乏信息化建设能力，或者信息化、数字化理念淡薄，则可能成为供应链中的薄弱环节，甚至可能导致整个供应链的数字化转型失败。因此，数字化能力因素在供应链合作伙伴选择中的重要性日渐凸显。

（四）交货提前期因素

对于供应链来说，市场是外在系统，其变化会引起供应链的变化。市场不稳定会导致供应链各级库存波动，而交货提前期的存在，造成了供应链各级库存变化具有滞后性，并可能引发库存的逐级放大效应。交货提前期越短，库存波动越小，供应链对市场的变化速度越快，对市场反应的灵敏度越高。因此，交货提前期也是选择供应链合作伙伴选择时必须考虑的因素。

（五）交货准时性因素

交货准时性是指供应商按照订货方所要求的时间和地点，准确无误地完成指定产品的配送。如果供应链合作伙伴的交货准时性较低，必然会影响下游企业的生产计划和销售计划。

（六）品种柔性因素

在全球竞争加剧、产品需求日新月异的环境下，企业生产的产品必须多样化，以适应消费者的需求，达到占有市场和获取利润的目的。为了提高企业产品的市场竞争力，就必须发展柔性生产能力。而供应链的柔性生产能力以供应链合作伙伴的品种柔性为基础，供应链合作伙伴的品种柔性决定了供应链所提供的产品种类。

（七）研发设计能力因素

产品更新是企业扩大市场份额、提高竞争力的必然要求。然而，产品的研发设计往往需要投入大量资金并承担巨大风险，这是单个企业难以承受的，因此需要供应链合作伙伴之间的紧密协作。具有较高研发和设计能力的合作伙伴能够提高供应链企业产品更新效率、降低研发成本、规避研发风险。因此，研发和设计能力也是供应链合作伙伴时应重点考虑的因素。

（八）其他影响因素

还有一些因素也会影响供应链合作伙伴的选择，例如供应链合作伙伴的合作意愿、地理位置、项目管理能力以及行业影响力等。

四、数字化供应链合作伙伴选择的步骤

供应链合作伙伴的选择步骤如图 4-3 所示。企业必须明确各个步骤的起始时间，以保证供应链合作伙伴选择过程的协调性和系统性。对于企业而言，选择的过程或许不尽相同，但是每次选择都是改善业务的机会。企业通常会按照以下步骤完成合作伙伴的选择工作。

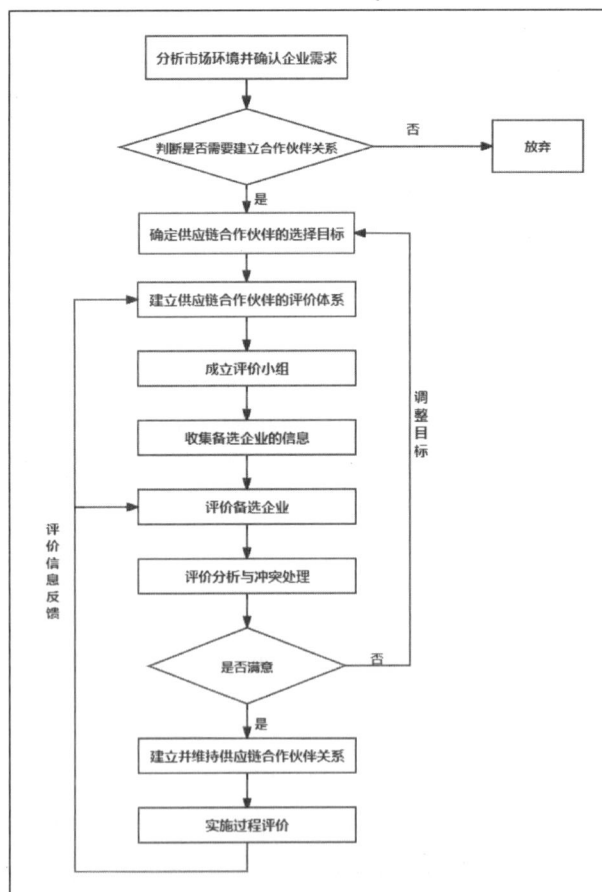

图 4-3　供应链合作伙伴选择流程图

（一）分析市场机遇和市场环境

市场需求是企业活动的驱动力。建立基于信任、合作和信息共享的供应链合作伙伴关系，企业必须先分析市场环境，然后比较合作伙伴关系和现有关系，权衡二者在该市场环境下的优缺点，确认建立供应链合作伙伴关系的必要性和可行性，并判断其是否符合企业的战略发展需要，这也是后期工作开展的基础。

（二）确定供应链合作伙伴的选择目标

企业在分析市场环境并确认建立合作伙伴关系的需求后，根据这一需求确定合作伙伴选择的目标。例如通过选择合作伙伴来实现提高响应速度、增加市场份额、推动产品创新、促进技术共享或降低成本等目标。

（三）建立供应链合作伙伴评价体系

企业应在供应链合作伙伴选择目标的指导下，建立系统且完善的供应链合作伙伴评价体系。评价体系是企业对供应链合作伙伴进行评价的依据和标准，反映了企业自身需求与外部环境所构成的复杂系统对供应链合作伙伴的需求。

（四）成立评价小组

评价小组的成员应来自采购、质量控制、工艺设计、生产管理等与供应链合作伙伴密切相关的多个部门。成员之间必须通力协作，具备团队精神，并拥有一定的专业技术知识与技能，以胜任对供应链合作伙伴的选择工作。

（五）收集备选企业的信息

企业应加强与备选企业的交流与沟通，通过座谈、实地考察、问卷调查等方式收集备选企业的相关信息，为供应链合作伙伴的选择与评价提供信息支持。

（六）评价备选企业

评价小组整理并分析备选企业的相关信息，结合供应链合作伙伴的选择目标和评价体系，对备选企业进行综合评价，并按照相关方法，对评价结果进行量化。

（七）评价分析与冲突处理

由于备选企业是独立的企业，难免与供应链企业在目标或利益上存在冲突。因此对评价结果应进行客观分析，既要考虑供应链企业的要求，又要考虑备选企业的利益，根据分析结果选择合适的供应链合作伙伴。同时，企业应该妥善处理这一过程中产生的矛盾和冲突。对于入选企业，应协调彼此之间的关系，求同存异，实现共赢；对于落选企业，也应说明情况，并寻求其他合作机会。

（八）建立并维持供应链合作伙伴关系

在建立并维持供应链合作伙伴关系的过程中，市场需求将不断变化，企业应根据实际情况及时修改评价标准或重新选择供应链合作伙伴。

（九）实施过程评价

在供应链合作伙伴选择工作完成后，企业应对全过程进行评价，分析选择过程中取得的经验及存在的不足，并根据评价结果对全过程的评价体系、方法等方面进行反馈与调整，以促进供应链合作伙伴选择的良性发展。

五、数字化供应链合作伙伴选择的方法

数字化供应链合作伙伴选择的方法较多，大多数方法与企业供应商选择的方法一脉相承，部分方法只是在评价对象、评价指标上有所不同。一般会根据备选企业的数量、对备选企业的了解程度以及合作关系的重要性等方面来选择相应的方法。目前国内外常用的方法主要分为3类：第1类为定性分析法，如直观判断法、招标投标法、协商选择法、直接确定法；第2类为定量分析法，如采购成本比较法、作业成本法；第3类为定性与定量分析法，如层次分析法、神经网络算法、模糊综合评价法等。

（一）定性分析法

1．直观判断法

直观判断法是根据征询和调查所得的资料，并结合管理者的分析和经验判断，对备选企业进行分析、评价的一种方法。这种方法主要是倾听和采纳有经验的采购人员的意见，或者直接由采购人员凭经验做出判断，常用于选择企业的非主要合作伙伴。

2．招标投标法

当订购数量较大、备选企业竞争激烈时，可采用招标投标法来选择合适的合作伙伴。招标投标法是由企业发布招标文件、评标方法，各个有意向的备选企业参加竞标，然后由企业评标与定标，并与最合适的备选企业签订合同。

招标可分为公开招标和邀请招标两种。

公开招标，是指招标人通过刊物、广播、电视等大众媒体向社会公开发布招标公告，凡对此招标项目感兴趣并符合规定条件的不特定企业，都可以自愿参加投标的一种方式。

邀请招标，是指招标人根据自己的经验和掌握的信息资料，向被认为有能力承担工程任务或进行产品供应的经预先选择的特定企业发出邀请书，邀请他们参加投标。

通过招标，企业能够在更广泛的范围内选择合适的合作伙伴，以获得供应条件有利的、价格便宜且适用的物资。然而，招标程序较为烦琐，耗时较长，不能适应紧急订购的需要，并且订购机动性较差，交易成本较高。

3．协商选择法

当采购金额较少时，可以采用协商选择法，即由企业先选出供应条件较为有利的几个备选企业，以拟定合同草案为基础，分别与其直接协商谈判，选择一家满意的企业作为合作伙伴。与招标投标法相比，协商选择法由于供需双方能充分协商，在物资质量、交货日期和售后服务等方面较有保证。但采用这种方法时，选择范围有限，不一定能找到价格最合理、供应条件最优的合作伙伴。

当采购时间紧迫、投标单位较少、竞争程度较低、订购物资规格和技术条件复杂时，协商选择法比招标投标法更合适。

4. 直接确定法

在选择设备、材料的供应商时，有时也可以采用直接确定法。这种方法一般适用于以下情况：增购与现有采购合同中类似且价格较低的货物；保证设备或零配件标准化，以便适应现有设备的需要；所需设备设计较为简单或具有专卖性质；要求从指定供应商处采购关键性货物以保证质量；在特殊情况下急需采购某些材料、小型工具或设备。

（二）定量分析法

1. 采购成本比较法

对于产品质量和交货时间均能满足要求的备选企业，需要通过计算采购成本来进行分析。采购成本一般包括售价、采购费用、运输费用等各项支出的总和。采购成本比较法是通过计算分析与不同备选企业合作的采购成本，以实现采购成本最低的一种方法。这种方法单纯从采购成本的角度进行选择，存在较大的局限性，往往与企业的战略目标相违背，不适用于寻找需要长期合作的供应商。

2. 作业成本法

为了降低多目标决策过程中加权因子选择的随意性，鲁德霍夫和科林斯在 1996 年提出了作业成本法（Activity-Based Costing，ABC），该方法通过计算由供应商各项性能指标在企业生产经营过程中引起的附加费用，为企业选择供应商提供比较合理的依据。

（三）定性与定量分析法

1. 层次分析法

层次分析法（Analytic Hierarchy Process，AHP）是 20 世纪 70 年代由美国运筹科学家萨蒂提出的一种系统分析方法。该方法是将半定性、半定量的问题转化为定量计算问题的一种行之有效的分析方法。它通过将复杂的多目标决策系统层次化，将总目标分解为多个分目标或准则，并进一步分解为多个指标或准则，形成若干层次，随后通过定性指标模糊化方法算出各层次的单排序（权重）和总排序，从而帮助管理者对多目标、多方案的选择过程做出决策。该方法特别适用于那些难以完全用定量方法进行分析的问题。

2. 神经网络算法

人工神经网络（Artificial Neural Network，ANN）在一定程度上可以模拟人脑神经系统的信息处理、存储及检索功能，具有学习、记忆和计算等智能处理功能。通过对给定样本模式的学习，它能够获取评价专家的知识、经验、主观判断及对指标重要性的倾向。在对供应链合作伙伴进行综合评价时，利用人工神经网络可以再现评价专家的经验、知识和直观思维，从而建立更加接近人类思维模式的综合评价模型，该模型融合了定性分析与定量分析的优点，也能够较好地保证评价结果的客观性。

3. 模糊综合评价法

模糊综合评价法是以模糊数学为基础，应用模糊关系合成的原理，将一些边界不清、不易定量的因素定量化，根据多个因素对被评价事物的隶属等级状况进行综合评价的一种方法。应用该方法时，企业应根据所给条件，为每个评价对象赋予一个非负实数评价指标，并据此进行排序择优。

任务三 供应链合作伙伴关系的建立和维持

任务描述

建立供应链合作伙伴关系可以实现更有效的交流，促进供应链成员的数字化建设，推动供应链内外部信息的高效共享和流转，降低不确定性造成的损失，减少外部因素的影响及管理成本，从而形成规模效应，实现共同目标与双赢。本任务将对供应链合作伙伴关系的建立与维持进行分析和介绍。

任务知识

供应链合作伙伴关系要求合作企业之间建立相互协调和信任的机制。合作企业在相互信任的基础上，长期相互约束和相互支持，以促进双方的成长和发展，实现双赢。供应链合作伙伴关系需要合作企业通过不断努力来维持。

一、建立供应链合作伙伴关系的意义

供应链合作伙伴关系是供应链管理的重点，也是数字化供应链管理的核心问题。建立供应链合作伙伴关系具有以下意义。

（一）降低供应链总成本

建立供应链合作伙伴关系，能够降低供应链企业的库存水平，加强信息共享，改善彼此之间的交流，进而显著降低供应链企业的库存成本、信息获取成本、交易成本等，有利于降低供应链的总成本。

（二）快速且准确地响应用户需求，缩短新产品上市时间

复杂多变的个性化市场需求对传统的生产技术和组织方法提出了严峻挑战。贴近用户、迅速且准确地响应其需求，生产个性化和多样化的产品对于企业及其供应商都具有重要意义。建立供应链合作伙伴关系可以充分发挥各方的专长，利用各方的优势力量，并行开展新产品的设计和制造，从而使新产品上市时间明显缩短，增强企业对市场波动的反应能力，使整条供应链能够快速响应用户需求，抢占先机，从而大大提高企业的竞争力。

（三）减少生产成本、交易成本

从交易过程来看，供应链各合作方之间可以共享信息，协调合作，减少交易的信息费用和履约的风险费用。如果发生冲突，由于长期合作关系的建立，各合作方会通过协商加以解决，从而减少甚至消除因仲裁、法律诉讼等产生的费用。

从交易主体看，各合作方长期合作，共享经济利益。这一方面可以加深合作方对交易不确定性因素的认知，减少因交易主体对"不确定理解"而产生的附加费用；另一方面，可以极大地抑制各合作方的短期机会主义行为，使各合作方能基于全局目标自发地推动供应链的优化运行。

从交易资金看，建立供应链合作伙伴关系可提高资金周转率。各合作方的相互合作和诚信交易，可加快交易资金支付速度，增加企业资金的周转次数，提高资金的周转率和利用率，从而增加各合作方的利润。

从交易效果看，建立供应链合作伙伴关系可以降低风险成本。各合作方的收益稳定，可使其愿意与其他企业保持长期的合作关系，不会因为短期利益或者某些私利而损害长期的合作关系，这也就降低了各合作方因为违约、毁约而导致的风险成本。

（四）提高用户满意度

建立供应链合作伙伴关系可以从以下几个方面提高用户满意度。首先是产品设计方面。供应链各环节紧密合作能使产品在设计过程中得到更多关注，这有助于减少设计缺陷，优化产品性能，生产出更符合用户需要的产品。其次是产品制造方面。供应质量的提高使得制造商能够在正确的时间、恰当的地点获得符合质量要求的正确数量的零配件，从而提升产品质量。最后是售后服务方面，用户的喜好千差万别，产品设计无法完全符合用户的要求，因此用户不满意总是会存在，供应链各方要在用户不满意时齐心协力解决问题，而不是互相指责或推卸责任。供应链合作伙伴关系的建立有助于供应链各方分担责任，共同提升售后服务质量。

（五）避免短期合作带来的成本增加

短期合作会导致成本增加，主要原因在于如果只是短期合作，各合作方可能不会为未来不确定的订单投入新设备，或者即使投入了新设备，其成本也将计入短期的实际订单而不是分摊至可能的连续供应合同的整个周期，从而导致单位产品的价格较高。

（六）有利于供应链的数字化建设

信息共享是供应链管理的基本要求，但实现企业间的信息共享却困难重重，原因在于：首先，信息共享会增加供应链企业的成本（如信息系统管理成本、人员培训成本等）；其次，信息共享要求许多资产具有专用性，这与企业对敏捷性的要求不符；最后，信息共享可能导致合作方泄露商业机密，如核心优势、生产技术和财务状况等，这些都增加了供应链企业的经营风险。而建立供应链合作伙伴关系是鼓励供应链企业实现信息共享的有效方式，有助于促进供应链企业共同进行数字化建设，开发和应用供应链信息技术，提高信息资源的利用率，降低供应链企业的平均成本，提升整个供应链的数字化、信息化水平。

（七）降低风险

建立供应链合作伙伴关系能够使合作企业共同参与新产品和新工艺的开发，共同推动供应链的数字化建设，分摊企业进行数字化改造的成本，降低企业因外部因素带来的风险，增强合作企业共同解决冲突的能力。

📚拓展案例

强强联手 丰田与宁德时代
建立全面合作伙伴关系

（八）增强企业的核心竞争力

企业的核心竞争力是指企业在研发、设计、制造、营销、服务等环节中明显优于且不易被竞争对手效仿的独特能力。建立供应链合作伙伴关系，可以使各自具有优势的企业基于共同目标联合起来，共享信息，共担风险，共同维护合作联盟的利益，从而巩固企业的竞争地位，增强企业的核心竞争力。

二、建立供应链合作伙伴关系的影响因素

建立供应链合作伙伴关系的影响因素较多，主要包括以下几方面。

（一）企业高层的基本态度

相对稳定且良好的企业间供应链合作伙伴关系必须得到企业高层的大力支持，而且只有在企业高层的认可的情况下，合作企业间才可以保持相对良好的沟通，从而建立起密切的信任关系。

（二）企业的整体发展战略及企业文化

供应链合作伙伴关系的建立需要解决不同企业在整体发展战略及企业文化方面的冲突和障碍，合作企业需要进行调整和变革，如调整发展战略、企业文化、业务流程等，以适应供应链的发展要求。

（三）企业及合作企业的基本情况

企业的总成本及利润、文化的兼容性、财务的整体稳定性，以及合作企业的能力与优势、地理位置、管理兼容性等，都会影响供应链合作伙伴关系的建立。

（四）合作企业间的信任程度

供应链合作伙伴关系的建立以合作企业的共同发展为目标，需要合作企业加强信息交流和信息共享。在研发、设计、生产、销售等环节进行全方位的交流合作并相互提供支持，而这一切都离不开合作企业之间的充分信任，信任是建立供应链合作伙伴关系的重要基础，也是影响供应链合作伙伴关系建立的重要因素。

三、建立供应链合作伙伴关系的步骤

供应链合作伙伴关系的建立是一个复杂的过程，需要遵循一整套系统科学的流程。建立供应链合作伙伴关系可按图4-4所示步骤进行。

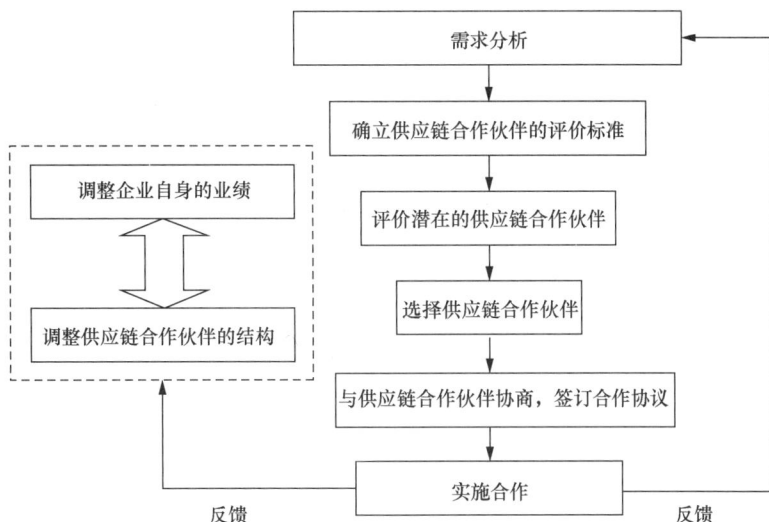

图 4-4 建立供应链合作伙伴关系的步骤

（一）需求分析

企业根据发展需求和内外部条件，结合自身的战略目标，分析自身对于供应链合作伙伴关系的具体需求，明确自身通过建立供应链合作伙伴关系要达到的目标。

（二）确定供应链合作伙伴的评价标准

企业结合对供应链合作伙伴关系的目标和需求，建立专门的供应链合作伙伴选择机构，组织专业人员制定供应链合作伙伴的评价标准。

（三）评价潜在的供应链合作伙伴

供应链合作伙伴选择机构收集整理潜在供应链合作伙伴信息，参照评价标准，利用系统科学的评价工具对潜在的供应链合作伙伴进行评价。

（四）选择供应链合作伙伴

供应链合作伙伴选择机构对评价结果进行量化并排序，然后根据排序和企业需求选择供应链合作伙伴。

（五）与供应链合作伙伴协商，签订合作协议

企业与选定的供应链合作伙伴协商谈判，签订合作协议，建立供应链合作伙伴关系。

（六）实施合作

根据合作协议以及供应链管理运作的需求，合作企业加强协作，实现共同发展。

（七）反馈与调整

企业在建立供应链合作伙伴关系和开展合作的过程中，应注重信息的收集和反馈，进而对供应链合作伙伴进行调整，使其符合供应链运作的整体要求。同时，信息的收集

69

和反馈也有助于企业对供应链需求分析进行优化，以及对新合作伙伴的选择和评价。

四、维持供应链合作伙伴关系的原则

建立供应链合作伙伴关系的目标是实现效益最大化，使各方共享利益，共担风险。因此，为了维持供应链合作伙伴关系，各方应注重通过合作提高供应链企业的整体利益，并对利益进行科学合理的分配，实现"双赢"。具体而言，各方在供应链合作伙伴关系的维持过程中应该注意遵循以下原则。

（一）双赢原则

在供应链运作过程中，合作企业应该遵循双赢原则，即合作企业间树立共同目标，追求各方协同发展，使各方共同获益，避免某方得利、另一方受损的情况。

（二）风险收益对称原则

供应链利益分配应该与承担风险成正比，即承担风险越大的企业，获取的利益也应该越多。在确定利益分配原则时，应将各企业所承担的风险作为利益分配的重要参考因素，对承担风险较大的企业应提高其利益分配比例，从而增强其合作意愿，提高供应链整体效益。

（三）公平原则

在供应链利益分配过程中，应该遵循公平公正原则。由于各企业对供应链所做的贡献有所差别，从供应链中获得的收益不同也是正常的。收益与贡献对等是公平原则的具体体现。遵循公平原则，能够有效激励供应链企业为供应链多做贡献，从而不断增强供应链的凝聚力。

（四）信息透明原则

在数字化供应链运作过程中，建立系统流畅的信息沟通渠道，加强合作企业间的信息交流和信息共享，有助于合作企业获得更加真实准确的信息，为利用云计算、大数据等技术进行智慧化、智能化决策提供依据，从而显著提高合作企业的管理决策效率，这也有助于增强合作企业间的信任和依赖，从而更好地维持合作关系。

五、数字化供应链合作伙伴关系维持的要点

长期稳定的供应链合作伙伴关系有助于推动合作伙伴之间的实质性合作向更深的层次和更广范围展开，进而不断提升供应链整体绩效。合作伙伴之间的信任与信息共享能够调动彼此协作的积极性，强化双方合作，从而使供应链合作伙伴关系保持稳定。具体而言，数字化供应链合作伙伴关系的维持应从以下几个方面着手。

（一）建立信任关系

供应链企业间的信任是指供应链中供应商、制造商与用户等彼此之间的信任，是合作伙伴关系中一方相信另一方愿意且有能力履行其相应义务。信任对供应链合作伙伴关系的影响十分显著，主要体现在以下 3 个方面。

1. 降低交易成本

供应链合作伙伴之间相互信任使得因信息不对称而引发道德风险的可能性大大降低，因此可以有效减少监督与激励成本，进而降低总的交易成本。合作伙伴间的相互信任也能够显著减少双方每次交易时因讨价还价、验货等产生的成本。

2. 增强合作意愿

建立信任关系可以有效提高合作伙伴间的认同感和责任感，从而增进双方的相互了解，增强双方的合作动力，并使双方在合作过程中努力谋求共同利益。

3. 提升供应链对突发事件的响应速度

合作伙伴间相互信任意味着双方都认为对方有能力应对突发事件，从而大大减少双方在处理突发事件时的谈判协商与相互推诿，便于快速及时制定和实施应对措施，从而提高整个供应链的响应速度。

（二）加强信息共享

供应链信息共享是指供应链合作伙伴在库存、销售、需求预测、订单状态、生产、配送计划等方面的信息，能够在供应链中高效有序地流动，以保证供应链合作伙伴能够及时获取所需信息，同时为数字化供应链管理中应用大数据、云计算、人工智能等技术进行决策提供了数据资源，从而实现数字化供应链对数据的自动分析和对系统的自动响应。供应链合作伙伴间共享的信息主要包括库存信息、营销信息、订单信息、生产信息、产品信息和物流信息。

1. 库存信息

供应链合作伙伴通过共享库存信息，能够及时掌握整个供应链的库存状况，从而有针对性地对供应链库存进行管理。这有助于降低供应链的总库存成本，提升整个供应链的效益。

2. 营销信息

供应链合作伙伴通过共享营销信息，能够掌握市场需求数据以及用户分布情况，从而准确地了解用户需求，有效满足用户的个性化需求，避免营销的盲目性，大幅提高营销成功率。

3. 订单信息

在供应链中，下游企业常常无法及时掌握上游企业对订单的执行状况，这会对下游企业生产经营带来较大影响；与此同时，上游企业往往也难以及时掌握下游企业的订单变动情况，无法判断是否需要调整产能。供应链合作伙伴通过共享订单信息，可以针对供应链中的突发情况快速做出反应，从而减少供应链合作伙伴间的摩擦和矛盾，有效增强供应链的柔性，提高供应链的效率与效益。

4. 生产信息

供应链企业生产经营的盲目性往往导致供应链上存在过多的半成品和成品库存，供应链合作伙伴通过共享生产信息，可以确保原材料供应平稳，减少供应链上资源的浪费，降低总生产成本。

5. 产品信息

产品是企业的命脉，关乎供应链的生存与发展。供应链合作伙伴间共享产品信息，有助于建立顺畅的信息沟通渠道，为供应链合作伙伴之间的供需协调保驾护航。

6. 物流信息

物流信息的范畴涵盖了原料及辅料从上游供应商仓库进入企业生产线，经过生产加工等环节，直到流至成品仓库，最终伴随销售活动将产品所有权转给用户的全过程。

通过供应链信息共享平台，供应链企业和最终用户都能够根据各自权限，方便快捷地查询信息、获得信息。这极大地提高了供应链企业对于市场需求变化的反应速度和处理能力，也提高了供应链整体效率与效益。

（三）创立灵活的关系协调机制

要建立成功的供应链合作伙伴关系，需要在合作伙伴之间建立灵活的关系协调机制。这种机制能够协调供应链与外部环境之间、供应链内部企业之间的各种关系，使各方分工明确、权责清晰、相互配合，有效地实现供应链的整体目标和提高供应链的整体效能。

（四）建立利益分配机制

对供应链合作伙伴来说，最主要的目的在于取得经济利益，供应链的建立总是伴随着新的利益格局的形成，供应链合作伙伴间的收益分配是否公平合理，将会直接决定供应链的成败。科学合理的利益分配机制，对于协调供应链整体利益分配，提升供应链合作伙伴积极性，以及促进供应链协调运作有着重要作用。利益分配的影响因素如下。

1. 企业的贡献

由于供应链企业处于供应链的不同环节，拥有的核心能力和核心资源不同，担负的责任不同，付出的成本不同，对供应链所做的贡献有所差别，从供应链中获得的收益也就不同。从供应链中获得的收益应该与其对供应链所做的贡献正相关。

2. 企业承担的风险

在供应链合作伙伴关系存续过程中，供应链企业的实际收益与预期收益往往会出现不同程度的偏差，快速变化的市场竞争环境、不断增加的用户需求，使得企业的生产经营活动受到更多不确定因素的影响。供应链企业承担的风险与获得的收益相匹配是供应链合作伙伴关系稳定的必然要求，只有这样才能不断提高供应链企业的合作积极性。

3. 企业的地位

在供应链合作伙伴关系存续过程中，企业角色的差异往往会导致企业地位的悬殊，从而形成核心企业与非核心企业。核心企业拥有更大的战略价值，在供应链中承担更多的责任和更大的风险，理应比非核心企业获得更多的收益。

4. 企业的议价能力

在供应链合作伙伴关系中，契约的签订是企业之间达成共识的结果，企业获得的收益取决于契约的具体内容。在签订契约前，供应链企业都会努力争取对自己有利的条件，企业议价能力的强弱能决定契约的条件对自己是否有利。如果供应链企业综合实力较强，在行业内有着较强的影响力，对产品市场有着较强的控制力，则拥有较强的议价能力，就能为自己争取更加有利的条件。

（五）建立激励机制

激励机制是指激励主体运用多种激励手段，与激励客体相互作用、相互制约的结构关系、运行方式等的总和。在供应链中建立激励机制，对于强化供应链企业间的合作伙伴关系，保障供应链效率与效益，以及提升供应链企业的积极性有着重要的作用，具体如下。

1. 有利于缓和供应链企业间的矛盾

建立有效的激励机制，能够增强供应链企业的积极性，促进供应链企业将自身目标与供应链整体目标相结合，改变供应链企业目标与供应链整体目标不相适应的局面，从而化解和防止供应链企业间的矛盾。

2. 有利于防范和降低道德风险

在供应链中建立有效的激励机制，可以提升供应链企业的积极性和责任感，防范和降低因信息不对称而产生的道德风险。

3. 有利于加强供应链企业间的合作

在供应链上建立合理的激励机制，可以促进供应链企业在业务往来中的风险、成本和收益在整个供应链中被公平地分摊，从而有助于提高供应链整体效益，使供应链企业间的合作伙伴关系尽可能长久地持续下去。

不同的激励方式对供应链企业的影响各不相同，采取适宜的激励方式，能够不断加强供应链企业间的合作，从而实现双赢。对于供应链合作伙伴的激励方式通常包括价格激励、订单激励、商誉激励、淘汰"激励"、新产品和新技术开发激励等。

（六）建立合理有效的冲突解决机制

供应链整体绩效的实现需要供应链企业之间相互协调与配合，从而达到整体绩效大于各企业绩效之和的状态。否则，冲突必然出现。冲突处理结果会对供应链合作伙伴关系产生显著影响，因此，需要建立健全供应链企业间的冲突解决机制，合理、高效地解决供应链管理中的冲突，进而保持供应链企业间的良好合作关系。

> 📖 **拓展案例**
> 中国重汽全球供应链
> 战略合作伙伴大会召开

📥 任务四　数字化供应链合作伙伴的评价

✍ 任务描述

供应链合作伙伴的评价既可以反映当前的供应链合作伙伴关系水平，又可以作为供应链合作伙伴关系调整的基础，为供应链合作伙伴关系的不断改进提供依据和方向。因此，建立针对供应链合作伙伴的评价体系，有利于维持供应链合作伙伴关系的稳定，也有利于供应链合作伙伴关系的管理和改善。

🔍 **任务知识**

一、数字化供应链合作伙伴评价的概念

数字化供应链合作伙伴评价是指在一定时期内，供应链企业以信息共享为基础，通过建立供应链评价体系，运用数理统计和运筹学的方法，对供应链合作伙伴的运营状况、各环节之间的协作关系以及整体绩效进行客观、公正和准确的综合评判。

二、供应链合作伙伴评价的意义

随着供应链管理的不断发展，各界越来越意识到供应链合作伙伴评价的重要性，供应链合作伙伴评价的结果是否有效直接决定着整个供应链管理的成败。在供应链合作伙伴的选择中，一般由作为供应链核心企业的制造商对上游的原材料供应商和下游的经销商进行选择。只有准确而客观地评价潜在供应链合作伙伴，核心企业才能对供应链合作伙伴进行有效选择。因此，核心企业对供应链合作伙伴的评价具有重要的理论价值和现实意义。准确而客观的评价结果能使供应链合作伙伴的选择事半功倍，为整个供应链的成功奠定良好基础。具体而言，对供应链合作伙伴进行评价的意义体现在以下几个方面。

（一）有助于供应链合作伙伴的选择

供应链合作伙伴的评价不仅包括对已经建立合作关系的企业进行评价，也涵盖对潜在的供应链合作伙伴评价。通过评价过程和结果，企业能够对潜在的供应链合作伙伴进行评价，确定其是否满足供应链发展的需求，从而选择符合供应链管理要求的合作伙伴。

（二）有助于对供应链合作伙伴进行引导

企业通过构建科学合理的评价体系，并在评价过程中与供应链合作伙伴进行交流沟通，可以使合作伙伴更好地了解供应链的管理及运作要求，指导其按照相关指标和要求进行管理和运作，从而进行业务流程重组，以满足供应链的要求。

（三）有助于加强对供应链合作伙伴的约束

对供应链合作伙伴进行评价并依据评价结果实施奖惩，能够提高供应链企业对权利和责任的重视程度，促使供应链企业遵守供应链的管理和运作规范与要求。

（四）有利于供应链合作伙伴关系的维护

对供应链合作伙伴进行评价，确保其切实履行义务，有助于在遵循互惠互利、合作共赢原则的基础上维持供应链合作伙伴关系。

三、供应链合作伙伴评价的作用

供应链合作伙伴评价在供应链管理中的作用如下。

（1）供应链合作伙伴评价具有统一客观的参照体系，有利于消除和减少因主观因素导致的不公正、不全面、不客观现象。

（2）供应链合作伙伴评价，有助于及时发现供应链运作过程中存在的问题，为供应链管理的合理性和可行性提供依据。

（3）供应链合作伙伴评价，有助于帮助供应链企业树立正确的价值观，尽可能降低供应链总成本。

（4）供应链合作伙伴评价，有助于监督和控制供应链运营的效率，充分发挥供应链管理的作用。

总之，供应链合作伙伴评价是对供应链整体运营状况及供应链企业之间关系的综合评价，合作伙伴评价的最终目的不仅是获得企业或供应链的运营状况，更重要的是优化供应链或企业的业务流程，为供应链管理体系的优化提供科学的依据。

四、数字化供应链合作伙伴评价的步骤

对于供应链合作伙伴的评价，应按照系统科学的步骤进行操作，具体步骤如下。

（一）分析市场需求和内外部环境

市场需求是企业一切活动的驱动源。对市场需求和供应链内外部环境的分析，可以为供应链合作伙伴评价指明方向并确定范围。

（二）确立供应链合作伙伴评价目标

企业应结合市场需求和内外部环境分析结果，明确供应链合作伙伴评价目标。供应链合作伙伴评价目标应明确、具体且切实可行。

（三）建立评价组织

企业必须建立专门的评价组织。评价组织成员应具备专业知识和技能以满足评价工作的需求，并能够获得供应链合作伙伴高层领导的认可与支持。

（四）构建供应链合作伙伴评价体系

供应链合作伙伴评价体系是企业对供应链合作伙伴进行综合评价的依据和标准，它反映了企业本身及其环境所构成的复杂系统的不同属性，科学合理的评价标准是供应链合作伙伴评价的重要基础。一个理想的评价体系应能够反映用户、企业和供应链自身的需求，易于理解，应用广泛且使用成本低；更重要的是能够为操作者和管理者提供快速反馈，并推动供应链整体绩效的改善等。

（五）选择合适的评价方法

评价组织在选择供应链合作伙伴评价方法时，既应考虑供应链合作伙伴评价目标和

评价标准，也应考虑评价方法的技术可行性和经济可行性，在保证实现评价目标的基础上，应尽量选择技术成熟、成本可控的评价方法。

（六）供应链合作伙伴参与

评价组织应加强与供应链合作伙伴的沟通，鼓励供应链合作伙伴积极参与，以获得其支持，从而获得其相关数据和信息，保障评价工作的顺利推进。

（七）评价供应链合作伙伴

评价组织应结合供应链合作伙伴评价标准，选择适当的评价方法，利用收集到的供应链合作伙伴相关信息，对其进行分析和评价。

（八）评价结果反馈

供应链合作伙伴评价结果应及时反馈给相关企业，以帮助各方了解这些企业的优势和不足，及时采取应对策略，扬长避短、查漏补缺，提高供应链企业的整体竞争力。

能力测试

一、单选题

1. （　　）是企业一切活动的驱动源。

    A．降低成本　　　B．市场需求　　　　C．提高效率　　　　D．提高质量

2. 外部环境、企业自身条件等都是不断发展变化的，对供应链的管理运作的要求也是发展变化的，这就要求供应链合作伙伴关系既能保持相对稳定，又能根据外部变化适时、适度调整，这体现了供应链合作伙伴关系的（　　）。

    A．长期性　　　B．整体性　　　　C．动态性　　　　D．竞争性

3. （　　）是根据征询和调查所得的资料并结合管理者的分析和经验判断对备选企业进行分析、评价的一种方法。

    A．神经网络算法　　　　　　　　　B．直观判断法

    C．招标投标法　　　　　　　　　　D．层次分析法

4. 在供应链运作过程中，合作企业应该遵循（　　）原则，即合作企业间树立共同的目标，追求各方协同发展，使各方共同获益，避免某方得利、某方受损的情况。

    A．成本　　　B．利益　　　　C．双赢　　　　D．效率

二、多选题

1. 供应链合作伙伴关系的特征包括（　　）。

    A．长期性　　　B．整体性　　　　C．动态性

    D．竞争性　　　E．双赢性

2. 在数字化供应链合作伙伴选择方法中，（　　）属于定性的方法。

    A．直观判断法　　　　　　　　　　B．招标投标法

    C．协商选择法　　　　　　　　　　D．直接确定法

3. 在选择供应链合作伙伴时应遵循（   ）原则。

    A. 核心能力原则   B. 总成本最小原则

    C. 学习能力原则   D. 风险最小原则

    E. 单位成本最低原则

4. 在供应链合作关系的维持过程中应该注意遵循（   ）原则。

    A. 双赢原则   B. 风险收益对称原则

    C. 公平原则   D. 科学分配原则

    E. 信息透明原则

5. 供应链合作伙伴评价的意义包括（   ）。

    A. 有助于供应链合作伙伴的选择

    B. 有助于对供应链合作伙伴进行引导

    C. 有助于加强对供应链合作伙伴的约束

    D. 有利于供应链合作伙伴关系的维护

    E. 提高供应链管理的收益

三、简答题

1. 供应链合作伙伴关系的作用有哪些？

2. 简述构建合作伙伴关系的具体步骤。

3. 维持供应链合作伙伴关系的要点有哪些？

4. 供应链合作伙伴评价的作用有哪些？

05 项目五

数字化供应链环境下的采购管理

【项目描述】

采购是企业获取各种外部资源的主要手段，对保障企业生产运作具有重要作用。同时，采购在提高生产效率、降低生产成本、提升产品质量方面也有至关重要的影响。科学的采购决策和高效的采购作业能够显著增强企业的竞争力。在数字化供应链环境下，采购活动更加复杂多变、影响深远。由于供应链上下游企业密切相关，牵一发而动全身，采购管理是否科学高效，不仅影响单个企业，还可能对整个供应链的上下游企业的生产运作产生重大影响。加强供应链环境下的采购管理，对于降低供应链的整体库存、提高供应链的竞争优势具有极为重要的意义。本项目将对数字化供应链环境下采购管理的含义、作用、方法、流程以及供应商的选择和评价等内容进行介绍和分析。

【项目目标】

知识目标

1. 理解数字化供应链环境下采购管理的含义、作用
2. 掌握数字化供应链环境下采购管理的方法、流程
3. 掌握 JIT 采购、数字化采购的方法
4. 理解数字化供应链环境下供应商管理的含义和内容

技能目标

1. 根据供应链企业的现状和需求选择合适的采购方法
2. 对供应链企业现有采购模式进行分析和评价
3. 对企业的供应商选择和评价提供相关建议

素质目标

1. 运用供应链环境下采购管理的相关知识，对企业的采购决策、采购活动进行分析和评价
2. 灵活运用 ERP、JIT 等思想对企业采购作业进行评价和优化

【引导案例】

《2024 数字化采购发展报告》在京发布

2024 年 7 月 11 日，《2024 数字化采购发展报告》（以下简称《报告》）在第五届国有企业数智化采购与智慧供应链高峰论坛上发布。《报告》由亿邦智库联合中国物流与采购联合会公共采购分会共同发布。2023 年我国企业物资采购总额为 175.4 万亿元，同比增长 1.1%；数字化采购总额为 17.2 万亿元，同比增长 15.2%，数字化采购渗透率为 9.8%，较 2022 年提升 1.2 个百分点。

《报告》以"技术变革与价值创造"为主题，优选了石化 e 贸、易派客、中化商务等 14 家中央企业网上商城作为供应链协同成就数字化采购的最佳实践代表，旨在展示中央企业在数字化转型、供应链优化以及网上商城建设等方面的先进经验和显著成效，为行业提供可借鉴的模式与策略。

《报告》还遴选了京东工业、鑫方盛、云中鹤、得力集实等 13 家供应链平台和技术服务商作为年度创新代表，这些企业凭借出色的技术创新能力和对行业的显著影响，通过持续的技术迭代和服务升级，有效推动了整个行业的数字化、智能化转型，为构建更加高效、绿色、可持续的供应链生态体系树立了新的标杆。

1. 招采业务加速在线化、智能化，业务价值全面升级

借助人工智能、大数据等数字技术，招投标业务加速全流程在线化及部分业务环节的智能化，进一步提高了招投标效率，同时增强了招投标过程的公正性和规范性，为招投标行业的发展注入新的活力。

2. 中央企业网上商城与社会化数字供应链平台紧密合作，提高运营效率

中央企业网上商城在运营过程中面临运营人员不足、MRO 供应商数量多且分布广泛的挑战；社会化数字供应链平台拥有专业的商品运营团队和成熟的运营流程，能够高效地处理大量 SKU，从而减轻中央企业网上商城的运营压力。中央企业网上商城与社会化数字供应链平台将紧密融合，以提升运营效率。

3. 主生产资料集采、履约在线化成为中央企业网上商城业务发展新趋势

从网上商城上架商品品类的变化来看，呈现出从非生产性物资拓展到生产性物资与工程设备的特点。2024 年 5 月工业和信息化部等三部门印发的《制造业企业供应链管理水平提升指南（试行）》提出提升制造业企业供应链管理水平，其核心在于推动主生产物资 BOM 线上集采进程。

4. 地方国有企业借鉴中央企业模式，开启数字化采购第二波浪潮

地方国有企业倾向于与外部机构合作建设数字化采购系统，目前一些大型中央企业已经开始尝试帮助地方国有企业进行数字化改造，但不能完全满足地方国有企业的需求。社会化数字供应链平台具有技术优势、有完整的解决方案、有完善的售后服务能力，部分地方国有企业与社会化数字供应链平台开展技术与业务合作，共同开启数字化采购第二波浪潮。

5. "人工智能+"成为年度政策热点

2024 年政府工作报告强调深化大数据、人工智能等研发与应用，提出开展"人工智能+"行动，旨在打造具有国际竞争力的数字产业集群，凸显人工智能在国家发展战略中的核心地位。国务院国资委召开专题推进会，要求央企加快发展新一代人工智能，抢抓人工智能赋能传统产业的机遇，通过构建大模型赋能产业生态，实现人工智能技术与传统产业的深度融合。

6. 三大挑战和四大机遇

数字化采购随着范围和角色的不断延展，面临各种挑战，包括"平台化带来品类品质动态管理的挑战、数据要素准备不足制约智能化进程、数字化采购创新与规制建设创新存在磨合期"等，但这些挑战都是数字化采购发展中存在的问题，在发展的过程中将逐渐化解，而在化解这些挑战时，数字化采购也迎来了新的战略机遇期，其中四大机遇是"大规模设备更新为数字化采购提供用武之地、绿色低碳成为采购及供应链数字化的新动力、AI 落地为数字化采购各方提供创新机会和全国统一大市场与数字化采购相辅相成"。面对挑战，抓住机遇，数字化采购发展的前景广阔。

思考：该报告给我们带来什么启示？

任务一　数字化供应链环境下的采购管理认知

任务描述

在企业快速发展过程中，采购作为一个独立的行业正逐步走向市场前台。高效的采购对于企业优化运作、控制成本、提高质量及持续盈利等方面至关重要。随着全球市场一体化和信息时代的到来，专业化生产能够更加发挥其巨大的作用。企业越来越关注自身的核心业务，而将非核心业务外包，从而增加了采购的比重，使采购及其管理的作用上升到了一个新的高度。本任务主要介绍数字化供应链环境下采购管理的含义、作用及发展趋势。

任务知识

随着竞争日益加剧和企业国际化程度的提高，创造并保持企业的核心竞争力成为影响企业生存与发展的关键。在这种情况下，企业采购部门的责任更加重大，使得采购职能从以交易为基础的战术职能转变为以流程为导向的战略职能，采购部门在企业中的地位也日益提升。在许多企业中，采购部门的结构、工作流程和人员编制也发生了变化。商品团队、产品供应团队以及跨职能团队比以往更加盛行，工作流程也不再以交易为目的，负责采购的经理更为经常地参与企业战略计划的制订和评估，以发挥采购管理的战略性作用。

国外许多成功企业都倡导把采购部门的工作从业务操作型转变为业务管理型，使采购人员从重复性、事务性的采购业务中解脱出来，将更多精力投入研究市场、分析需求、控制成本和风险上，注重总结经验和规律；通过批量集中采购，签订框架协议，与供应商建立长期合作关系，从长远采购战略的高度优化采购功能和控制采购成本，为企业的稳定生产和长期发展提供可靠的资源保障。这些企业强调通过多个部门的协同工作来降低采购成本和供应风险，推动建立跨功能采购小组。国外部分企业将与采购相关的设计、技术、生产等不同专业的专家联合起来，形成专家采购小组，负责采购过程中的功能优化、技术谈判、方案选择、供应商评价等工作，对降低采购成本、减少采购风险起到了很好的作用。

一、数字化供应链环境下采购管理的含义

采购是指企业在一定条件下从供应市场获取产品或服务，作为企业资源，以保证企业生产和经营活动正常开展的一项企业经营活动。

所谓采购管理，是指企业为保障所需物资的供应而对采购业务进行的计划、组织、领导和控制的管理活动。采购管理的目的是追求企业整体利益的最大化及采购业务的顺利开展。

在传统采购模式中，采购的目的是补充库存，即为库存采购。在全球经济一体化背景下，市场竞争更加激烈，竞争已由原来的企业与企业之间的竞争转变为供应链与供应链之间的竞争。因此，在数字化供应链管理环境下，采购将由库存采购转变为由订单驱动，以适应新的市场环境。

供应链采购是指供应链企业之间的采购，是供应链内部需求方向供应方共享需求信息的过程，也是供应方将适当数量、适当质量的产品或服务在适当时间、适当地点供应给需求方的过程。这是一种基于需求和合作的采购模式，在供应链采购模式下，需求方只需把自己的需求信息连续、及时地传递给供应方，供应方根据这些信息预测需求方未来的需求量，并根据这个预测制订自己的生产计划，以便主动、及时、连续地向需求方补充物资，既满足需求方生产运作的需要又使总库存量最小。

数字化供应链环境下的采购不再是简单地为库存而采购，而是根据供应链的生产运作数据，利用大数据、云计算、人工智能等技术进行准确的需求预测，各方共同制订甚至由系统自主生成科学合理的采购计划，减少供应链上下游企业的总体库存，以实现整个供应链的低成本、高效率运作。

二、采购管理在供应链中的作用

合理的采购能够加快资金周转速度、降低库存成本、增加利润。相关统计数据显示，对于大多数企业而言，降低采购总成本的1%对利润增加的贡献在8%以上，由此可见采购在企业经营中的重要性。此外，企业作为供应链组成部分，其采购成本及策略会对供应链下游企业的成本和定价产生影响，乃至影响整个供应链的竞争力和最终获利情况。因此，采购管理在供应链中发挥着重要作用。具体而言，采购管理在供应链中的作用主要体现在以下几个方面。

（一）实现信息共享，降低采购成本

采购成本是产品成本与采购过程中所耗各项费用之和。调查显示，原材料及零部件的采购成本在生产成本中占重要地位，一般达到销售额的 30% 左右。采购成本直接影响到企业的利润和资产回报率，还影响企业流动资金的回笼速度。

在数字化供应链环境下，采购管理要求供应链企业之间实现信息共享，重视利用工业物联网、智能识别等技术实时收集各企业、各环节的需求信息，这有利于上下游企业共同制订合理的采购计划，也有利于通过智慧化、智能化手段自动生成采购计划，进而降低整个供应链的采购成本，提升供应链的竞争力，而且这种企业间的信息协作使得供应链企业的采购工作更加迅速有效。

（二）维持供应链合作伙伴关系，提高采购效率

在供应链体系中，供应商和制造商之间形成了一种特殊的合作伙伴关系，它们利用信息化、智能化和自动化手段使采购过程得以极大简化。

采购管理能够协调整个供应链体系中各个计划的执行和完成，确保供应链中各环节的连续性和实时性，进而实现制造计划、采购计划、供应计划的并行，缩短各环节的响应时间，从而提高采购效率，实现供应链的同步化。

（三）降低采购风险

采购风险是指采购过程中可能给采购双方，尤其是采购方带来损失的各种意外情况，包括支出增加、延迟交货、货物缺损、质量缺陷、呆滞物料增加、采购人员工作失误以及供应商存在不诚实甚至违法行为等。供需双方的信息不对称是造成采购风险的主要因素。供应链体系中的采购管理要求信息共享、供应链企业形成战略联盟，这能够有效降低采购风险。

（四）确保供应链体系的稳定性和精细化

供需双方形成动态供应关系，能够及时修改采购计划并进行信息反馈，使得订货与需求保持同步。因此，从某种角度来说，在供应链体系中，采购管理起到联系上下游企业的纽带作用，协调供需企业之间的关系，为供应链管理过程的精细化、同步化提供基础。

供应链的管理是动态的，协同化和合作化的采购管理既是供应链动态管理的结果，也是这种管理模式的要求。与供应链体系相匹配的采购策略能够实现外部资源管理优化，使供应链中的上下游企业实现良性互动，从而使动态的供应链能够协调稳定地发展。

三、供应链环境下的采购与传统采购的区别

供应链管理理念强调企业间的合作与协调。通过合作与协调，供应链企业能够实现最佳的资源共享和分配，以最大限度地利用资源。供应链环境下的采购与传统采购存在以下区别。

（一）改变采购模式

供应链环境下的采购将传统的库存采购转变为按订单采购。在传统采购中，采购部门的采购与企业生产情况不匹配，采购计划也与生产需求的变化不一致。在供应链环境下，企业根据订单的状态制订采购计划，要求采购部门根据生产部门的需求乃至市场需求来制定采购决策，确保生产的产品能够满足用户需求，并减少库存成本。

（二）改变合作方式

在供应链环境下，供需双方从传统的商业关系转变为供应链企业间的合作伙伴关系，共享需求信息和库存信息，以有效应对市场变化。在合作的基础上，供需双方在生产、研发、采购、销售等环节进行多层次、全方位的合作，减少甚至消除信息不对称，减少冲突，进而提高合作效率和降低成本，实现双赢。

（三）改变管理模式

在传统采购中，需求方往往选择价格优势明显的供应方，导致供应方竞相压低价格、降低成本，而忽视了产品质量、交货期等相关因素，供需双方仅基于价格和短期利益建立合作关系。在供应链环境下，需求方在选择供应方时不仅考虑产品价格，更加重视质量、交货期、技术支持、信息共享等多个因素，通过选择合适的供应方建立长期合作关系，进而提高采购管理的效率。

总之，供应链环境下的采购更强调直接的、长期的合作，强调共同努力实现共有的计划和解决共同问题，强调相互之间的信任。这与传统采购有很大区别。除了上文提到的 3 个主要区别，二者间更加详细的区别如表 5-1 所示。

表 5-1　供应链环境下的采购与传统采购的区别

比较因素	供应链环境下的采购	传统采购
业务往来	物料、服务、信息、技术	物料
选择标准	多层次、全方位的综合评价	低成本、高质量
稳定性	好	差
合同性质	全面合作协议	单一采购合同
采购批次	多	少
采购数量	少	多
采购规模	大	小
合作内容	研发、生产、采购、销售等	采购
合作时间	长期	短期
质量控制	全面质量管理	抽检、全检
交易成本	低	高
退出成本	高	低

四、数字化供应链环境下的采购方法

在数字化供应链环境下，常用的采购方法有以下几种。

（一）订货点采购

订货点采购又可分为定量订货法采购和定期订货法采购。

定量订货法采购是预先确定一个订货点和一个订货批量，然后随时检查库存。当库存下降到订货点时，就订货，订货批量的大小每次都相同。

定期订货法采购是预先确定一个订货周期和一个最高库存水平，然后根据规定的订货周期，定期检查库存并订货。订货批量的大小每次不一定相同，但都等于当时的实际库存量与规定的最高库存水平的差额。

这两种模式都以需求分析为依据，以补充库存为目的，采用特定方法，兼顾满足需求和库存成本控制，原理比较科学，操作比较简单。但是由于市场的随机因素较多，订货点采购具有库存量大、市场响应不灵敏的缺陷。

（二）ERP 采购

ERP 采购是利用 ERP 系统对企业采购计划下达、采购单生成、采购单执行、到货接收、检验入库、采购结算等采购活动的全过程进行管理。它对采购过程中物流的各个环节进行严密的跟踪和监督，实现对企业采购活动的科学管理。

（三）JIT 采购

JIT 采购，又称准时化采购，是一种完全以满足需求为目标的采购方法。需求方根据自己的需要，对供应方下达订货指令，要求供应方在指定的时间将指定数量的指定品种送到指定的地点。JIT 采购能够对用户需求进行灵敏响应，迅速满足用户的需求，还能使用户的库存量最小，直至实现零库存。这是一种先进且理想化的采购方法。

（四）VMI 采购

VMI 采购的基本思想是在供应链机制下，由需求方主导采购过程，由供应方具体操作。在 VMI 采购模式下，供应方通过需求方共享的当前库存和实际耗用数据，依据需求方的消耗模型和消耗趋势，制定科学的补货策略为需求方补货，库存量的大小由供应方自主决策。这样，供应方能够及时掌握市场需求信息，灵敏地响应市场需求变化，降低库存风险，提高经济效益。

（五）电子采购

电子采购（即网上采购），是在电子商务环境下的采购模式。电子采购扩大了采购市场的范围，简化了采购手续，缩短了采购时间，减少了采购成本，提高了采购效率，是一种迅速发展的采购模式。随着信息技术和电子商务的快速发展，电子采购在供应链管理运作中得到了广泛应用和普及。

（六）数字化采购

数字化采购通过对大数据、云计算、人工智能、物联网及区块链等技术的应用，能够实现采购流程的自动化管理和云端协同，确保信息共享度更高，决策更具战略性。数字化采购具备全流程管控价值，具体表现为流程透明度提高、成本节约和效率提升等，并可为供需双方提供高效的对接和运转平台，使双方建立起紧密的供应关系，有利于增强用户的需求黏性，未来市场应用空间广阔。

五、数字化供应链环境下的采购流程

数字化供应链环境下的采购流程大体上可以分为需求分析、采购计划制订、采购作业实施、采购监控 4 个主要阶段。

（一）需求分析

根据企业各部门的物资需求，确定需求的物资种类、规格、特性、数量、需求时间等，为采购计划制订和采购作业实施提供基本依据。

（二）采购计划制订

根据需求分析，结合企业内部资源和外部环境，制订采购计划，确定采购团队、采购时间、供应商、采购对象、采购数量及采购方法等内容。在供应链环境下，供应链企业间有着较长时间、较高质量的合作关系，因此，在大多数情况下，采购计划都可以直接根据往期的采购作业来确定。这种方式简化了流程和手续，大大节省了时间和成本。

（三）采购作业实施

按照采购计划，采购团队与供应商进行沟通协调，实施采购作业。在这一过程中，采购团队可以结合供应链企业间的合作内容，选择合适的采购方法，比如采用 ERP 采购、JIT 采购等，通过供应链上下游企业间的合作或信息共享，提高采购作业的效率，降低供需双方的成本，实现双赢，充分体现供应链采购的优势。

（四）采购监控

虽然采购监控是采购流程之一，但实际上，对采购作业的监控应该贯穿整个采购过程，需求分析、采购计划制订、采购作业实施等都离不开系统完善的监管机制，这样才能减少采购过程中的徇私舞弊、以权谋私等行为，同时确保采购作业能够按照既定目标和计划顺利实施，减少采购过程中的浪费、拖延等不良行为，也可以对采购团队和供应商进行引导和评估，为后期的采购作业提供决策参考。

在数字化供应链环境下，一旦选择了合适的供应商并建立了长期的合作关系，依靠双方的合作和信任，加上对物联网、大数据、人工智能等技术的应用，不仅可以适当简化甚至省略上述流程，还能高效保障采购过程的顺利完成，实现供应链采购的价值。

六、采购管理的发展趋势

随着经济全球化趋势的日益增强和信息技术的迅猛发展，企业面临的环境变得更为复杂，市场竞争日益激烈，采购管理在供应链环境下面临着新的发展趋势。

（一）全面质量管理

对于需求方而言，采购活动的重点是监控采购过程，而非关注交易活动。通过以恰当的方式实施采购，从产品质量、成本、供需关系、企业长远战略等多个角度保障采购质量。

（二）信息共享

供货信息是需求方获取外部资源的重要渠道，也是获得高质量、低成本、稳定资源的依据。需求信息是供应方制订生产计划和进行企业运营决策的重要依据。供需信息共享对供需双方而言都具有重要意义，需求方与主要供应方之间进行信息共享既是趋势，也是必然选择。

（三）采购准时制

采购准时制是一种为消除库存和不必要的浪费而持续改进的采购模式。它既继承了准时制生产（JIT生产）的思想，也是为了满足需求方企业"零库存"的要求。准时制采购的核心要素包括减少供货批量、频繁而可靠的交货、压缩提前期并始终保持高质量。

（四）采购整合

采购整合也可理解为供应链企业的采购管理一体化，其既要求生产计划、库存控制、质量检查和原料供应等各环节之间紧密合作，同时要求供应链上下游企业间的密切配合，以实现采购流程顺畅、快捷地执行。

（五）采购外包

随着市场竞争日益激烈，企业必须专注于自身的核心业务。如今，采购外包现象在各行各业中非常普遍，企业将采购业务外包给专业的合作伙伴，而集中优势资源专注于核心业务。

（六）供应商网络

供应商之间将形成网络、建立合作关系，从而有可能将各个供应商的资源集中起来，取长补短，形成协同效果，有利于供应商为下游企业提供更好的产品和服务，进一步缩短订货提前期，提高采购效率。在这种供应商网络中，需求方多位于网络的中心，进行协调和沟通。

（七）采购全球化

在经济全球化的大背景下，供应链和采购的全球化显得愈发重要。采购全球化依托现代网络信息技术，实现供应链的一体化和快速反应，达到商流、物流、资金流和信息流的协调通畅，以满足全球消费者需求。许多企业通过全球化采购寻找合适的供应商，利用全球资源保障物资供给，促进优质资源的输入，提高自身竞争力。

任务二　ERP 采购管理

任务描述

ERP 采购作为采购管理中的新概念，在短短二三十年间便从萌芽发展到逐渐成熟，它在企业采购管理、订单、产品质检等方面进行了改革，极大地提高了企业的工作效率。ERP 采购管理系统正逐步成为企业管理系统的重要核心，其具有多途径采购、订单管理、购货与质检、供应商管理、集团内部采购、业务流程设计等多种与采购相关的功能，这些功能极大地提升了企业的采购效率，减少了采购资金浪费，缩短了采购时间，提高了企业效益。本任务将对 ERP 采购的产生、发展及其在供应链管理中的应用进行讲解。

任务知识

一、ERP 的含义

对于企业而言，信息时代既带来了空前的机遇，也带来了巨大的挑战。在经济全球化的时代，企业之间的竞争日益加剧，传统的手工管理业务流程的模式已经越来越不适应企业在激烈竞争中生存与发展的需要，也已经无法适应信息时代市场快节奏的变化，更难以对多变的市场做出敏捷迅速的反应。面对新的生存环境，企业只有大力推进信息化，充分利用先进的信息技术，结合现代化的管理理念和方法，提高员工的整体素质，使用现代化的管理手段对生产、供应、销售、人力、财务、物资进行管理，使先进的管理技术和先进的信息技术相互融合，才能增强核心竞争力，创造更多的经济效益。

ERP 就是企业信息化的重要方向之一，它作为全面资源计划管理系统的杰出代表，构成了企业信息化的核心内容。企业引进 ERP 系统，可以显著提升管理水平，为自身的运作增添活力。

ERP 系统是指建立在信息技术基础上，集信息技术与先进管理思想于一身，以系统化的管理思想，为企业员工及决策层提供决策手段的管理平台。ERP 系统把企业中的各个业务流程划分为若干子系统，并对供应链管理的组成部分进行综合管理。它是一种基于企业资源的综合管理系统，对于改善企业业务流程、提高企业核心竞争力具有显著作用。

ERP 系统是从物料需求计划（Material Requirement Planning，MRP）系统发展而来的新一代集成化管理信息系统，它扩展了 MRP 系统的功能，其核心思想是供应链管理。ERP 系统跳出了传统企业边界，从供应链的角度去优化企业的资源，优化了现代企业的运行模式，反映了市场对企业合理调配资源的要求。

二、ERP 系统的产生及发展

ERP 系统的发展经历了 20 世纪 40 年代的管理信息系统（Management Information System，MIS）阶段，20 世纪 60 年代的物料需求计划 MRP 系统阶段，20 世纪 70 年代的闭环物料需求计划 MRP（Closed loop MRP）系统阶段，20 世纪 80 年代的制造资源计划（Manufacture Resource Planning，MRP Ⅱ）系统阶段，20 世纪 90 年代的企业资源计划（Enterprise Resource Planning，ERP）系统阶段和基于互联网的企业资源计划（Internet Enterprise Resource Planning，IERP）系统阶段。它是一个集成系统，能够控制、协调企业内外部资源，实现利益最大化。

（一）MIS 阶段

此时的 MIS 主要任务就是记录原始数据，并支持汇总、查询等工作。在此基础上，MIS 能够统计出企业的各种运行情况，并依据以往的数据预测将来的状况，且从全局出发辅助企业决策，以帮助实现企业目标，它主要以优化企业库存为目标，较为简单和直接。

（二）MRP 系统阶段

20 世纪 60 年代后期，IBM 的约瑟夫·奥利基博士提出了分层次的产品结构和独立需求、相关需求的概念，并提出了 MRP 的思想，这样制造业就可以按照主生产计划和产品的结构来安排采购和零部件的生产。

（三）闭环 MRP 系统阶段

20 世纪 70 年代以后，企业中的管理人员认识到，生产计划受到人、财、物和其他一些附加条件的约束，MRP 能否执行，主要看能力需求是否能够满足。这种将资源和能力约束考虑在内的 MRP 系统就是闭环 MRP 系统。

（四）MRP Ⅱ 系统阶段

20 世纪 80 年代后，日益激烈的市场竞争不仅要求企业对生产过程中的信息流进行管理，还要对贯穿其中的资金关系进行管理，于是人们便将会计中的财务、成本、销售功能模块包含进来，此时的信息管理系统已经能监察到企业产、供、销的全部过程，具备计算机排产的功能，但从供应链的角度来看，MRP Ⅱ 系统的管理范围还局限于企业的内部，没有覆盖对外部资源的管理。

（五）ERP 系统阶段

20 世纪 90 年代以后，全球化的市场不仅要求企业整合利用好内部的资源，而且必须把供应链的上游和下游企业也包罗进来，系统全面地考虑整个供应链的流程和结构，而计算机和网络技术的进一步发展，也使得全球范围内的供应链信息共享和信息管理成为可能。至今，企业管理已经发展成以信息和网络技术为平台，面向供应链管理的现代企业管理，从而实现企业的外部资源优化与配置，以及企业物流、信息流和资金流的有效集成。

（六）iERP 系统阶段

这一阶段可以看作 ERP 系统在电子商务时代的延伸和扩展，由于互联网的成熟和普及，为实现供应链上下游的信息共享提供了可能，使得企业与其合作伙伴之间形成一条共同发展的生存链、供求链，体现了对供应链外部资源进行管理的思想。此时，iERP 系统可以促进跨企业的合作，并成为有效的决策支持系统。

三、数字化供应链环境下的 ERP 采购

数字化供应链环境下的 ERP 采购，是指企业在高度信息化、数字化的供应链体系中，利用 ERP 系统对采购流程进行全面管理和优化，实现采购需求预测、供应商管理、采购订单处理、库存控制及财务成本分析等流程的自动化、智能化和协同化，以提高采购效率、降低成本并增强供应链的透明度和响应速度。在数字化供应链环境下，企业的 ERP 采购通过高效自动化流程、精准需求预测、优化供应商管理、实时数据监控、协同供应链管理、财务成本控制、数据驱动决策以及风险管理和合规性等方面的优势，显著提升了企业的采购效率和竞争力。

此外，当前企业对采购的要求不仅仅是完成某一次采购本身包含的具体事务，还要求采购管理者提供对供应链管理的有效支持，这就需要增加 ERP 系统的功能并扩大其服务对象，使 ERP 系统成为供应链管理的工具，实现现代化的采购管理。因此，在 ERP 系统的支持下，实现供应链采购管理不仅要处理传统的采购事务，而且要沿着供应链将供应商纳入 ERP 系统，通过对信息流的管理实现采购管理。

在数字化供应链环境下，ERP 系统对供应链管理的相关支持主要体现在以下几方面。

（一）供应商管理计划

ERP 系统记录供应商的各种信息，包括供应商的供货范围、供货能力、供货质量，以及与企业合作的历史记录，帮助企业更好地做出采购决策，整合企业供应链。供应商通过 ERP 系统获取需求信息，一方面，这便于其安排自身的经营活动，以保证对企业的供货能力；另一方面，这种双向的交流能帮助双方建立、保持并发展合作伙伴关系。最后，在基本合作伙伴无法满足企业的采购要求时，ERP 系统能够帮助企业找到特定的供应商组成临时的供应链，以适应这种变化。

（二）基于 ERP 系统的供应链采购计划

基于 ERP 系统的供应链采购计划能够处理企业通过 ERP 系统计划模块提出的采购需求。企业可根据采购需求并立足于实际情况制订各部门的采购计划和其他短期工作计划。这种采购计划也可以处理非生产性采购需求，提高 ERP 系统的独立性，扩大其适用范围。

（三）基于 ERP 系统的供应链采购业务

基于 ERP 系统的供应链采购业务与传统的采购业务相似。因此，对采购业务人员而言，ERP 系统的使用改变了采购管理工作的方式，例如由传统的人工记录改成登记电子数据，

相关操作依然可以按照以往的流程进行。供应链采购的所有功能已集成在 ERP 系统中，企业能够利用 ERP 系统完成供应链采购中的大部分业务，从而提高采购业务的处理效率。

📔 **拓展案例**

京东发布三款
"黑科技"让企业采购
管理更智能

（四）电子银行应付款管理

ERP 系统具有完善的财务管理模块，可在供应链企业间建立对应的数据接口，供应链企业就可以通过电子银行实现网络收付，简化财务结算流程，提高交易效率，并实现对物资、资金、信息等资源的协同管理。

四、ERP 采购管理的要点

ERP 采购与传统采购存在诸多不同，它不仅为企业的采购管理提供了新思想和新技术，也提出了新的要求，企业在实施 ERP 采购管理时，应注意以下要点。

（一）供应商分类

在传统采购管理中，企业把所有供应商都看作一般交易型供应商，而在 ERP 采购管理中，企业需要对供应商进行分类，如根据外购货品的技术含量、定制程度把供应商分为战略伙伴型供应商和普通供应商。对于那些技术含量高、专业性强、定制程度高、投资力度大、对产品性能有重大影响的外购物资的供应商，应把他们视为企业的战略合作伙伴。对于战略合作伙伴，企业应该重点关注，加强与对方的信息交流和信息共享，以确保采购过程的顺利进行。对于那些技术含量低、标准化程度高、市场供应充足的外购物资的供应商，应把他们视为普通供应商。在采购这类物资时，企业可以根据需求和市场供求情况，选择质量合适、价格合理的产品，控制采购成本，并满足自身需求。

（二）充分的信息交流

传统的采购过程是典型的非信息对称博弈过程，而在供应链环境下的 ERP 采购管理中，采购活动是由客户订单驱动的，而客户的需求是多变的和非连续的，从而导致采购需求经常变化。在此情况下，要实现以适当的价格，在适当的时间，把适当数量的物品，以适当的方式送到适当的地方这一采购管理目标，各相关方必须在采购过程中进行充分有效的信息交流。在进行需求分析时，采购部门应加强与销售部门、制造部门的沟通，并可以利用 ERP 系统获得销售历史数据和年度（或季度）生产计划等，根据对这些信息的分析，找出需求变化规律，预测采购需求的品种和数量，进而主动地制订采购计划，解决采购什么、采购多少、在什么时间采购的问题。

此外，采购部门要与供应商进行充分的信息沟通，把企业的需求和要求准确地传达给供应商，并充分了解供应商的生产能力、技术水平、质量保证体系、管理水平、合作意愿等信息，从而做出正确的选择。在采购过程中，采购部门通过 ERP 系统与制造部门、设计部门及供应商保持畅通的信息交流，及时将计划调整、设计更改、生产进度等信息反馈给供应商，同时，将供应商的生产计划、送货计划等信息及时传达给制造部门，以便供需双方协调、配合。

（三）基于契约的过程控制

传统采购管理的过程控制是以合同为考核标准并通过企业监督的方式来进行的。这种控制方式需要企业在每次采购之前与供应商签订一个购销合同，合同的签订要经过反复的谈判，这就造成采购管理成本居高不下、采购时间过长、效率低下。供应链采购以长期合作契约为基础，以合作伙伴关系为保障来进行采购过程控制。这种契约与传统合同所起的约束功能不同：它是开放式的，企业可以根据需求变化对它进行必要的修改和补充；它是企业与供应商合作的基础，不仅是法律或者合同上的约束，也是对双方合作关系的承诺，体现了双方对于采购合作的态度和长期合作、互利共赢的意愿，能够比传统合同更好地处理预想之外的问题和事件；它是供需双方对于 ERP 采购思想、流程、方法等的认可，是对 ERP 采购过程中双方权利和责任的确认，是确保 ERP 采购顺利进行的重要条件。

任务三　JIT 采购

任务描述

在供应链管理系统中，制造商与供应商之间可以建立战略合作伙伴关系，通过信息共享缩短响应时间，实现供应链的同步化运作。在供应链管理环境中，采购管理的目标是在需要的时间，将所需数量的合格物料送到需要的地点。JIT 采购使采购业务流程朝着零缺陷、零库存、零交货期的期望方向发展，增强了供应链的柔性和敏捷性，能够满足供应链管理的需求。本任务将主要介绍 JIT 采购的含义、意义，以及在供应链环境下实施 JIT 采购的步骤。

任务知识

一、JIT 思想简介

20 世纪 70 年代末，在日本丰田汽车公司 JIT 思想的影响下，JIT 采购的理论逐渐得到丰富。由于它起源于日本丰田汽车公司，也曾被称为"丰田生产方式"，后来这种生产方式因其独特性和有效性，被越来越广泛地认识、研究及应用。

JIT 是一组活动的集合，是一种融合各种精华的哲理，它是在重复制造的生产环境下发展起来的一种先进的管理思想、管理方法及管理工具。JIT 管理哲学的核心是：消除一切无效的劳动与浪费，在市场竞争中坚持不懈地追求尽善尽美。JIT 意味着在必要的时候生产必要的产品，不要过量生产，超过所需最小数量的任何东西将被看作是浪费，因为在现在不需要的事物上投入的精力和原材料都不能在现在被使用，这就会成为库存，库存就是浪费。这种思想与那种依靠额外物料投放以防出现工作失误的做法形成鲜明的对比，这种生产方式的最终目标是消除浪费，获取利润。

JIT 也是一种执行策略，它需要利用 MRP 的计划功能和物料清单（Bill of Materials，BOM）、库存记录等基础文件，是在 MRP 基础上发展起来的执行策略。如果说 MRP 的执行采用订单形式，JIT 的执行则采用均衡生产的日产计划及看板形式。JIT 与 MRP 对待需求的不同之处可以表示为：JIT 更侧重于按需生产和最小化库存，强调生产灵活性和快速响应能力；而 MRP 则更注重需求预测和库存的准确性，强调物料需求的及时性和生产的稳定性。

二、JIT 采购的含义

JIT 采购是一种先进的采购模式，也是一种管理理念。JIT 采购被定义为"一种能够剔除采购过程中的浪费和无效率的技术和概念的集合"。其基本思想：在恰当的时间、恰当的地点，以恰当的数量和质量配给恰当的物品，以消除采购过程中的库存和不必要的浪费。JIT 采购的目的就是要借助供应链管理的优势，将需要数量的物料在需要的时间运送到需要的地点，以期实现零缺陷、零库存、零交货等待，增强供应链的柔性和敏捷性，提高供应链的整体竞争能力。

JIT 采购属于供应链管理理念指导下的一种采购模式，其核心理念是"杜绝一切浪费"；JIT 采购强调人在管理中的作用，重视物流管理在采购管理中的重要性，要求减少采购活动中的各项成本，尤其是物流成本，主张对供应链全环节进行管控，以实现产品需求预测的准确性、产品供给的准时性。为了实现这一目标，JIT 采购将准时制生产中的订单驱动、看板管理的方法引入采购过程，通过产品的标准化、作业的同步化、生产的准时化协调供需双方的管理运作，消除采购过程中的浪费，优化采购流程，降低采购成本。JIT 采购的模式如图 5-1 所示。

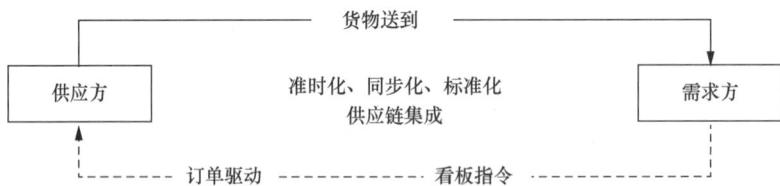

图 5-1　JIT 采购的模式

与传统采购面向库存不同，JIT 采购是一种直接面向需求的采购模式，供应方直接将采购物资到需求方需求点上，这既能高效满足需求方的需求，又能使需求方的库存量最小。JIT 采购要求在需要的时候把需要的品质和数量的产品送到需要的地点，需求方不再设立库存，只需进行少量临时的存放，生产一旦停止，这些临时性的存放也就消失，这样需求方就能真正实现零库存。

三、JIT 采购的意义

JIT 采购是基于供应链管理的一种先进采购方式，对供应链思想的实施具有重要意义，具体表现为以下几个方面。

（一）保证供应链企业的协同运作

JIT 采购采用订单驱动的采购模式，使上下游企业围绕订单进行运作，从而实现同步化和准时化。所以当下游企业的采购部门将采购订单交给供应商时，供应商就能准时交付；当需求发生变化时，采购订单也会发生相应的变化，而供应商也能够随之进行生产调整和供应调整，从而提高整个供应链的柔性和敏捷度，使其能迅速响应市场需求的变化。

（二）缩短订货提前期

在 JIT 采购模式下，供需双方就采购业务的多个方面达成统一意见，因此每一次采购时能够削减大量的非必要的程序化环节，从而减少不必要的浪费。供应方能够缩短交货时间，需求方就能在较短的时间里获得货物补充，进而提高生产运作效率，更好、更快地适应多变的用户需求和市场需要。

（三）降低企业采购成本

JIT 采购模式要求供需双方加强信息共享，提高质量，追求供应产品的零缺陷，精简采购过程中不必要的作业，进而减少双方在采购过程中的价格谈判、订单确认、质量检验、财务结算等环节的人力、财力、物力的消耗，降低企业的采购成本。

（四）降低供应链的库存成本

JIT 采购采用的订单驱动模式，使得整个供应链能够及时响应用户的需求，所以企业能够随时根据订单的变化，进行小批量多批次的采购，同时通过基于 JIT 思想的持续性的作业改进和库存降低，实现某种程度的零库存，降低整个供应链的库存成本，这有利于提高供应链企业的资金利用效率和供应链的盈利水平。

（五）发现供应链运作过程中的问题

传统的采购模式通常是为补充库存而进行采购，通过保持固定库存来满足企业生产运作的需要，但是高库存水平往往掩盖了供应链中的许多问题，比如某个供应商提供的零配件有缺陷，但因为有备用件库存，生产可以继续，所以这个问题可能就被掩盖、被忽视了。而在 JIT 采购模式下，企业追求低库存水平甚至零库存，任何零配件有缺陷，都有可能导致企业乃至整个供应链的生产中断，这也就将零配件的质量问题给暴露出来，使企业能够及时发现问题并采取应对措施，避免造成更大的危害和损失。

总之，JIT 采购体现了供应链管理的同步性、协调性和集成性，可以保证供应链的同步运作，提高供应链的运作效率，降低供应链的库存和成本，对供应链管理具有重要的意义。

四、JIT 采购与传统采购的区别

在传统采购模式下，供需双方是一种短期的交易关系。需求方以较低的价格向供应方发出订单，供应方则根据自身经营情况决定是否接受订单。因为这种交易行为是短期的，供应方的交付质量一般都不是很稳定，而且交货时间也较长，需求方在收货时需要进行来料质量控制（Incoming Quality Control，IQC），如果产品不合格则需要退回，产品合格方可入库。而需求方为了避免质量缺陷、供货时间延长、物资短缺、市场需求波动等情况，往往通过过量的采购来确保生产的顺利进行，这会引发"牛鞭效应"，使得整个供应链上的物料库存水平过高，生产成本居高不下，从而制约企业和整个供应链的发展。JIT 采购与传统采购有许多不同之处，主要表现在以下方面。

（一）供应商的数量不同

传统采购模式下的供应商数量较多，传统采购是多头采购，企业往往通过招标等价格竞争方式来进行供应商的评价和选择，由此达成的合作多是短期甚至临时的；而 JIT 采购模式下的供应商较少，甚至只有一个供应商，但是供需双方的合作往往是长期的，这有利于供需双方建立良好的合作关系，并且使供需双方不再仅仅着眼于短期的收益，而是通过长期合作实现双方收益的最大化。

（二）对交货期的准时性要求不同

JIT 采购强调供货的准时性，以订单为驱动力带动整个供应链的快速闭环调整，减少中间库存，通过与上游供应商的密切合作，实现信息与数据在企业内部、企业之间的顺畅流动，最终提升原材料采购、到货交付、生产制造等过程对于下游需求的响应速度。

传统采购中，需方企业更加看重采购成本的控制，对于交货期的要求较低，但 JIT 采购对交货期的要求非常严格，交货是否准时是整个供应链能否快速满足用户需求的关键，也是评判供应商优劣的重要因素。

（三）对信息交流程度的要求不同

在传统采购过程中，供需双方的信息交流主要集中在询价议价以及采购合同签订之前，一旦签订合同，双方关注的是合同的履行和交易的完成，彼此间的信息交流较少。然而，JIT 采购要求供需双方高度共享信息，同时保证信息的准确性和实时性。JIT 采购必须确保信息流通的准确性和及时性，因此需要以企业间充分的信息共享为支撑，以实现顺畅的信息交流，提高供需双方管理决策的效率和准确性，进而能够对外部环境和市场需求的变化采取及时的应对措施，提高供应链的整体反应速度，使供应链更好地适应市场需求的变化。

（四）制定采购批量的策略不同

传统采购通过少批次、大批量的采购来实现采购和运输的规模化，以获得较低的采购价格和运输成本，但这也会导致较高的库存成本和低下的运作效率。JIT 采购以小批量、多批次采购为主，甚至追求单件产品采购，以实现零库存、零缺陷，从而降低库存成本，提高供应链的运作效率。

（五）采购的目的不同

传统采购的目的是补充库存，采购计划的主动性不足，很难适应需求的变化。JIT采购以订单驱动采购活动，其目的是充分响应用户需求。在 JIT 采购中，采购部门通过协调采购作业与供应和生产之间的关系，使供应链能够准时响应用户需求，提高库存周转率和物流的速度。

（六）对供应商的评价指标不同

传统采购对供应商的选择往往基于产品价格或采购成本，而 JIT 采购对供应商的评价指标更加全面和系统，包括产品质量、交货准时性、快速反应能力、柔性、生产能力、地理位置等。科学系统地选择供应商，为供需双方建立长效、双赢的合作关系奠定了基础，也为 JIT 采购的实施提供了必要条件。

五、JIT 采购的实施步骤

JIT 采购凭借灵活高效的特点受到了众多企业的青睐，因此越来越多的企业开始引入 JIT 采购理念。虽然 JIT 采购具有众多优点，但其实施并非一蹴而就的，需要遵循系统科学的步骤，具体如下。

（一）创建准时化采购团队

专业化的高素质采购队伍对实施 JIT 采购至关重要。为此，首先应成立 JIT 采购的管理团队，该团队主要应做好两方面的工作：一方面要专门处理供应商相关事务，包括评估供应商的信誉、能力，与供应商谈判、签订准时化订货合同，向供应商发放产品免检证书，以及负责供应商的培训等；另一方面要专门负责消除采购过程中的浪费，主要包括对采购作业进行整理和分析，持续减少非必要环节、降低整体库存水平、降低交易成本等。

（二）制订 JIT 采购计划

企业应根据供应链管理目标或自身的采购目标，制订切实可行的 JIT 采购计划，并确保其有计划、有步骤地实施。该计划包括改进当前的采购方式、减少供应商的数量、正确评价供应商、向供应商发放产品免检证书等内容。在计划制订和实施过程中，企业要与供应商一起商定 JIT 采购的目标和有关措施，保持经常性的信息沟通。

（三）精选少数供应商，建立合作伙伴关系

企业应对现有供应商进行分析和评价，选择愿意且有条件实施 JIT 采购的供应商，与其建立合作伙伴关系。在选择供应商时应从这几个方面考虑：产品质量、供货情况、应变能力、地理位置、企业规模、财务状况、技术能力、价格、其他供应商的可替代性等。具体的选择方法和步骤可参考本项目任务五的相关内容。

（四）进行试点工作

企业可从某种产品或某条生产线开始，开展零部件或原材料的准时化供应试点。在此过程中，获得各个部门的支持尤为重要，特别是生产部门的支持。企业可以通过试点，总结经验，吸取教训，为正式实施 JIT 采购打下基础。

（五）进行供应商培训，确定共同目标

JIT 采购是供需双方共同开展的业务活动，仅靠需求企业的采购部门努力是不够的，还需要供应商的配合。只有供应商对 JIT 采购的策略和运作方法有了认识和理解，需求企业才能获得供应商的支持和配合，因此需要对供应商进行培训。

（六）向供应商发放产品免检证书

在 JIT 采购中，企业不需要对采购的产品进行多重检验，但需要对供应商的质量控制过程进行评价与分析，确定供应商的产品质量有保证后，可以向供应商发放产品免检证书。

（七）实现交货方式的转变

JIT 采购旨在实现企业的生产准时化，以充分响应用户需求，因此，供应商要实现从预测交货方式向准时化交货方式的转变。

（八）持续改进，扩大成果

JIT 采购是一个不断完善和持续改进的过程，企业需要在实施过程中不断总结经验教训，从降低运输成本、提高交货准确性、提升产品质量、减少供应链整体库存等方面进行改进，以不断提高 JIT 采购的运作绩效。

六、实施 JIT 采购的工作要点

为了保证企业 JIT 采购的顺利实施，并取得预期的管理成效，企业在实施 JIT 采购时，应该注意以下工作要点。

（一）和供应商建立互利合作的战略合作伙伴关系

JIT 采购策略的推行需要供需双方的密切合作和共同推进，需求方与供应方之间应建立起长期的、互利合作的新型关系，供需双方相互信任、相互支持，协调运作，以确保 JIT 采购的顺利实施。

（二）强调供应商的参与

JIT 采购不仅是企业采购部门的职责，它离不开供应商的积极参与。供应商的参与不仅体现在准时、按质按量供应企业所需的产品上，而且体现在积极参与企业的产品开发设计过程中。同时，企业也应该积极帮助供应商改善产品质量、提高劳动生产率、降低供货成本，鼓励并吸引供应商参与到 JIT 采购过程中，从而实现供需双方的互利共赢。

（三）与供应商共享生产、销售、客户需求等信息

企业通过与供应商共享企业生产计划、销售计划等信息，可以使供应商及时掌握企业的需求信息，提前安排生产，确保按时、按质、按量交货，从而实现 JIT 采购的目标。

（四）重视教育和培训

教育和培训能够使供需双方相关部门和人员充分认识到实施 JIT 采购的意义，并帮助他们掌握 JIT 采购的技术和标准，以便持续改进 JIT 采购，共同推进 JIT 采购的实施。

（五）加强信息技术的应用

JIT 采购建立在有效信息交换基础上，信息技术的应用能够保证需求方与供应方之间的信息交换和共享。因此，需求方和供应方必须加强对信息技术，尤其是电子数据交换、自动订货系统、电子商务等技术的应用，以更加有效地推行 JIT 采购策略。

（六）建立实施 JIT 采购策略的组织

企业领导应从战略高度来认识 JIT 采购的意义，并建立相应的组织以确保该采购策略的成功实施。这一组织不仅包括企业的采购部门，还应包括产品设计部门、生产部门、质量部门、财务部门等。通过协调各部门在 JIT 采购中的责任和作用，这一组织可以提出实施方案，具体组织实施，并对实施效果进行评价，从而实现对 JIT 采购的持续改进。

任务四 数字化采购

任务描述

无论是传统采购还是数字化采购，两者均由企业的采购需求驱动。然而，与传统采购相比，数字化采购的价值在于能够最大化引入适当数量的供应商、透明传递交易价格信息、全流程跟踪交易行为，进而为企业的采购成本降低、提升交易效率、合规风险规避等方面提供可实践的路径。本任务将系统介绍数字化采购的含义、特点、意义、执行过程等相关知识。

任务知识

一、数字化采购的含义

数字化采购是指使用大数据、云计算、人工智能、物联网及区块链等信息技术，通过采购业务将外部和内部利益相关者联系起来，实现采购流程的数字化管理和多方协同。

数字化采购不仅仅是采购系统的数字化，而是为实现供应链数字化转型迈出的重要一步。其核心在于实现采购系统与相关系统（如财务系统、生产系统、物流系统等）的集成并实现数字一体化，连同数字化技术形成"数字化采购网络"。

数字化采购的发展，可以说是信息技术发展与企业需求、行业发展等共同驱动而成的结果。其核心驱动力来自企业降低采购成本、提高采购效率、保持供应链及经营的稳定性等基本诉求。

数字化采购将企业采购流程迁移至线上平台，涉及企业内外的多个环节，包括订单下达、订单确认、计划制订、收发货、检验、收付款等。在这些环节中，企业通过利用大数据、人工智能、数据挖掘、区块链等技术，推动供应链上下游企业之间的密切合作，提高采购效率，降低采购成本。数字化采购的作业环节如图 5-2 所示。

图 5-2　数字化采购的作业环节

二、数字化采购的特点

数字化采购平台借助移动互联网、物联网等技术优势，将原来采购流程中许多只能线下进行的环节，转移到线上实时完成，突破了传统采购中企业仅局限于内部信息进行决策的限制，将信息获取范围扩大到企业的社会化交易网络，使信息同时服务于企业及其供应商、潜在交易伙伴，实现全业务流程的在线化、实时化。数字化采购的特点主要表现在以下 4 个方面。

（一）可预测寻源

数字化采购能够完善企业历史采购知识库，对供应商信息、价格、成本等进行科学分析与预测，优化寻源战略并为决策者提供可靠数据，解决采购部门普遍存在效率低下、历史数据无法追溯的问题，支持寻源部门达成透明协议，在节约采购成本的同时节约采购时间。

（二）可实现战略寻源转型

数字化采购能够为采购人员提供强大的协作网络，为企业挖掘更优质的供应商资源。通过智能分析和预测供应商的可靠性与创新能力，数字化采购为企业提供更具价值的供应商群体，从而实现战略寻源转型。

（三）供应商协作

数字化采购能够智能预测供应商的谈判场景与结果，并分析出最优供应商及签约价格，建立可预测的供应商协作模式；通过人工智能与认知计算技术，数字化采购可以分析和预测谈判双方的价格与成本，从而控制谈判风险并削减采购成本；在签约环节会自动识别合规且适用的条款，以确保合同的合规性。

（四）自动化采购执行

自动化采购执行是指自动感知物料需求，并基于规则自动进行审批、执行、付款和发货，从而加快采购交易的过程，有效管理风险，确保合规性，并提升采购执行效率。

传统采购与数字化采购的对比如图 5-3 所示。

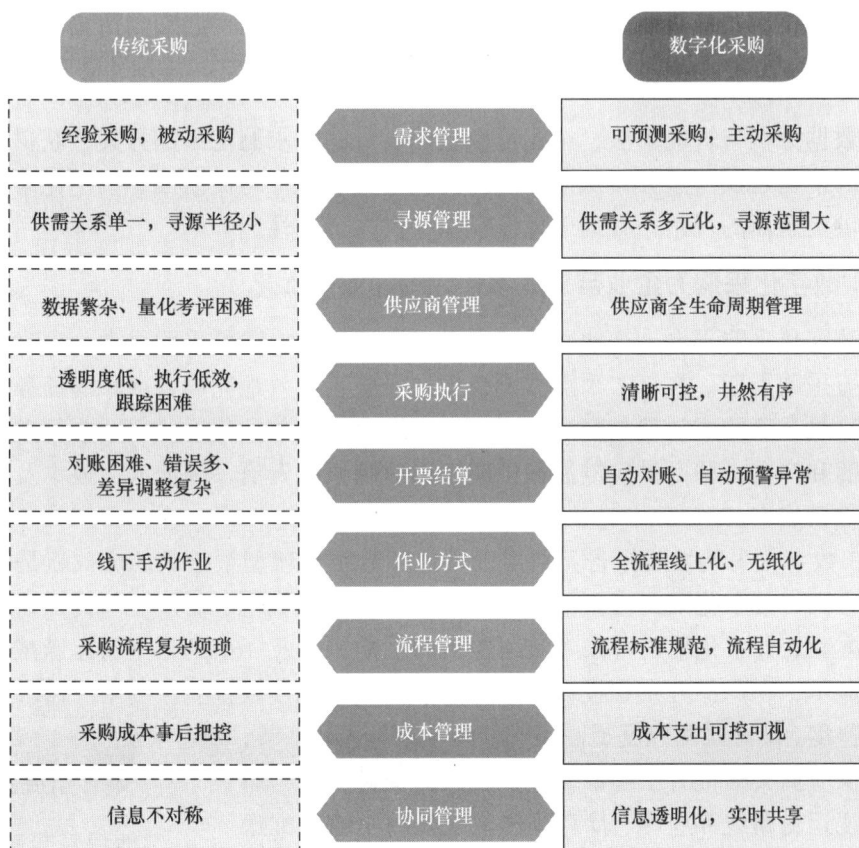

传统采购		数字化采购
经验采购，被动采购	需求管理	可预测采购，主动采购
供需关系单一，寻源半径小	寻源管理	供需关系多元化，寻源范围大
数据繁杂、量化考评困难	供应商管理	供应商全生命周期管理
透明度低、执行低效，跟踪困难	采购执行	清晰可控，井然有序
对账困难、错误多、差异调整复杂	开票结算	自动对账、自动预警异常
线下手动作业	作业方式	全流程线上化、无纸化
采购流程复杂烦琐	流程管理	流程标准规范，流程自动化
采购成本事后把控	成本管理	成本支出可控可视
信息不对称	协同管理	信息透明化，实时共享

图 5-3　传统采购与数字化采购的对比

三、数字化采购的意义

数字化采购基于数字技术，可将供应链上下游的工厂端、流通端、零售端汇聚到一个平台，满足供应链上生产、物流、零售、金融等环节的多方需求。数字化采购是企业数字化转型和供应链提升整体竞争力的重要手段。通过实施数字化采购，供应链上下游企业可以优化采购流程、降低成本、增强供应商管理、提高决策效率和风险防控能力。

（一）数字化采购提供更广泛的供应商选择

通过数字化采购平台，企业可以与全球各地的供应商进行交流与合作，获取更多的产品和服务，从而满足不同业务场景下的采购需求。从采购数字化的实践层面来看，数字化采购产品类型多样，能帮助企业实现智能化全流程管理。

（二）数字化采购提升采购流程的透明度与可控性

通过数字化采购平台，企业可以实时跟踪采购流程中的每一个环节，监控采购订单的执行情况，确保采购过程合规、透明，减少潜在的风险。运用数字化技术是促进企业采购合法合规的有效举措，数字化采购不仅能够实现采购数据的全程留痕与可视化，还能够提供多元化的监管手段，将合法合规落到实处。

（三）数字化采购提供个性化的采购方案与服务

通过数据分析与智能算法，企业可以根据自身的需求制定采购方案，获得更加符合实际情况的采购建议与服务，从而提高采购决策的准确性与灵活性。数字化采购能够为决策者提供更全面的视角，有助于降低风险并提高合规性。

（四）数字化采购为企业带来成本和效率的双重优化

通过数字化采购平台，企业可以减少人力资源投入，降低采购成本，同时提高采购效率，缩短采购周期。在年末采购季能够更加轻松、高效地完成各项采购任务。供应链数字化转型最显著的成效就是降本。通过供应链全链路数字化手段，企业可以更规范地管理供应商和产品，精简供应链流程，减少供应链执行人员，降低人力成本及相关供应链管理和运营成本。

《2023 数字化采购发展报告》指出，供应链数字化转型最显著的成效就是降本，在显性成本方面，数字化采购可以平均降低约 13%的价格成本、缩短 29%的采购时间；在隐性成本方面，数字化采购可以降低约 34%的采购成本及 46%的供应链运营成本。亿邦动力调研显示，在产品开发和设计环节，数字化供应链可以智能预测用户需求，提高供应链响应速度，供需匹配程度提高 15%；在寻源与选品环节，智能筛选供应商大幅提升了寻源效率；在履约交付环节，通过智能调度运输路线和仓库，库存周转率提升约 16%，配送时间缩短 12%。这些都是企业通过数字化采购实现提质增效的有力成果。

> **拓展案例**
> 一组数据看我国数字化采购蓬勃发展

四、数字化采购的执行过程

数字化采购的执行是一个复杂而重要的过程，以下是对每个阶段的详细描述。

（一）规划和准备

在规划和准备阶段，企业需要明确数字化采购的目标，例如提高采购效率、降低采购成本、优化供应商管理等。然后，企业要根据目标选择合适的数字化采购工具，比如基于云端的采购管理系统、智能采购平台等。此外，企业需要对采购人员进行培训，让他们了解和认可数字化采购，降低甚至消除采购变革中的阻力。

（二）数据整合和分析

在数据整合和分析阶段，企业需要采集、清洗、分类、分析和挖掘采购数据。这些数据可以帮助企业更好地理解采购需求、市场趋势和供应商情况，从而做出更明智的采购决策。例如，通过对历史采购数据的分析，企业可以发现采购价格的趋势和规律，从而更好地预测未来的采购需求。此外，通过对供应商数据的分析，企业可以识别优秀的供应商，并制定更加科学的供应商评估标准。

（三）制定方案

在制定实施方案阶段，企业需要根据数字化采购的目标，制定科学的实施方案，明确实施步骤及责任主体。具体来说，实施方案应包括以下几个方面。

1. 采购系统的部署

企业需要选择合适的采购系统，并对采购系统进行部署，包括硬件和软件的安装、配置和测试等。

2. 数据迁移和集成

企业需要将原有的采购数据迁移到新的系统平台上，并将其与其他相关的系统进行集成，例如财务系统、库存管理系统等。

3. 员工培训

企业应对员工进行数字化采购相关培训，使员工了解数字化采购的优势和应用方法，并推广数字化采购的理念。

4. 系统优化和改进

在系统上线后，企业应根据用户反馈和实际应用情况，对系统进行优化和改进，以提升系统的使用效率和用户体验。

（四）实施方案

在这一阶段，企业需要按照实施方案进行数字化采购系统的部署、调试和优化，同时提升员工的数字化采购意识和采购理念。这个阶段是数字化采购执行的核心阶段，企业需要严格按照实施方案进行操作，确保数字化采购顺利进行。同时，企业还需要及时处理可能出现的问题和风险，确保数字化采购顺利实施。

（五）运营维护

在运营维护阶段，企业需建立数字化采购系统的定期维护制度，确保系统安全运行并持续更新完善。同时，企业应定期制定数字化采购的评估标准，以评估数字化采购的运营效果，比如采购效率的提升、采购成本的降低等。此外，企业还需及时收集用户反馈，了解用户对数字化采购系统的使用情况和该系统存在的问题，并及时改进，以提升系统的使用效率和用户体验。

五、企业数字化采购转型的递进发展

企业要实现数字化采购管理，需要制定明确的战略规划、组建数字化采购团队、建立供应商管理系统、运用电子商务平台、应用大数据和人工智能技术、加强与供应商合作，并持续优化数字化采购管理。通过这些措施，企业可以提高采购效率和供应链竞争力，实现可持续发展。

数字化采购转型有不同的路径。在从采购电子化向数字化供应链进阶的过程中，以及从数字化采购向数智化采购进阶的过程中，企业都会经历数字化供应链发展的5个阶段，分别是线上化阶段、集成化/协同化阶段、自动化阶段、智能化阶段和生态化阶段。

（一）线上化阶段：以订单在线为基础特征，带动全链条线上化运行

线上化阶段是数字化采购转型的第一个阶段。这一阶段的企业以订单在线为基础特征，推动整个供应链线上化运行。企业采购和供应链业务全面上线运行，从订单在线开始，逐步扩展至采购全流程、全组织线上化，采购业务全面数据化，采购流程更加透明。同时，线上化运行积累了大量的数据，让采购数据更加清晰。线上化也让采购的各个环节连接起来，为后续的集成化/协同化打下了基础。

（二）集成化/协同化阶段：打破资源壁垒，实现产业链互联互通

集成化/协同化阶段是数字化采购转型的第二个阶段，这一阶段的企业打破了资源壁垒，实现了产业链的互联互通。在数字化供应链中，内外系统的接入和整合实现了系统的集成化，将供应链的各个节点连接起来。同时，统一产品标准，打通各类型仓储和配送资源，连接外部金融机构等服务机构，使产业链各环节之间可以高效沟通和高效配置资源，进而实现整个产业链各个环节的互联互通。

（三）自动化阶段：数据化推动采购全流程自动化

自动化阶段是数字化采购转型的第三个阶段。这一阶段的企业通过数据化推动采购全流程自动化。采购业务全面数据化可以实现采购全流程各环节业务的自动化处理，包括需求的自动归集与汇总、自动分发，基于规则的订单自动下达，招采环节的响应要素自动评审，供应商相关市场信息的自动收集，出入库自动感知，库存自动盘点及自动计量等功能。

（四）智能化阶段：以数据和技术为驱动，实现智能化采购

智能化阶段是数字化采购转型的第四个阶段。这一阶段的企业以数据和技术为驱动，实现智能化采购。数字化采购平台通过底层系统集成，使供应链各环节的数据实现贯通与共享；同时，通过人工智能等创新技术，运用智能算法对供应链各环节的数据进行动态分析和预测。比如在寻源方面，数字化采购平台可以智能筛选优质供应商、智能制定寻源决策；在供应商管理方面，智能评价供应商、优化供应商资源。

（五）生态化阶段：产业链联通，实现数字供应链智能协同

生态化阶段是数字化采购转型的最后一个阶段。这一阶段企业通过使用一体化的采购与供应链数字化平台或集成化的采购管理系统，将企业内部采购系统与外部供应商、物流商等的信息系统或数字化平台集成共享。这样就可以实现生产协同、需求协同等内外全面协同，以及供应链的供需实时响应、协同制造、采购全程实时跟踪与追溯等功能，形成共享、共赢的生态体系。

任务五　数字化供应链环境下的供应商管理

任务描述

供应商的选择是企业的重要决策。优秀的供应商通常具备制造高质量产品的技术、充足的生产能力，以及能够在获得利润的同时提供有竞争力的产品，从而为企业发展带来巨大的推动作用。在数字化供应链环境下，选择合适的供应商对于增强供应链的整体竞争力具有重要意义。本任务将介绍数字化供应链环境下供应商管理的含义、供应商的选择与评价等相关内容。

任务知识

一、供应商管理的含义与目标

在发达国家，原材料采购成本一般占产品单位成本的 40%～60%，大型汽车制造企业的外购件成本占销售额的 50% 以上。采购过程中 30% 的质量问题和 80% 的产品交货期问题是由供应商引起的。因此供应商及其绩效对核心企业甚至整个供应链的绩效都有着重要的影响，对供应商的管理也就成为众多企业关注的重点问题。

供应商管理是指对供应商的了解、选择、开发、使用和控制等综合性管理工作的总称，它是一种致力于实现与供应商建立和维持长久、紧密的合作伙伴关系，旨在改善企业与供应商之间关系的新型管理方式。

供应商管理可以帮助企业在长期发展中，选择诚信可靠的供应商，与供应商建立长期合作伙伴关系，从而实现利益最大化。一般来说，供应商管理是一种科学的管理方法，

旨在减少总采购成本，将风险降至最低。为了保证获取充足的产品或服务供给，并保持低成本，企业需要与供应商合作以取得供应商的支持与配合。

供应链环境下的供应商管理要求企业在战略方面考虑以下 3 个问题。

（1）设计一种能够最大限度地降低采购风险的供应商结构体系。

（2）与供应商建立一种能够促使供应商不断降低成本、提高质量的长期合作伙伴关系。

（3）使企业能够以最低总成本进行采购活动。

根据以上 3 个战略方面的要求，企业的供应商管理应该实现以下 5 个具体的目标：获得满足企业质量和数量需求的产品和服务；以最低总成本获得需要的产品和服务；确保供应商能够提供最优的服务并及时送货；发展和维持良好的供应商关系；开发潜在供应商。

二、供应商管理的内容

在数字化供应链环境下，企业十分重视供应商管理，尤其是注重供应商关系管理和培育战略伙伴型供应商。为了满足供应链管理的需要，企业可以从以下几个方面对供应商进行管理。

（一）严格选择供应商

企业在选择供应商时，不仅要对供应商的产品质量、价格、交货能力、技术装备、资信、研发能力等进行评估，还要对其领导更迭、管理状况、财务状况、劳动力状况等进行评估，强调不仅要把不合格的产品拒之门外，更要把不合格的供应商拒之门外。

（二）注重培育相对稳定的战略伙伴型供应商

培育战略伙伴型供应商是供应链理念的具体体现，其突出特点是强调合作，企业在合作过程中不再单方面地一再压价，而是给予供应商一定的盈利空间，与供应商共同发展，共享资源，以便得到长期、稳定、低成本的产品或服务供应。

（三）建立供应商数据库，对供应商实施动态考评

供应商数据库可以充分反映供应商各方面的能力、技术发展趋势，以及价格、服务、信誉等情况，采购人员应在企业与供应商完成交易后，立即规范地填写供应商评价表，并将相关信息输入供应商数据库，及时对供应商信息进行更新，作为日后评价和选择供应商的依据。

（四）不断优化供应商结构，建立相对集中和固定的供应商网络

许多企业都经历了供应商数量减少的过程，经过精心筛选，企业在采购物资时聚焦于少数信誉好、质量优的供应商。这不仅便于提高物资质量和控制风险，而且使企业在与供应商的价格谈判中处于优势地位。同时，少数供应商因成为企业的战略伙伴，其产品生产成本大幅下降，这为企业进一步降低采购成本拓展了空间。

三、供应商的分类

供应商是向企业供应各种所需资源的组织或个人，根据采购金额和供应风险的不同，供应商可以分为战略型供应商、瓶颈型供应商、杠杆型供应商及一般型供应商4类，如图5-4所示。

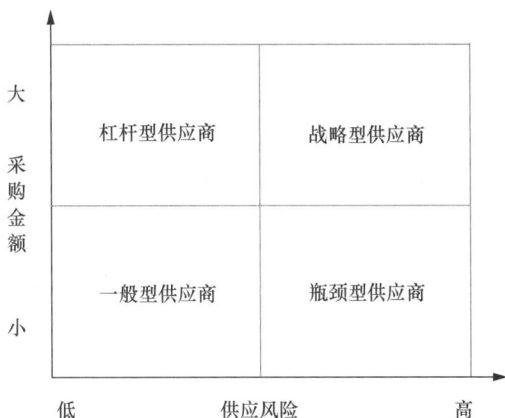

图5-4　供应商分类

（一）一般型供应商

这类供应商指采购金额较小，供应风险较低的供应商，它们通常提供维护、维修、运行（Maintenance，Repair，Operation，MRO）产品，比如办公用品与设备、备品备件、实验仪器与试剂、劳保用品、低值易耗品等。它们与企业之间有交易，但是合作具有偶然性且时间短暂，因此这类合作没能得到企业和供应商的关注。该类供应商在供应链中具有强烈的波动性，又被称为通用供应商。

（二）杠杆型供应商

杠杆型供应商指采购金额很大，但供应风险很低的供应商。杠杆型供应商有3个显著特征，即标准件、同质化与竞争性。它们通常提供标准件，产品的同质化程度较高，同时它们所处的供应市场形态属于竞争性的，也就是说，该市场中有多个供应商可提供相同的产品，这些产品间没有显著差异。

（三）瓶颈型供应商

瓶颈型供应商指采购金额较小，但供应风险很大的供应商。瓶颈型供应商也有3个显著特征，即风险性、定制性与垄断性。它们通常提供非标准件，产品的同质化程度很低，产品常常是定制的或者客户有特殊要求的，同时它们所处的供应市场形态属于垄断性的，技术、政策、行业、资金等方面的原因都有可能造成这种垄断。

（四）战略型供应商

战略型供应商是指采购金额较大，供应风险也很高的供应商。它们通常提供战略性的物资，对企业的产品质量、成本及交货保障至关重要。这样的供应商不仅为企业提供重要生产零部件或资源，而且是同一行业的领导者，拥有较强的产品开发与创新能力，向企业提供新产品以推动企业向前发展，对于企业发展具有重要作用。

不同种类的供应商在采购金额、供应风险等方面对企业的管理运作产生不同的影响。针对不同供应商在企业经营管理中的作用，企业应采取不同的合作策略。各类供应商的对比如表 5-2 所示。

表 5-2　各类供应商的对比

供应商类别	具体含义	特征	管理要点
一般型供应商	采购金额不大、供应风险低	产品都比较简单、易消耗	精简内部流程、用简单方法采购
杠杆型供应商	采购金额大、供应风险低	标准件、同质化、竞争性	杠杆作用最大化、价格越低越好
瓶颈型供应商	采购金额小、供应风险高	风险性、定制性与垄断性	降低风险、保障供应
战略型供应商	采购金额大、供应风险高	提供战略型物资，采购商关注产品质量、成本、交货保障	建立双赢的伙伴关系，长期合作

四、供应商的选择

供应商的选择是供应商管理的重要环节之一，许多成功企业的实践证明，企业在选择供应商时，应细致深入地调查研究，全面了解每个潜在供应商的各方面信息，结合实际情况，择优选择。

（一）供应商选择的原则

企业在选择供应商过程中，需要遵循以下原则。

1. 目标定位原则

这一原则要求企业在供应商选择过程中，应围绕自身采购目标，注重增加对供应商考察的广度和深度，根据采购物品的质量特性和采购数量要求去选择合适的供应商，确保选择的供应商能够满足企业的采购需求，帮助企业减少风险，控制采购成本，从而推动企业发展。

2. 优势互补原则

在数字化供应链环境下，供应商不仅要在供应能力、价格等方面满足企业要求，还应该具有某方面的独特优势，能够弥补企业的不足或增强企业的优势，使供需双方实现优势互补，共同发展。

3. 择优录取原则

在满足采购需求的前提下，企业应优先选择那些在行业内具有独特优势或处于领先地位的供应商。这类供应商能够增强整个供应链的活力和优势，有助于提高供应链的整体竞争力。

4. 共同发展原则

在当前市场竞争激烈的大环境下，企业需要供应商支持和配合自己的发展规划，双方应该重视彼此的利益，建立互惠互利、合作共赢的伙伴关系，实现共同发展。

（二）供应商选择的关键因素

在选择供应商时，企业应该重视战略一致性和适应性、供应商的品牌影响力、供应商的长期合作意愿、供应商共担风险的意愿、信息的开放性与透明性等关键因素，选择符合自身采购要求的供应商。

1. 战略一致性

供应商的战略应当与企业的战略具有一致性，最基本的要求是都认同供应链管理思想，这样双方才有可能建立符合供应链管理要求的合作关系。所以，战略的一致性是双方长久合作的基础和保障。

2. 供应商的品牌影响力

供应商的品牌影响力关系直接到企业产品销售的难易程度和效率。如果供应商的品牌具有较高的知名度，则有利于提高企业的产品在市场上的认可度。例如很多手机品牌进行产品宣传和市场推广时，往往强调其零配件由某一知名供应商提供，以体现自身产品的质量过硬或功能强大。

3. 供应商的长期合作意愿

供应链采购模式的建立，需要供需双方形成战略合作关系，因此供应商的长期合作意愿是供应链采购模式建立的思想基础。

4. 供应商共担风险的意愿

供应链采购实施过程中，难免会存在一定风险。比如在 VMI 模式下，供应商承担了部分库存管理的职责，导致其库存成本和风险增加，这就要求其有较强的风险意识，并且愿意承担也有能力承担相关风险。当然，供需双方共担风险，也应该共享收益，以确保供应链管理过程的公平公正。

5. 信息开放性与透明性

为了提高采购效率和降低采购成本，供需双方应加强信息交流与共享，因此，在选择供应商时，企业应该关注供应商在信息开放性和透明性方面的表现，以满足企业在供应链管理过程中对信息收集、传输、处理等方面的要求，保证供应链企业内部信息的顺畅流通。

五、供应商管理机制

为了规范供应商管理流程，建立统一的供应商管理体系，确保供应商管理的合理性、准确性、及时性和有效性，企业应该从以下几方面建立供应商管理机制。

（一）建立面向供应商的奖惩制度

为了更好地突出供应商的战略地位，企业应建立良好的合作机制和奖惩制度，对优秀供应商予以奖励，对不合格供应商予以警告、惩罚或淘汰，真正实现奖优罚劣。实行奖惩制度，能够充分调动供应商的合作积极性，有效抑制供应商在交易过程中的不规范行为，进一步优化整个供应商网络。

（二）建立内部供应商管理责任追究制度

为更好地进行供应商管理，提高供应商管理质量，提升供应商管理部门的工作积极性，企业应建立面向供应商管理部门的考核机制，对其进行评估，实现奖优罚劣，促使供应商管理更加规范化、制度化和透明化。为了确保供应商管理人员的素质不断提高，企业应加大对供应商管理过程的考核力度，逐步建立对在供应商准入、考评和淘汰过程中弄虚作假的个人和组织的责任追究制度，形成规范有序的考评环境。

（三）引入竞争机制

企业应建立供应商资格预审制度，使大量具有资格的供应商成为潜在的交易供应商，从而使交易供应商，特别是主力供应商产生压力，进而形成动力，以竞争优化结构。在交易过程中，企业应努力营造公平的竞争环境，使竞争成为考核供应商经营风险和市场压力承受能力的工具。

（四）建立供应商评价公开机制

在供应商评价过程中，企业应采用公开、透明的方式对供应商进行评价，并将评价结果以特定形式公开或共享给利益相关方，以确保评价的公正性、客观性和准确性，同时促进供应商之间的良性竞争和持续改进。供应商评价公开机制可以从以下几方面开展。

1．评价标准公开

企业应制定明确的供应商评价标准，并将其公开给所有供应商，以便供应商了解评价的具体内容和要求。

2．评价过程公开

在评价过程中，企业应遵循公开、公平、公正的原则，确保评价过程的透明度和客观性。

3．评价结果公开

企业应将评价结果以适当的方式公开给利益相关方，如企业内部相关部门、供应商、客户等。公开的形式可以包括报告、公告或网站等。

六、供应商评价

（一）供应商评价指标体系构建原则

评价指标体系的构建是供应商选择的关键步骤，其目的是为选择符合企业发展要求的供应商建立评价标准。随着市场环境日益复杂，以及全球化、信息化不断的发展，影响供应商选择的因素越来越多。因此，企业选取的供应商评价指标既要全面反映供应商的整体情况，又要具备可操作性。

供应商评价指标体系的构建要遵循以下原则。

1. 系统性原则

供应商评价指标体系的设置应能够反映供应商多方面的情况，具有代表性且不重叠，确保对供应商进行系统评价，评价结果能够客观反映供应商全貌，以便决策者做出正确判断。

2. 简明科学性原则

供应商评价指标体系不应过于复杂，既要能准确如实地反映供应商的真实状况，又要简明扼要、便于分析，并且供应商可以通过相应指标与同行业的国内外竞争者进行客观对比，完成自我完善和改进。

3. 灵活可操作性原则

企业在选择评价指标时，应评估指标是否易于量化。无法或难量化的评价指标应避免列入供应商评价指标体系，企业应保证评价人员能够较容易地掌握和运用供应商评价指标体系。

4. 可扩展性原则

随着管理理论及市场环境的发展与变化，新的评价指标会不断产生，不同评价指标在不同时期的重要性也会发生变化。因此，供应商评价指标体系应具备扩展性，企业可根据自身情况对评价指标进行调整。

5. 定性与定量分析结合原则

供应商评价指标体系应综合应用定性和定量指标。对于定性指标，应设置相应标准进行量化赋值；对于定量指标应规定明确的计算或计量规则，以确保评价人员评估的一致性。

（二）供应商评价的步骤

供应商评价是采购管理的关键环节，也是采购活动质量的重要影响因素。在供应链中处于核心地位的企业应通过合理的步骤、科学的评价标准及评价方法完成供应商评价，为企业的生产活动奠定良好的基础。遵循合理的评价步骤有助于提高供应商评价过程的效率，保证供应商评价的质量。供应商评价的步骤如下。

1. 明确供应商评价的目标

企业开展供应商评价工作前，应先明确供应商评价的目标，例如，是为了选择合适的供应商，还是为了对供应商进行控制和引导。只有确定了供应商评价的目标，才能够选择合适的评价方法和评价标准，使整个评价过程有的放矢，有章可循。

2. 开展供应商审查及调研

为保证供应商评价工作的效率及质量，在正式进行供应商评价之前，企业应对各个供应商进行深入的调研及实地考察。考察内容包括 ISO 管理体系认证、生产规模、技术水平、财务状况、人员情况等。通过初步审查的供应商才有资格进入下一阶段的评价工作，避免在评价过程中被资质不足或不良的供应商干扰，浪费资源。

3. 组建评价小组

评价指标中通常会有部分指标是定性指标，因此评价小组应由行业内的专家或企业内拥有丰富采购经验的人员组成。同时，评价小组的组成人员还应包括与采购活动相关的部门的人员，如生产部门、质量控制部门、工程部门等以确保评估结果的全面性和专业性。

4. 确定评价指标体系和评价方法

评价准则及指标是对供应商进行评价的依据，可以反映供应商的不同属性。合理的评价指标体系和评价方法能够全面反映企业对供应商的要求，有助于企业做出正确的决策。评价指标体系应根据行业及企业的特点来确定，评价方法应具备可操作性以确保评估结果的科学性和可靠性。

5. 评价方案实施

企业以规范的评价指标体系为基础，按照事先确定好的评价方案对供应商进行评价，对评价结果进行排序，为最终决策提供客观依据。

6. 评价结果应用

结合本次评价的目标，企业以评价结果为决策依据，做出相应决策，例如可以根据评价结果选择供应商、确定供应商的重要性，以及与供应商的合作关系等。

7. 评价结果反馈

根据供应链管理和企业实际需要，企业可以选择向供应商展示评价结果，并做出合理解释，以帮助供应商发现问题、查漏补缺，提高供应商参与评价的积极性，也可以通过评价引导供应商的管理决策，进而提高供应水平。

总之，供应商作为供应链的源头，负责制造资源的输入，它的业绩直接影响核心企业的交货水平、产品质量、交货提前期、库存水平、产品设计、用户满意度等方面，进而会影响整个供应链的业绩。在现今的数字化供应链管理环境下，下游的制造商与上游供应商有着密不可分的关系。因此，供应链企业应该加强对供应商的选择和管理，确保原材料、零配件等外部资源的有效供给，保障供应链管理及运作的顺利进行。

能力测试

一、单选题

1. 在传统采购中，采购的目的是（　　）。
   A. 满足需求　　B. 补充库存　　　C. 提高效率　　　D. 降低成本
2. 在供应链环境下，需求方和供给方是（　　）关系。
   A. 纯粹的买卖关系　　　　　　　B. 简单的交易关系
   C. 单纯的供需关系　　　　　　　D. 长期的合作伙伴

3. JIT 采购强调供货的（　　　），以订单为驱动力带动整个供应链的快速闭环调整。

  A. 成本   B. 质量   C. 准时性   D. 生产过程

4. 供应商管理可以使企业在长期发展中，选择诚信可靠的供应商，与供应商建立长期合作伙伴关系，从而实现（　　　）。

  A. 成本最低 B. 利益最大化 C. 时间最短 D. 效率最高

二、多选题

1. 数字化在供应链环境下，常用的采购方法有（　　　）。

  A. 订货点采购   B. ERP 采购

  C. JIT 采购   D. VMI 采购

  E. 电子采购

2. 数字化供应链环境下的采购流程大体上可以分为（　　　）等主要的阶段。

  A. 需求分析   B. 采购计划制订

  C. 供应商评价   D. 采购作业实施

  E. 采购监控

3. ERP 系统的发展经历了（　　　）等阶段。

  A. MIS 阶段   B. MRP 系统阶段

  C. MRP II 系统阶段   D. ERP 系统阶段

  E. iERP 系统阶段

4. 供应商按照采购金额、供应风险可以分为（　　　）。

  A. 战略型供应商   B. 瓶颈型供应商

  C. 杠杆型供应商   D. 一般型供应商

  E. 重点型供应商

三、简答题

1. 采购管理在供应链中的作用体现在哪些方面？

2. ERP 采购管理的要点是什么？

3. 企业实施 JIT 采购的意义有哪些？

4. JIT 采购与传统采购的区别有哪些？

5. 数字化采购的意义有哪些？

06 项目六

数字化供应链环境下的生产管理

【项目描述】

数字化供应链环境下的生产管理是供应链管理活动的重要组成部分。企业通过生产计划工作，制定生产系统优化运行的方案；通过生产控制与协调工作，及时有效地调节企业生产过程内外的各种关系，使生产系统的运行符合既定生产计划的要求，实现预期目标；而数字化供应链环境下的业务外包使企业专注于核心业务，从而提高产品质量，增强竞争力。本项目将重点介绍数字化供应链环境下的智能生产计划、智能生产控制、智能生产协调等3 种供应链管理活动，并介绍数字化供应链环境下的企业生产业务外包相关知识。

【项目目标】

知识目标

1. 了解数字化供应链环境下的智能生产计划、智能生产控制、智能生产协调机制、企业生产业务外包的概念

2. 了解数字化供应链环境下的智能生产计划的特点

3. 了解数字化供应链环境下的智能生产控制的内容

4. 了解数字化供应链环境下的智能生产协调机制的分类

5. 掌握数字化供应链环境下的企业生产业务外包的原因

技能目标

1. 掌握数字化供应链环境下智能生产计划的制订

2. 掌握数字化供应链环境下实现智能生产控制的方法

3. 掌握数字化供应链环境下实现智能生产协调的方法

4. 掌握数字化供应链环境下的企业生产业务外包的主要方式

素质目标

1. 学以致用，把所学知识应用到工作中

2. 培养对新事物、新知识的接受和学习能力

3. 突破传统思维，创新传统工作流程

【引导案例】

数字化供应链环境下幻想公司的生产管理

幻想公司（Fantastic Company）设计出一款奇妙的家庭影院系统配备宽银幕电视和环绕立体声的，如图6-1所示。它能满足特殊需要并能给人留下深刻的印象。但是该产品所需的电子设备由12个不同的供应商的元件构成。在最初阶段，幻想公司雇用了大量的采购经理和员工对每个供应商的元件进行质量控制和发货管理。这也对幻想公司的生产部门提出了挑战：任何供应商的发货出现问题，都会降低生产率。经过一段时间的运营后，一些存在质量问题的供应商不得不被换掉。

图6-1　家庭影院系统

几个月后，一家供应商决定停止生产为幻想公司提供的某种元件。并生产出一种新的与原来的元件具有相似特征的元件，但与原来的元件不一样。由于幻想公司的家庭影院系统与新的元件不能匹配，所以幻想公司的工程师开始重新设计系统的这个组成部分以保证它能使用新元件，这时，幻想公司不得不暂时中止家庭影院系统的生产。在这期间，幻想公司的客户开始流失到它的竞争对手那里。

思考：供应链管理环境下，单个企业的生产制造活动会对供应链上的其他企业的生产制造系统产生哪些方面的影响？

任务一　数字化供应链环境下的智能生产计划

任务描述

供应链是一个跨越多厂家、多部门的网络化组织，供应链生产计划以核心企业为龙头，将各个供应链企业有效地组织起来，优化整个供应链的资源，以最低的成本和最快的速度生产最优的产品，从而达到快速响应市场和用户需求的目的。学习掌握供应链环境下智能生产计划的内涵、特点及供应链生产计划面临的问题，对于制订一个有效的供应链生产计划至关重要。

任务知识

一、智能生产计划的内涵

随着科技的不断发展，智能化已经成为各行各业的发展趋势。在制造业中，智能化的应用越来越广泛，其中智能生产计划是一个非常重要的领域。

智能生产计划是指利用先进的信息技术和智能化技术，对生产计划进行全面、精细、动态的管理和控制。通过智能化的手段，供应链企业可以实现生产计划的自动化、智能化、高效化，提高生产效率和质量，降低生产成本，增强竞争力。

智能生产计划是关于供应链企业生产运作系统总体方面的计划，是供应链企业对计划期应达到的产品品种、质量、产量和产值等生产任务的计划和对产品生产进度的安排。它反映的并非某几个生产岗位或某一条生产线的生产活动，也并非产品生产的细节问题或者具体机器设备、人力和其他生产资源的使用安排问题，而是指导整个供应链在计划期内的生产活动的纲领性方案。它的核心是生产物流计划的编制工作，即根据计划期内确定的产品品种数量、期限，以及发展变化的客观实际，具体安排产品及其部件在各个企业、各个生产环节的生产进度和生产任务。智能生产计划的具体任务包括以下几个方面。

（一）保证完成生产计划

为了保证按计划规定的时间和数量生产各种产品，供应链企业需要研究物料在生产过程中的运动规律，以及在各个工艺阶段的生产周期，以此来安排生产时间和数量，并使供应链内各个企业和生产环节中的在制品结构、数量和时间相协调。

（二）创造均衡生产条件

均衡生产是指企业间及企业内车间、工段、工作地等各个生产环节，在相等的时间段内，生产等量或平均数量的产品。

均衡生产的要求：每个生产环节都要均衡地完成所承担的生产任务；不仅在数量上均衡生产，而且各个阶段的物料要保持一定比例；尽可能缩短物流周期，同时保持一定节奏。

加强对在制品的管理，缩短生产周期，保证在制品、半成品的合理储备，是保证物料连续进行生产的必要条件。在制品过少，会使物流中断，影响生产的顺利进行；反之，又会造成物流不畅，延长生产周期。因此，对在制品进行合理控制，既可减少在制品占用量，又能使各个生产环节实现正常衔接，按生产计划有节奏地、均衡地组织物流活动。

（三）制订生产物料计划

生产物料计划是指为保证生产顺利进行而编制的生产物料供应计划，是各供应链企业在计划期内从事生产物料供应活动的行动纲领。它与供应链整体的物流能力、物料需求、制造需求、采购需求等紧密联系在一起。生产物料计划的核心是生产作业计划的编制工作，即根据计划期内确定的产品品种、数量、期限，以及发展变化的客观实际，具体安排产品及其部件在各个生产环节的生产进度和生产任务。

在市场经济体制下，市场对资源配置起基本作用，竞争机制、供求机制、价格机制调节着市场运行。原材料、设备、动力等生产物料的购进都受到市场因素的影响，市场的波动通过影响生产物料的购进而影响产品的生产成本和竞争能力，因此，如何在市场经济环境下做好生产、物流、供应工作，将成为供应链生产活动的重要环节。

供应链的生产物料计划主要包括以下内容。

（1）确定供应链整体在计划期内的生产物料需用量。

（2）确定生产物料的消耗定额。

（3）清查供应链企业的库存资源，经过综合平衡，编制出物料需求计划，并组织实施。

二、智能生产计划的特点

供应链管理的主体是由多个互为利益主体、相互独立的企业共同组成的联盟，这些企业间既是合作关系，又是竞争关系，因此在制订生产计划时，一方面要考虑自身的利益诉求，另一方面要兼顾其他供应链企业的生产及发展需求。在这一形势下，企业决策人员在制订生产计划时必须转变以往封闭、狭窄的思维模式，形成横向、开放性的思考方式。智能生产计划的特点是生产计划的智能化。具体而言，传统的生产计划主要依靠人工制订和调整，存在着计划制订不准确、计划执行不及时、计划调整不灵活等问题。而智能生产计划则可以通过数据分析、模型建立、算法优化等手段，实现生产计划的自动化制订、动态调整和实时监控，从而提高生产计划的准确性和灵活性。数字化供应链环境下的智能生产计划与传统生产计划主要有以下几点区别。

（1）传统生产计划中，企业仅考虑自身利益，而数字化供应链环境下的智能生产计划要求企业兼顾上下游企业的发展需要。

（2）传统生产计划中，企业只关注自身资源的管理和调度，而数字化供应链环境下的智能生产计划要求企业必须权衡供应链总体资源的配置工作及调度工作。

（3）传统生产计划中，企业过度依赖生产订单，对信息共享没有太高要求，或者仅局限于企业内部各部门之间进行信息共享，而数字化供应链环境下的智能生产计划要求企业根据其他供应链企业的信息来调整生产计划，以实现整个供应链的协同运作，对企业间的信息共享有极高的要求。

（4）相较于传统生产计划，企业在数字化供应链环境下制订生产计划所要考虑的约束条件在整体层面上较多，而在局部层面上较少。这是因为企业在进行整个供应链的生产计划决策时要充分权衡各供应链企业的资源约束，而各供应链企业进行生产计划决策时，能够借用上下游企业的资源，因为受到的资源约束相对较小。

拓展案例

在智能化时代，世界各国都制订了哪些智能制造计划？

（5）在数字化供应链环境下，整体生产计划要求保持高度同步。数字化供应链环境下的智能生产计划注重协同生产，核心企业将产品组装、零部件生产等任务外包给其他企业，各供应链企业必须加强信息的共享和交互，保持生产活动的高度协调，使整体生产计划良好运行，进而实现上下游企业间产品供需的完美对接。

三、智能生产计划面临的问题

数字化供应链管理环境下的智能生产计划与传统生产计划有显著不同。在供应链管理环境下，企业与具有战略伙伴关系的其他企业可以通过在物流、信息流和资金流等方面的紧密合作实现对自身制造资源的拓展。企业在制订智能生产计划的过程中，主要面临以下几个方面的问题。

（一）柔性约束

柔性实际上是对承诺的一种完善。承诺是企业对合作伙伴的保证，只有在这个基础上，企业间才能具有基本的信任，合作伙伴才能获得相对稳定的需求信息。然而，由于承诺在时间上超前于承诺本身的付诸实施，因此，尽管承诺方一般都会尽力使承诺与未来的实际情况接近，但总会有偏差。柔性的提出为承诺方缓解了这一矛盾，使承诺方有可能修正原有的承诺。可见，承诺与柔性是签订供应合同的关键要素。

如果仅仅根据承诺的数量来制订计划是容易的，但是，柔性的存在使这一过程变得复杂了。柔性是供需双方共同确定的一个合同要素，对于需求方而言，它代表着对未来变化的预期；而对于供给方而言，它是对自身所能承受的需求波动的估计。本质上，供应合同使用有限的可预知的需求波动代替了可以预测但不可控的需求波动。

下游企业的柔性对企业的计划产量产生的影响在于：企业必须选择一个在已知的需求波动下最为合理的产量。企业的产量不可能覆盖整个需求的变化区域，否则会造成高昂的库存费用。因此在库存费用与缺货费用之间找到一个均衡点是确定产量的基本标准。供应链是首尾相通的，企业在制订生产计划时还必须考虑上游企业的利益。在与上游企业签订的供应合同中，企业除了对自身所能承受的需求波动有估计外，还考虑了自身的生产能力。由此可以认为，企业在与上游企业签订的合同中的产量反映的是相对于上游企业的最优产量。由于上游企业可能同时为多家企业提供产品，因此企业在制订生产计划时应该尽量使需求与合同的承诺量接近，以帮助上游企业达到最优产量。

（二）生产进度

生产进度是企业检查生产计划执行状况的重要依据，也是滚动制订智能生产计划过程中用于修正原有计划和制订新计划的重要信息。在数字化供应链管理环境下，生产进度属于可共享的信息，其作用表现在如下两个方面。

（1）供应链上游企业通过了解下游企业的生产进度来实现准时供应。企业的智能生产计划是在对未来需求做出预测的基础上制订的，它与实际生产进度一般是不同的，智能生产计划不可能实时反映物流的运行状态。供应链企业可以借助现代网络技术与合作方共享实时的生产进度。上游企业可以通过网络和双方通用的信息系统了解下游企业的真实需求，并准时提供物资。这样下游企业可以避免产生不必要的库存，而上游企业可以灵活主动地安排生产和调拨物资。

（2）上游企业修正原有计划时应该考虑到下游企业的生产状况。在数字化供应链管理环境下，下游企业可以了解到上游企业的生产进度，然后适当调整生产计划，使供应链上的各个环节紧密衔接在一起，避免企业与企业之间出现供需脱节的现象，从而保证供应链的整体利益。

（三）生产能力

下游企业的订单完成离不开上游企业的支持，因此，下游企业在制订智能生产计划时要尽可能借助外部资源，考虑清楚如何利用上游企业的生产能力。任何企业在现有的技术水平和组织条件下都有一个最大的生产能力，但这个最大的生产能力并不等于最优生产负荷（投产项目某一年度的产品产量与年设计生产能力之比）。在上下游企业之间稳定的供应关系形成后，上游企业从自身利益出发，更希望所有与其相关的下游企业在同一时期的总需求与其生产能力相匹配。上游企业的这种对生产负荷的期望可以通过合同、协议等形式反映出来，即上游企业提供给每一个相关下游企业一定的生产能力，并允许出现一定程度的浮动。这样，下游企业制订生产计划时就必须考虑到上游企业在这一能力上的约束。

四、智能生产计划的制订

智能生产计划的制订需要依靠先进的信息技术和智能化技术。其中，大数据技术是实现智能生产计划制订的重要手段之一。通过对生产数据的采集、存储、处理和分析，企业可以建立生产数据模型，为智能生产计划的制订和调整提供数据支持。人工智能技术也是实现智能生产计划管理的重要手段之一。通过机器学习、深度学习等技术，企业可以建立生产计划优化模型，实现生产计划的自动化优化和调整。

智能生产计划的制订需要企业具备一定的条件和能力：先进的信息技术和智能化技术，包括大数据技术、人工智能技术、物联网技术等；完善的生产数据采集和管理系统，以确保生产数据的准确性和完整性；一定的管理能力和技术能力，以有效地应用智能化技术，实现生产计划的智能化管理。在数字化供应链管理环境下，企业的智能生产计划制订过程发生了较大的变化，在原有的生产计划制订过程的基础上增加了新的特点。

（一）具有纵向和横向的信息集成过程

这里的纵向指供应链由下游向上游的信息集成，而横向指生产相同或类似产品的企业之间的信息共享。

通过在主生产计划和投入产出计划中分别进行的粗、细能力平衡，上游企业承接订单的能力与意愿都反映到了下游企业的生产计划中。同时，上游企业的生产进度信息也与下游企业的生产进度信息一道作为滚动编制计划的依据，其目的在于保持上下游企业间生产活动的同步，这是纵向信息集成的过程。

外包决策和外包生产进度分析是集中体现供应链横向信息集成的环节。在外包中所涉及的企业能够生产相同或类似的产品，或者说在供应链网络上是属于同一产品级别的企业。企业在编制主生产计划时所面临的订单，在以下两种情况下可能转向外包：一是企业本身或其上游企业的生产能力无法承受需求波动所带来的负荷，二是企业所承接的订单通过外包所获得利润大于企业自己进行生产所获得的利润。无论在何种情况下，企业都需要获取外包企业的基本数据来进行获利分析，以确定是否外包。同时，由于企业对该订单的客户有着直接的责任，因此企业也需要获取外包企业的生产进度信息来确保对客户的供应。

（二）丰富了能力平衡在计划中的作用

在传统概念中，能力平衡只是一种分析生产任务与生产能力之间差距的手段，企业可根据能力平衡的结果对计划进行修正。在数字化供应链环境下制订智能生产计划过程中，能力平衡发挥了以下作用。

（1）为修正主生产计划和投入产出计划提供依据，这也是能力平衡的传统作用。

（2）能力平衡是进行外包决策和零部件（原材料）、急件外购的决策依据。

（3）在主生产计划和投入产出计划中所使用的上游企业能力数据，反映了其在合作中所愿意承担的生产负荷，可以为供应链管理的高效运作提供保证。

（4）在信息技术的支持下，对本企业和上游企业的能力状态的实时更新使生产计划具有较强的可行性。

（三）计划的循环过程突破了企业的限制

（1）在企业独立运行生产计划系统时，通常存在 3 个信息流的闭环，而且都在企业内部。

① 主生产计划—粗能力平衡—主生产计划。

② 投入产出计划—供应链企业能力需求分析（细能力平衡）—投入产出计划。

③ 投入产出计划—车间作业计划—生产进度状态—投入产出计划。

（2）在供应链管理下生产计划的信息流跨越了企业，从而增添了新的内容。

① 主生产计划—粗能力平衡—主生产计划。

② 主生产计划—外包工程计划—外包工程进度—主生产计划。

③ 外包工程计划—主生产计划—供应链企业生产能力平衡—外包工程计划。

④ 投入产出计划—供应链企业能力需求分析（细能力平衡）—投入产出计划。

⑤ 投入产出计划—上游企业生产进度分析—投入产出计划。

⑥ 投入产出计划—车间作业计划—生产进度状态—投入产出计划。

需要说明的是，以上各循环中的信息流都只是各自循环所必需的信息流的一部分，但可对计划的某个方面起决定性的作用。

任务二　数字化供应链环境下的智能生产控制

任务描述

数字化供应链环境下的智能生产控制能及时有效地调节企业生产过程内外的各种关系，使生产系统的运行符合既定生产计划的要求，从而实现预期生产目标。生产控制的目的在于投入少、产出多，以取得最佳经济效益。本任务将介绍智能生产控制的定义、内容、方法等相关知识。

任务知识

一、智能生产控制的定义

智能生产控制是利用物联网、人工智能等技术，使供应链企业按照生产计划的要求，自动组织实施生产作业计划，全面掌握供应链的整体生产情况，了解计划与实际之间产生的差异及其原因，及时调整生产进度，合理利用生产设备、生产面积，控制物料供应和储存，并统一组织力量，保证供应链总体生产目标的实现，最终实行全自动控制。智能生产控制运用的技术主要有物联网技术、人工智能技术和大数据技术。

（一）物联网技术

物联网技术是智能生产控制的基础。通过各种传感器和设备的连接可实现设备之间的信息交互和数据共享。物联网技术可以实时收集设备状态、生产数据等信息，为生产过程的监控和控制提供基础支持。

（二）人工智能技术

人工智能技术的应用使智能生产控制更加智能化和自动化。通过机器学习和深度学习等算法，人工智能技术可以对生产过程中的大数据进行分析和挖掘，帮助企业更好地把握生产规律，提高生产效率和质量。

（三）大数据技术

大数据技术可以处理和分析大规模的生产数据，从中发现隐藏的规律和模式，为企业的决策提供科学依据。通过对生产数据的分析，企业可以及时发现问题和异常情况，并采取相应的措施进行调整和优化。

二、智能生产控制的内容

数字化供应链环境下的企业智能生产控制与传统的企业生产控制不同。前者需要更多的协调机制（包括企业内部和企业之间的协调），体现了供应链的战略伙伴关系原则。数字化供应链环境下的智能生产控制包括以下几个方面的内容。

（一）生产进度控制

生产进度控制的目的是依据生产作业计划检查零部件的投入和产出数量、产出时间和配套性，确保产品能准时装配出厂。在数字化供应链环境下，许多产品需要协作生产的或外包生产，相对于传统的企业内部生产来说，其控制难度更大，必须建立一种有效的跟踪机制进行生产进度的跟踪和反馈。生产进度控制在供应链管理中有重要作用，因此必须研究并建立供应链企业之间的信息跟踪机制和快速反应机制。

（二）生产节奏控制

供应链的同步化计划需要解决供应链企业之间的生产同步化问题。只有各供应链企业之间及企业内部各部门之间保持步调一致，供应链的同步化才能实现。供应链的准时生产系统要求上游企业准时为下游企业提供必需的零部件。如果供应链中任何一个企业未能准时交货，都会导致供应链不稳定或中断，导致供应链对用户的响应性减弱，因此严格控制供应链的生产节奏对保持供应链的敏捷性是十分重要的。

（三）提前期管理

在数字化供应链环境下的智能生产控制中，提前期管理是实现快速响应用户需求的有效途径。缩短提前期、提高交货期的准确性是保证供应链具备柔性和敏捷性的关键。缺乏对供应商不确定性的有效控制是供应链提前期管理中的一大难点，因此，建立有效的提前期管理模式对供应链生产控制有着重要的影响。

（四）库存控制和在制品管理

库存在应对不确定性需求时有其积极的作用，但同时也可能导致资源浪费。实施多级、多点、多方管理库存的策略，对提高数字化供应链环境下的库存管理水平、降低制造成本有着重要意义，这种库存管理模式涉及的部门不仅限于企业内部。基于 JIT 的供应与采购、供应商管理库存、联合库存管理（Jointly Managed Inventory，JMI）等方法，均对降低库存水平都有重要作用。因此，建立数字化供应链管理环境下的库存控制体系和运作模式对提高数字化供应链的库存管理水平具有重要意义，是供应链企业生产控制的重要手段。

三、实施智能生产控制的原因和条件

（一）实施智能生产控制的原因

生产计划是在生产活动发生之前制订的。尽管企业在制订生产计划时充分考虑了现有的生产能力，但在计划实施过程中，由于以下原因，实际情况往往与计划存在偏差。

1. 加工时间估计不准确

对于单件小批量生产来说，许多任务是首次碰到，制订生产计划时很难将每道工序的加工时间估计准确。而加工时间是制订生产计划的重要依据，加工时间不准确，计划也就不准确，实施中就会出现偏离计划的情况。

2. 随机因素的影响

即使加工时间的估计是准确的，很多随机因素也会导致实际情况与计划不一致，如工人的工作态度和工作技能的差别、人员缺勤、设备故障、原材料差异等。

3. 加工路线的多样性

调度人员在决定采用哪种加工路线时，通常有多种加工路线可选择，选择不同的加工路线会造成完成时间的不一致。

4. 企业环境的动态性

即使制订了一个准确的计划，实际生产过程中仍可能出现动态变化，例如第二天可能来了一个更有吸引力的新任务，或是关键岗位的职工跳槽、物资不按时到达、停电等，这些都使实际生产难以按计划进行。

（二）实施智能生产控制的条件

1. 要有控制标准

标准就是生产计划实施的重要依据，没有标准就无法衡量实际情况是否发生偏离。生产计划规定的产品出产期、MRP 系统生成的零部件投入出产计划、通过作业计划方法得出的车间生产作业计划等，都是生产控制的标准。

2. 要获得实际生产进度与计划偏离的信息

控制离不开信息，只有获得实际生产进度计划偏离的信息，才能制定科学的控制决策。计算机辅助生产管理信息系统能有效地提供实际生产进度与计划偏离的信息。通过生产作业统计模块，企业可以实时获取各个零部件的实际加工进度和每台机床的负荷情况。

3. 要采取纠正偏差的行动

纠正偏差是通过生产调度来实现的。所谓生产调度，是根据生产计划对企业日常生产活动进行控制和调节的活动。生产调度的任务，是按照生产计划的要求，协调和控制生产过程的各环节，保证均衡生产，全面完成生产任务，并对生产活动过程进行监督、控制，加强管理，克服生产的不平衡现象，通过各种信息预防和消除生产过程中可能出现的问题。

四、数字化供应链环境下实现智能生产控制的方法

（一）物料需求计划

对于制造企业而言，一种产品往往是由多种部件组装而成的，每种部件又是由多

种零部件和材料制造而成，产品与零部件及材料之间有着复杂的联动需求关系。从大范围来看，一个企业的产品可能是另一个企业的原材料，这种相关需求不但涉及品种、规格、性能、质量和数量方面的要求，而且对时间也有要求，这些因素极大地增加了企业物料管理的难度和复杂性。为了解决这一难题，20世纪50年代中期，美国IBM公司提出了物料需求计划的概念。

物料需求计划是通过分析产品的结构组成和生产工艺，确定生产该产品所需的各种原材料、零部件等物料的种类和数量，帮助企业在正确的时间、正确的地点、按照规定的数量获得真正需要的物料。

1. 物料需求计划的原理

物料需求计划是指按照产品结构的物料需求组织生产，根据产品完工日期和产品结构制订生产计划，即根据产品结构的层次和从属关系，以产品零件为计划对象，以完工日期为计划基准，按各种零件与部件的生产周期反推出它们的生产与投入时间和数量，并根据提前期长短区别各个物料下达订单的优先级，从而保证在生产需要时所有物料都能配套齐备，达到减少库存和降低资金占用的目的。

对于庞大而复杂的生产系统，物料需求计划的制订与执行具有很大难度，必须依靠强有力的计算机软硬件系统实行集中控制，才能达到预想的效果。物料需求计划原理如图6-2所示。

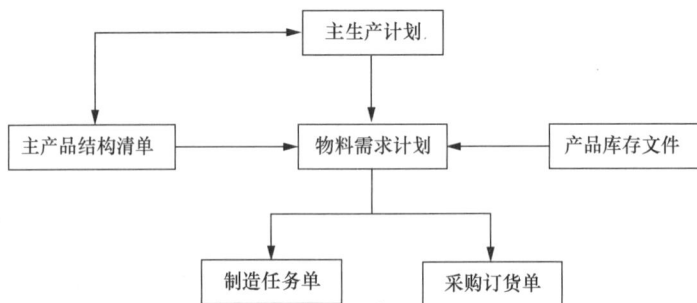

图6-2　物料需求计划原理

（1）主生产计划

主生产计划是指确定每一具体最终产品在每一具体时间段内生产数量的计划。这里的最终产品是指对于企业来说最终要出厂的产成品，要具体到品种、型号。这里的具体时间段，通常以周为单位，在某些情况下，也可以以日、旬、月为单位。主生产计划详细规定生产什么、在什么时段产出，是独立需求计划。主生产计划根据客户合同和市场预测结果，将经营计划或生产大纲中的产品系列具体化，使之成为物料需求计划的主要依据，起到从综合计划向具体计划过渡的作用。

（2）主产品结构清单

主产品结构清单反映了产品的层次结构，是用于呈现某一产品所有零部件的结构关系和数量的报表。根据主产品结构清单，企业可以确定该产品所有零部件的需求数量、需求时间及相互关系。它决定了产成品与零部件在各个时间段内的生产量，包括产出时间、产出数量、装配时间和装配数量等。根据主生产计划、营销计划、主产品结构清单和工艺规程，企业可以确定产成品的出厂时间和各种零部件的制造进度。

（3）产品库存文件

产品库存文件是指包含原材料、零部件和产成品的库存量、已订未到产品数量及已分配但还没有提取的产品数量的文件。企业根据物料需求计算所需的物料量时，首先考虑库存量，再对库存不足部分进行采购。

2. 物料需求计划的特点

（1）物料需求计划满足了生产中的物料联动需求，使各项物料相互依存，相互衔接，使需求计划更加客观可靠，同时减少了计划的工作量。

（2）实施物料需求计划要求企业制订详细、可靠的主生产计划，提供准确的存货记录，促使企业分析自身的生产能力，详细检查各项工作，从而使计划更加周详。物料需求计划是企业编制先进需求计划的依据。

（3）当主生产计划发生变化时，物料需求计划将根据主生产计划的最新数据进行调整，及时提供物料联动需求和存货计划，企业可以据此安排相关工作，采取必要措施。

（4）通过物料需求计划，企业可以做到降低库存成本、减少库存资金占用，还可以保证物料按计划流动，保证生产正常进行，从而使产品满足客户和市场的需求。

（二）制造资源计划

在企业管理中，生产管理只是一个方面，它涉及的不仅仅是物流，还包括与物流密切相关的资金流。资金流在许多企业中通常由财务人员另行管理的，这就造成了数据的重复录入与存储，甚至造成数据的不一致。为了改变这一局面，美国生产管理专家奥利弗·怀特在 1977 年提出了一种新的管理方法：对制造企业的全部资源进行系统综合的计划，即把生产、财务、销售、工程技术、采购等各个子系统集成为一个一体化的系统，即制造资源计划系统。

1. 制造资源计划的原理与逻辑

制造资源计划的基本思想是将企业作为一个有机整体，通过运用科学方法对企业各种制造资源和产、供、销、财各个环节进行有效的计划、组织和控制，使它们协调发展，并充分地发挥作用。实质上，制造资源计划系统是一个面向企业内部信息集成及计算机化的信息系统，它将企业的经营计划、销售计划、生产计划、主生产计划、物料需求计划、生产能力计划、资金流动计划，以及对物料需求计划和生产能力计划的执行等通过计算机有机地结合起来，形成一个由企业各个子系统有机结合而成的一体化信息系统，使各个子系统在统一的数据环境下运行。通过计算机的模拟功能，系统输出按实物量表述的业务活动计划和以货币表述的财务报表，从而实现物流与资金流的统一。

2. 制造资源计划的特点

与物料需求计划相比，制造资源计划最大的特点是运用了管理会计的概念，货币形式表现执行企业物料需求计划带来的效益，实现了物料信息与资金信息的集成。制造资源计划的主要特点如下。

（1）增加了对生产能力的管理。生产能力包括人力、物力和财力，体现为工时、机时或台时等。物料需求计划系统的输出文件之一是生产任务单，但必须有足够的生产能力才能保证其实施。制造资源计划系统的作用在于回答在系统中有没有足够的生产能力，以及怎样充分利用现有生产能力实现能力与需求之间的平衡。

（2）增加了车间管理。制造资源计划系统的主要功能是接受物料需求计划投放的生产任务单，制订能力需求计划，并安排落实生产任务。

（3）增加了仓库管理。制造资源计划不仅管理物资，还增加了订货管理和供货商管理功能，将应付账款、应收账款与供应商和客户的业绩或信誉集成起来，并与销售和生产计划集成按照物料位置、数量或价值变化定义交易行为。

（4）强化成本管理的功能。制造资源计划使企业在考虑每一道工序的同时也计算出加工成本，最终计算出产品成本。这样，企业就可以进行成本监督和控制，实现对资金的管理。

（三）企业资源计划

企业资源计划是指建立在信息技术基础上，以系统化的管理思想，为企业决策层及员工提供决策和运行手段的管理平台。

企业资源计划是在全球市场环境下，从企业全局角度对经营与生产进行计划的一种方式，是制造企业的综合集成经营系统。其基本思想是将制造企业的制造流程看作一个紧密连接的供应链，其中包括供应商、制造商、分销商和客户，并将企业内部划分成几个相互协同作业的支持系统，如财务、市场、销售、质量、工程等，还包括对竞争对手的监视管理。

1. 企业资源计划的管理目标

企业资源计划系统是随信息技术的发展而形成的。通过企业资源计划系统企业能对其全部或部分资源进行掌握、跟踪、调查，进而达到合理配置企业资源，实现自身成长的目标。

（1）生产和智能物流管理

这一管理目标基本上是由物料需求计划的管理目标发展而来的。它要求企业从客户订单、材料采购、工艺流程、生产能力、生产进程、物料控制等方面进行管理。企业资源计划系统具有全面记录、分析、自动或半自动完成订单生成、指令下达等功能。在企业资源计划系统的整体管理下，企业决策层、中间管理层、操作层对企业资源状况都有更清楚的认识。由于企业资源计划系统中定义和记录了大量的操作规程，一般的决策过程演变成了一种执行过程，这简化了管理流程，提高了管理效率。

（2）财务管理

财务管理很长时期以来是与生产管理分离的，企业资源计划概念提出后，财务管理开始与生产管理逐步整合。在完成生产管理的同时，企业资源计划系统增加了对资金运用、资金流量、资金周转等方面的管理，这使企业决策层能更快地安排和调度企业资源，及时完成物资与资金的转换，满足"现金为王"的时代对企业运作的要求。

（3）人力资源管理

人力资源的配置过程比其他资源的配置过程更复杂，特别是知识经济时代的到来，人力资源成为企业持续发展的关键资源。企业资源计划系统的应用改变了传统的金字塔形式的决策过程，实现反映企业资源状态的信息共享，使更多人能从中找到可以利用的资源，从而形成更多以项目为主线的行动团队。这样，所有具有组织能力的员工都有机会做出决策，决策过程趋向扁平化。

（4）供应商及客户关系管理

企业资源计划系统是一个非常复杂的管理系统，其推行过程首先需要各部门共同提出与供应商及客户实现数据共享的具体目标和操作规则。从企业外部角度来看，实现供应商及客户关系管理，不仅要在企业自己的系统中记录、反映供应商及客户的信息，更要与供应商及客户进行信息共享，使供需双方能借助信息技术及时对供应商的生产计划做出全面检验，对供应商的供应能力及供应效果做出评估。

2．企业资源计划系统的主要功能模块

企业资源计划是对企业所有资源进行集成管理的系统，简单来说，它是对企业的物流、资金流、信息流进行全面一体化管理的管理信息系统。它的功能模块不同于物料需求计划系统或制造资源计划系统的功能模块。它不仅可用于生产企业的管理，而且在许多其他类型的企业，如一些非生产企业、公益企业也可利用企业资源计划系统进行资源规划和管理。

在企业中，一般的管理主要包括 3 个方面的内容：财务管理、生产控制管理和智慧物流管理。这三大系统本身就是集成体，它们互相之间有相应的接口，能够很好地整合在一起来对企业进行管理。此外，值得指出的是，随着企业对人力资源管理重视程度的加深，已经有越来越多的厂商将人力资源管理看作企业资源计划系统的重要组成部分。

任务三　数字化供应链环境下的智能生产协调

任务描述

当市场环境和用户需求发生较大变化时，供应链必须能够快速响应，进行动态重构。要实现这一目标，首先要做到供应链生产计划的协调制订。供应链智能协调机制使信息能无缝地、顺畅地在供应链中传递，减少因信息失真而导致过量生产、过量库存现象，使各供应链企业保持步调一致，快速响应市场需求的变化。本任务将介绍数字化供应链环境下智能生产协调机制的内涵、分类，以及数字化供应链环境下的智能生产协调模式等相关知识，其中重点探讨数字化供应链环境下实现智能生产协调的方法。

任务知识

一、数字化供应链环境下智能生产协调机制的内涵

要实现数字化供应链的同步化运作，需要建立完善的智能生产协调机制。数字化供应链环境下的智能生产协调机制是供应链管理的重要内容，是基于供应链成员间物流、资金流、信息流等要素设计的协调机制，能够减少因信息不对称造成的生产、供应和销售等环节的不确定性，消除因供应链各成员目标不同而造成的利益冲突，从而提高供应链的整体绩效。在一定的信息结构下，平衡供应链成员的供需关系，使得个体理性（优化）行为与供应链整体优化决策相一致，改进系统及其成员的性能直至达到系统最优水平，从而有效解决信息不对称和企业激励等问题。

由于供应链管理涉及两个或两个以上的独立企业，为了提升供应链的整体绩效，合作方之间需要就各自的战略、技能、管理流程和创新机制等进行充分协调，从而实现多方能力的平衡，并发挥出超过单个企业绩效总和的整合效应。一旦供应链成员之间无法形成这种状态或以后难以再达到这种状态，就会产生矛盾。数字化供应链环境下的智能生产协调机制正是基于供应链成员间这种现实的利益矛盾提出的，它决定着供应链成员的协作效率，是供应链管理的重要内容。

二、数字化供应链环境下的智能生产协调模式

由于信息共享是供应链体系协调的基础，我们将数字化供应链环境下的智能生产协调模式归纳为两种建立在信息共享基础上的协调模式。

（一）减少信息不完整的协调模式

减少信息不完整的协调模式的重点在于试图缩短提前期、延迟产品的个性化实现，从而降低供应链中需求信息不完整的程度。具体方法包括以下 4 种。

（1）模块化设计方法。将产品设计成模块，从而实现并行化生产，以缩短提前期。

（2）延迟。延迟某些个性化部件的制造或者延迟某些运作过程及工序。

（3）制造过程次序调换。调换某些模块的生产次序，从而缩短差异性程度较高模块的提前期。

（4）快速反应方法。快速反应方法可以被认为是一种直接缩短产品提前期的延迟策略，其具体运作方式包括缩短渠道（如采用直销战略）、多次订货和生产等。

（二）减少信息不对称的协调模式

这种模式的目标在于改进运作机制，促进供应链成员之间的信息沟通。订单的环环相扣（信息不对称）转向一定程度的信息（特别是原始数据）共享，使需求信息能够被

真实、及时地传递。这种模式的具体实现方式分为以下 3 种。

1. 建立直接的信息共享合约，促使上下游企业及时共享信息。具体实现方式包括采用 POS 系统和 EDI 系统、计算机辅助订货及网上订货等方法使订单和库存信息共享，建立信息流通机制。

2. 通过战略合作改善信息沟通。通过转移管理权，上下游企业可以及时共享信息，具体实现方式包括实行供应商管理库存、实施连续补充计划，以及进行有效客户响应。

3. 避免信息扭曲。其目标是改进短视且不合理的运作制度，减少订单的扭曲程度。主要采用稳定价格和控制短缺等措施来减少供应链成员的投机性行为。

三、数字化供应链环境下智能生产协调机制的分类

为了实现数字化供应链环境下的智能生产协调，可以将智能生产协调机制划分为以下几类：运营计划协调机制、战略计划协调机制、信息协调机制、合作伙伴关系信任协调机制及环境协调机制。

（一）运营计划协调机制

在运营阶段，供应链的结构已定，供应链运营的目标是以尽可能高效的方式来实施相应策略。运营计划协调机制可分为 3 类：买方与卖方协调、生产与分销协调、库存与分销协调。这 3 类协调机制主要将目标集中在批量大小、运输模式和生产数量的决策上。

供应链开始于原材料的采购或装配，这部分的费用普遍占总费用的 50%。传统的买方和卖方协调模式只是集中在最优采购批量决策上，因而忽略了两种协调供应链的方式：第一种是有可能采用信息技术（如 EDI）来减少成本，而不需要改变订货策略；第二种是为买方和卖方找到一个联合最优订货批量，从而减少成本。但是最重要的是在决定采取协调措施时，必须合理分配由此节约的成本，保证如果采取协调措施，整个供应链是获益的，而且买方和卖方的利益不少于未采取协调措施时的利益。这也是受益方采取数量或价格折扣来给利益受损一方补偿的依据。

在供应链中，生产与分销之间的协调可以表现为多种形式：产品可以被运往分销中心、零售商或进一步加工的工厂。虽然关于分销计划和生产计划的研究很多，协调二者的关系却依然困难重重，因为，首先，这个领域的许多问题本身就很难解决，如运输路线的优化和机器调度问题；其次，在实际供应链管理中，这些问题是被库存分开的；最后，这两种计划分属于不同的部门或企业。

随着用户服务要求的不断提高，库存与分销系统协调的有效管理也变得越来越重要。库存与分销之间的协调是指确定最优的安全库存、运输策略及协调仓库、用户、运输之间的目标。除了上述 3 个环节的协调，企业还应考虑运输与库存之间的协调、供应与生产之间的协调、采购与生产之间的协调，以及分销与用户之间的协调等。

（二）战略计划协调机制

供应链的战略决策时间跨度可能会长达数年。在这一过程中，决定生产的产品、生产类型、工厂的设立与关闭、生产布局、地址选择或者为新产品选址、内外部资源的分配、目标用户的定位，以及对某个特定的产品在供应链中流动时的变化进行评估等，都是影响供应链协调的因素。从整体上实现供应链的协调最优，需要各供应链企业的决策层摆脱自身利益的最大化或者满意化这一局限，在考虑供应链整体利益的基础上进行管理决策，这也对供应链的战略计划协调机制提出了巨大挑战。

（三）信息协调机制

供应链的信息协调机制对于上下游企业的生产运作具有重要意义。以库存管理为例，根据信息协调方式的不同，可以将库存管理划分为两种模式，即合作性库存管理模式和单一环节库存管理模式。供应链企业产生"牛鞭效应"的根本原因是供应链的每一环节都利用下游企业的订货量来对未来需求进行预测。但如果采用合作性库存管理模式，零售商能将其销售状况与供应链其他环节适时共享，那么供应链内的所有企业都可以基于用户需求进行预测，而不是基于下游企业的订货量进行预测。因此，当用户需求发生变动时，供应链所有环节对需求的预测都发生相应变动，这可以弱化"牛鞭效应"。如果按单一环节对整个供应链进行补货控制，也有助于弱化"牛鞭效应"。即当具有控制权的某一环节为整个供应链做出补货决策时，其他各环节同时做出响应，并按照这一决策进行相关作业，那么各环节的库存管理或者补货的问题就能得到解决，从而实现供应链的协调。

（四）合作伙伴关系和信任协调机制

供应链合作伙伴关系的核心思想是充分利用外部资源和服务，而不是事事都自己完成，其目的是实现供应链合作伙伴的双赢。建立供应链合作伙伴关系有利于供应链整体费用。

一旦在供应链中建立了合作伙伴关系和信任协调机制，管理者便更容易采用这种协调机制来缓解"牛鞭效应"，从而实现供应链的协调。事实上，这种合作伙伴关系本身就是一种协调机制，是对多级库存协调和两阶段协调的发展。各个供应链企业相互信任，共享准确信息，有助于降低成本，在供应链内实现供需平衡。良好的合作关系也有助于降低供应链各个环节的交易成本。

（五）环境协调机制

随着社会普遍开始重视环境保护，在制造与分销的同时考虑对环境的影响也变得越来越重要。国际标准化组织（International Organization for Standardization，ISO）在 1996 年发布 ISO 14000 环境管理体系系列标准为环境管理系统提供了统一的国际标准。ISO 14000 的采用促使企业在供应链管理中更加重视环境因素。与环境的协调主要集中在生产和过程设计中，通常包括两部分：为环境而设计和全生命周期分析。

绿色供应链管理将供应链企业的环境管理战略与供应链的其他管理战略相结合。提升供应链的绿色发展能力，不仅能使供应链企业更好地承担社会责任，还可以提高供应链企业的利润，并确保供应链企业符合社会可持续发展要求，即供应链企业在提高利润的同时，还可以把现代生产和消费过程中产生的外部不经济性降到最低程度。供应链的每个环节（从原材料提取、制造、消费到废物处理等）都会对人类和自然产生威胁。为了减少废物，建立符合环境发展要求的供应链管理运作策略是必要的。

环境协调机制促使供应链各环节的活动更具有规范性、整体性，减少环境风险；帮助供应链企业树立良好的形象，从而获得社会的认可，同时也可以吸引有社会责任感和环保意识的优秀员工、投资者和用户；协调供应链企业的行为，企业不仅考虑自身利益，同时注重供应链的整体效益和环境效益，从而获得更多的市场机会。

四、数字化供应链环境下实现智能生产协调的方法

（一）数量折扣

在供应链管理中，供应商（供应链的上游企业）通常会提供一些数量折扣给下游企业，主要包括：基于单次订购批量的数量折扣、基于一段时期内的累积订购量的数量折扣、总金额合同购买的数量折扣和商业促销折扣（短期的数量折扣）。

如果供应链的最终产品是一般的日用品，当制造商所拥有的市场势力较弱时，供应商可以提供基于单次订购批量的数量折扣；而当制造商所拥有的市场势力较强时，供应商则可以提供基于一段时期内累积订购量的数量折扣或总金额合同购买的数量折扣。然而，提供基于一段时期内累积订购量的数量折扣可能会产生不良的后果，即导致出现"曲棍球棒现象"。所谓"曲棍球棒现象"，是指制造商的一种典型的产品销售状况——在整个财政时段（如财季、财年）的大多数时期内，产品的销售状况较为平稳，而在财政时段末期，销量会突然上涨。消除或弱化"曲棍球棒现象"的一种常用方式是，提供基于此前连续时段内的订购总量的数量折扣。这种数量折扣可以使分销商不愿在某个时刻（如期末）突然大幅增加订货量，从而使制造商总体订货量的波动程度控制在一定范围内。

（二）快速响应

快速响应是在供应链中采取的旨在缩短补货提前期的行动组合。由于快速响应使得供应链中的补货提前期大大缩短，因此供应链管理者可以提升预测的精度，并最终使供应链中的供需关系得到很好的协调，从而增加供应链的总利润。

然而，因快速响应产生的供应链利益分配问题一直是供应链协调过程中的难点。例如，沃尔玛在实施快速响应的过程中，通过其自身拥有的供应链权力，一方面迫使制造商更依赖自身，并要求制造商提供差异化的专业产品和服务；另一方面，在进行供应链的利润分配时不仅未主动出让因快速响应产生的供应链新增利润，反而运用权力加紧进

行利益争夺。因此，在分配利益时，供应链管理者应当尽量避免使用供应链权力，坚持公平、公正、平等的原则，协调供应链各方的利益。

（三）延迟技术

延迟技术通常指生产过程延迟技术，即将产品的差异化制造尽可能延迟到接近产品销售时刻的技术。它的另一种定义是，用于描述产品的制造过程差异化以尽可能延迟到供应链末端的技术。这两种定义分别从时间和空间角度进行描述，本质上并没有区别，因为供应链的空间位置与销售时间紧密相关，它们的差别仅仅在于角度不同。延迟技术是大规模定制中的一种核心技术。

延迟技术在供应链管理中的重要应用在于改善供应链内供需关系的紧密程度。当然，利用延迟技术往往会造成制造商的生产成本出现一定程度的上升。因此，考虑是否要应用延迟技术或延迟技术应用的深度，实际上是在因延迟技术而产生的供应链利润增加与相应成本增加之间关系。

还有一种特殊的延迟技术，即定制化延迟技术。在定制化延迟技术中，制造商采用含延迟技术的生产方式来满足一部分需求，而采用不含延迟技术的生产方式来满足其他的需求。由于延迟技术可以有效地降低需求不确定性，但同时会产生新的生产成本，因此，对于不确定性高的需求采用含延迟技术的生产方式，对于不确定性较低的需求采用不含延迟技术的生产方式。这样就可以获得较高的由延迟技术带来的利润，又减少了延迟技术带来的生产成本的增加。

（四）供应源的定制化

供应源的定制化是指制造商利用两种供应源作为输入，一种致力于降低成本但难以降低供应链的不确定性；另一种致力于供应链不确定性的降低即供应链柔性的改善，但以较高的成本为代价。显然，这两种供应源对应着供应链不同的能力。这里将致力于成本降低的供应源称为低成本供应源，将致力于不确定性降低的供应源称为高柔性供应源。那么，低成本供应源将致力于提高供应链的效率，并只为供应不确定性较低的需求，即较为容易预测的那部分需求。而高柔性供应源将致力于提高供应链的反应能力，并用于满足供应不确定性较高的需求，即难以预测的需求。

（五）供应商管理库存

供应商管理库存是指供应商负责对零售商的产品库存进行决策的一种管理方式。通过供应商管理库存，补货决策的控制权从零售商转移到供应商。供应商管理库存要求零售商与供应商共享需求信息，以便供应商进行补货决策。在进行库存管理时，只有当零售商与供应商的利润都有增加，才能说利润增加；也只有双方的利润都增加，库存管理体系才可能持续运行。

供应商管理库存有助于通过将用户需求信息传递给供应商，使供应商能够适时地进行生产，从而提高供应商的预测精度，并更好地使供应商的生产与用户的需求保持一致。

此外，供应商管理库存对零售商和供应商的作用还体现在以下几个方面。

（1）增加对整个供应链业务活动的共同责任感和实现利益共享。

（2）提升对未来需求的可预见性和可控能力，从而使生产保持平稳。

（3）增强零售商对采购业务的控制能力。

（4）减少零售商在进货产品检查方面的成本支出。

当供应链的下游企业愿意公开最终用户的需求信息，并愿意将库存决策权交给上游企业时，适合采用供应商管理库存体系。但是，供应商管理库存也有一定的缺陷，最为主要的是，当零售商也销售供应链外的其他供应商提供的竞争性产品时，供应商管理库存的反应通常是不良的。

总之，在全球化、市场化的时代，竞争早已不再是企业与企业之间的竞争了，而是供应链与供应链之间的竞争。供应链协调是供应链管理中最值得研究的领域之一。供应链企业在进行决策时，个体利益常与供应链总体利益发生冲突，因此必须建立行之有效的供应链协调机制，才能解决日益突出的个体与整体之间的矛盾。对于供应链企业而言，各企业间协调机制的建立与维护应建立在供应链合作伙伴关系的基础上，通过信息共享、利润合理分配、风险共担等方式，降低供应链体系内多余的库存，从而降低供应链总成本，最终实现供应链整体利润最大化的目标。

> **拓展案例**
>
> **高仪公司供应链的全球整合**

任务四　数字化供应链环境下的企业生产业务外包

131

任务描述

鉴于纵向一体化管理模式的种种弊端，横向一体化的思想逐渐在各国兴起，即利用企业外部资源快速响应市场需求，企业专注于自身的核心业务，而将非核心业务外包给合作伙伴。而今越来越多的知名企业选择将部分业务外包，这在帮助企业控制成本的同时也使产品的质量得到了极大的提高。本任务将介绍数字化供应链环境下企业业务外包的内涵、原因、问题等相关知识，其中重点探讨业务外包的主要方式。

任务知识

一、业务外包的内涵

供应链管理注重增强企业核心竞争力，强调企业根据自身特点，专注于某一领域或某一专门业务，在某一点形成自己的核心竞争力，这必然要求企业将其他非核心业务外包给其他企业，这就是所谓的业务外包。

传统的纵向一体化管理模式已经不能适应当前技术更新快、投资成本高、竞争全球化的制造环境。现代企业应更注重高价值生产模式，更强调速度、专业知识、灵活性和革新。与传统的纵向一体化控制和完成所有业务的做法相比，实行业务外包的企业更强调集中资源于经过仔细挑选的少数具有竞争力的核心业务，也就是专注于那些使自己真正区别于竞争对手的技能和知识，而把其他一些虽然重要但不是核心的业务职能外包给世界范围内的专家企业，并与这些企业保持紧密合作的关系，从而使自己的运作提高到世界级水平，而由此产生的费用则与目前的开支相等甚至有所减少。更重要的是，实行业务外包的企业出现财务问题的可能性仅为没有实行业务外包的企业的三分之一。企业内向配置的核心业务与外向配置的业务紧密相连，形成一个关系网络（即供应链），而企业运作与管理也由控制导向转为关系导向。

在供应链管理环境下，企业成功与否不再由纵向一体化的程度高低来衡量，而是由企业积聚和使用的知识为产品或服务增值的程度来衡量。企业在集中资源于自身核心业务的同时，通过利用其他企业的资源来弥补自身的不足，从而变得更具竞争优势。企业把内部业务的一部分交给外部专门机构，其实质是企业重新定位，重新配置各种资源，将资源集中于最能反映企业相对优势的领域，塑造和发挥企业独特的、难以被其他企业模仿或替代的核心优势，获得使企业持续发展的能力。

二、业务外包的原因

业务外包推崇的理念是：如果企业中的某一环节不是世界上最好的，如果这又不是企业的核心竞争优势所在，如果去掉这一环节不至于造成客户流失，那么可以把它外包给专业企业去做。也就是说，首先确定企业的核心竞争力，并把企业内部的资源集中在那些有核心竞争优势的业务上，然后将其他业务外包给专业企业。在数字化供应链环境下的资源配置过程是一个关于如何增值的决策过程，如果企业能以更低的成本获得比自制具有更高价值的资源，那么企业就应该选择业务外包。以下是促使企业实施业务外包的原因。

（一）分担风险

企业可以通过外部资源配置分散因政府、经济、市场、财务等因素产生的风险。企业本身的资源、能力是有限的，通过外部资源配置，与外部合作伙伴分担风险，企业可以变得更加灵活，更能适应变化的外部环境。

（二）加速重构

企业重构需要花费大量时间，并且获得效益也要很长的时间，而业务外包是企业重构的重要策略之一，可以帮助企业快速解决业务方面的重构问题。

（三）难以管理或失控的辅助业务职能

企业对于某些难以管理、运行效率不高甚至有可能失控的辅助业务，更愿意将其外包给其他企业，但这种方法并不能彻底解决企业的问题。相反这些业务职能可能在企业外部变得更加难以控制。在这种时候，企业必须花时间去找到问题的症结所在并进行解决，而业务外包为利用外部优势资源解决内部问题提供了新途径。

（四）使用企业缺乏的资源

如果企业缺乏有效完成业务所需的资源（包括资金、技术、设备），而且不能盈利时，企业也会将业务外包。然而，企业必须同时进行成本/利润分析，确认长期外包是否有利，由此决定是否应该采取外包策略。

（五）控制成本，节约资金

许多外部资源配置服务提供者拥有比本企业更高效、更具成本效益的技术和知识，能够更好地完成相关业务，因此他们可以实现规模效益，并通过这种方式获利。企业通过外部资源配置，可以避免在设备、技术、研发上的大额投资，从而有效控制成本和资金投入。

三、业务外包的问题

成功的业务外包策略可以帮助企业降低成本、提高业务能力、改善质量、提高利润率和生产率，但同时也会使企业面临一些问题。

首先，业务外包一般会减少企业对相关业务的监控，同时增加企业责任外移的可能性。企业必须不断监控外部企业的行为并与其建立长期稳定的联系。

其次，随着更多业务的外包，员工会担心失去工作。尤其是当员工意识到自己的工作被外包只是时间问题时，他们就会失去对企业的信心，失去努力工作的动力，导致业绩水平和生产率下降。

许多业务外包失败不仅是因为忽略了以上问题，也是因为没有正确地将合适业务进行外部资源配置。此外，没有选择好合作伙伴、遇到不可预知的风险、过分强调短期效益等都有可能导致企业业务外包失败。

四、业务外包的主要方式

常见的业务外包方式主要包括以下几种。

（一）采用临时服务和临时工

部分企业在完全控制其核心产品生产过程的同时，会外包餐饮服务、邮件管理服务、安保服务等辅助性、临时性的服务。采取临时服务是由于企业需要有特殊技能的职工而又不是一直需要。这样企业可以缩减过多的经常性开支，降低固定成本，同时提高劳动力的灵活性和生产率。

（二）形成子网公司

为了重新获得竞争优势，许多企业将控制导向、纵向一体化的企业组织分解为独立的业务部门或公司，形成母公司的子公司。从理论上来说，这些独立的子网公司几乎脱离母公司，变得更加灵活、高效且具有创新性。同时，因为减少了纵向一体化的层级架构，它们能更快地对快速变化的市场环境做出反应。

（三）与竞争者合作

与竞争者合作使两个竞争者把自己的资源投入共同的任务（诸如共同的开发研究）中，这不仅可以使企业分散开发新产品的风险，同时，也可以使企业获得比单个企业更强的创造性和柔性。尤其在高科技领域，要获得竞争优势，企业就必须尽可能有柔性，并与其他企业建立合作关系。

（四）除核心业务之外的完全业务外包——转包合同

企业将非核心业务全部"外包"，自身只从事具有竞争优势的核心业务。这样可以充分发挥企业的核心优势，提高企业的整体运营效率。

五、全球范围的业务外包

为了在全球经济范围内竞争，企业必须在全球范围内寻找业务外包合作者。在全球范围内对原材料、零部件进行优化配置正成为企业在国际化进程中获得竞争优势的一种重要技术手段。全球资源配置已经使许多行业中的产品制造国的概念变得模糊了。原来由一个国家制造的产品可能通过远程通信技术和迅捷的交通运输成为国际组装而成的产品，其开发、设计、制造、市场营销、广告等可能是由分布在世界各地的能使其增值最多的企业完成的。例如，通用汽车公司的 Pontiac Le Mans 已经不能简单定义为美国制造的产品，它的组装生产是在韩国完成的，发动机、车轴、电路是由日本提供的，设计工作在德国完成，其他一些零部件来自新加坡和日本，西班牙为其提供广告和市场营销服务，数据处理在爱尔兰和巴巴多斯完成，其他一些服务如战略研究、法律服务、银行和业务保险等则由美国提供，其中只有大约 40% 的成本发生在美国本土。

全球业务外包也面临着一些风险和挑战，比如，在国际运输方面可能遇到地区方面的限制，订单和再订货可能遇到配额的限制，汇率变动及货币的不同会影响付款等。因此，全球业务外包需要有关人员具备专业的国际贸易知识，包括国际物流、外汇、国际贸易实务、国外供应商评估等方面的知识。

六、业务外包与信息技术

没有信息技术的快速发展，就没有业务外包的迅速普及。

首先，业务外包源于信息技术的推动。从根本上说，信息技术为企业业务外包的快速运行提供了必不可少的载体。即便不涉及信息技术的业务外包，制造、财务、行政管理等方面的业务外包也离不开信息技术，特别是营销业务中的网上商务外包，更需要先进的信息技术。因此，企业要推行业务外包，必须建立完善的信息系统，并加快推进信息工作现代化，充分利用互联网，使商业经营融入全球信息网络。

其次，信息技术本身也是企业外包的重要内容。一项调查表明，信息技术外包的开支约占所有业务外包开支的28%。几乎每一家实行业务外包的企业都将信息部门的某些职能外包出去。

能力测试

一、单选题

1. （　　）是企业检查生产计划执行状况的重要依据，也是滚动制订生产计划过程中用于修正原有计划和制订新计划的重要信息。

　　A. 柔性约束　　　B. 生产进度　　　　C. 生产能力　　　　D. 生产控制

2. （　　）的目的在于依据生产计划，检查零部件的投入和产出数量、产出时间和配套性，保证产品能准时装配出厂。

　　A. 生产进度控制　　　　　　　　　B. 生产节奏控制

　　C. 提前期管理　　　　　　　　　　D. 库存控制

3. （　　）的目的在于使信息能无缝地、顺畅地在供应链中传递，减少因信息失真而导致过量生产、过量库存现象的发生，使各供应链企业能保持步调一致，快速响应市场需求的变化。

　　A. 供应链智能生产外包　　　　　　B. 供应链智能生产计划

　　C. 供应链智能生产控制　　　　　　D. 供应链智能协调机制

4. 成功的（　　）策略可以帮助企业降低成本、提高业务能力、改善质量、提高利润率和生产率。

　　A. 业务外包　　　　　　　　　　　B. 智能生产计划

　　C. 智能生产控制　　　　　　　　　D. 智能生产协调

二、多选题

1. 供应链智能生产计划的具体任务包括（　　）。

　　A. 保证完成生产计划　　　　　　　B. 创造均衡生产条件

　　C. 制订生产物流计划　　　　　　　D. 协调生产计划

2. 实行智能生产控制的原因包括（　　）。

　　A. 加工时间估计不准确　　　　　　B. 随机因素的影响

　　C. 加工路线的多样性　　　　　　　D. 企业环境的动态性

3. 数字化供应链环境下实现智能生产协调的方法有（　　）。

　　A. 数量折扣　　　　　　　　　　　B. 快速响应

　　C. 延迟技术　　　　　　　　　　　D. 供应源的定制化

　　E. 供应商管理库存

4. 数字化供应链环境下，企业生产业务外包的主要方式包括（　　　）。

    A. 采用临时服务和临时工

    B. 形成子网公司

    C. 与竞争者合作

    D. 除核心业务之外的完全业务外包——转包合同

三、简答题

1. 简述数字化供应链环境下智能生产计划与传统生产计划的区别。

2. 简述数字化供应链环境下实现智能生产控制的方法。

3. 简述数字化供应链环境下智能生产协调机制的分类。

4. 简述数字化供应链环境下企业生产业务外包的原因。

07 项目七

数字化供应链环境下的智慧物流管理

【项目描述】

随着科技的进步与全球竞争的加剧，现代管理的手段与理念不断发展和变革，企业开始运用供应链管理策略进行一体化管理，来实现企业内外部环境的协同，从而提升企业的核心竞争力和客户满意度。探讨数字化供应链环境下的智慧物流管理，对于正确理解现代智慧物流管理的特点与地位，提高供应链管理整体效益具有重要意义。本项目将重点介绍数字化供应链环境下的智慧物流管理、智慧物流运营模式、库存管理等相关知识，旨在让大家通过本项目的学习深刻理解供应链管理与智慧物流管理的关系。

【项目目标】

知识目标
1. 了解供应链管理和智慧物流管理的关系
2. 了解数字化供应链环境下智慧物流运营模式的比较
3. 掌握数字化供应链环境下智慧物流运营模式选择的影响因素
4. 了解库存管理的基本方法

技能目标
1. 掌握智慧物流管理的概念和主要功能
2. 掌握数字化供应链环境下智慧物流运营模式的内涵
3. 掌握库存管理的目标与作用

素质目标
1. 学以致用，把所学知识应用到工作中
2. 培养对新事物、新知识的接受和学习能力
3. 突破传统思维，创新传统工作流程

【引导案例】

一体化供应链物流服务企业——京东物流

京东集团自 2007 年开始自建物流，并于 2017 年 4 月正式成立京东物流集团。2021 年 5 月，京东物流在香港联交所主板上市。作为目前我国领先的技术驱动型供应链解决方案及物流服务提供商，京东物流充分发挥"以实助实"的新型实体企业属性，不仅能通过扎实的基础设施、高效的数智化社会供应链、创新的技术服务能力，助力农贸、交通、通信、制造等实体经济行业大型企业数智化转型，还能不断开放完善的跨行业、跨产业、全球化的产业生态资源体系，通过多元化的解决方案帮助中小微企业降本增效，更能将专业化服务向下兼容，以数智化社会供应链为基础，从发展数智农业和物流、提升乡村治理和服务水平等方面入手，打通农村全产业链条，为乡村振兴提供解决方案。得益于从供应链安排、物流执行到消费产品分析的丰富经验，在一体化供应链物流领域，京东物流已经逐渐走向成熟。

1. 跨业务、全球化服务能力

业内领先的大规模、高智能的物流仓配网是京东物流持续高质量发展的核心竞争力。京东物流建立了包含仓储网络、综合运输网络、配送网络、大件网络、冷链网络及跨境网络在内的高度协同的六大网络，具备数智化、广泛和灵活的特点，服务范围覆盖了我国大部分地区和人口，由此成为能够实现多网、大规模一体化融合的供应链与物流服务提供商。京东物流的供应链物流网络具有"自营核心资源+协同共生"的特点。截至 2023 年 6 月 30 日，京东物流已在全国运营约 1500 个仓库，其中包括 49 座大型智能仓库"亚洲一号"，京东物流还拥有约 40 万名配送人员。2017 年，京东物流创新推出"云仓"模式，将自身的管理系统、规划能力、运营标准、行业经验等用于第三方仓库。截至 2023 年年底，京东物流运营的云仓数量已经超过 3600 个，自有仓库与云仓总运营管理面积超过 3200 万平方米。同时，京东物流还通过与国际及当地合作伙伴合作，建立了覆盖超过 220 个国家及地区的国际线路，以及约 50 个保税仓库和海外仓库。

2. 新一代数字信息技术驱动

在新发展阶段，随着传统物流弊端的不断显现，京东物流前瞻性地布局各类新一代数字信息技术，用科技手段赋能供应链和物流服务，突破行业发展瓶颈，提升长期竞争力，助力高效流通体系建设。京东物流于 2016 年 5 月成立 X 事业部（其前身是京东物流实验室），负责无人机配送、无人仓库、无人站、智能配送机器人等智慧物流技术的研发。同时，京东物流于 2016 年 11 月成立 Y 事业部，致力于利用大数据和人工智能技术打造智慧供应链。

京东物流通过运用 5G、人工智能、大数据、云计算及物联网等底层技术，持续提升自身在自动化、数智化及智能决策方面的能力。同时，京东物流的先进技术能够帮助客户实现供应链关键环节的自动化及数智化。自动导引车（Automated Guided

Vehicle，AGV）、智能快递车及搬运、分拣机器人等新型设备能够显著提升物流活动效率。专有仓库管理系统（Wharehouse Management System，WMS）使京东物流能够管理存货、劳动力及数据传输的整个流程，从而提升存货可视性及运营效率。专有运输管理系统（Transportation Management System，TMS）通过实时追踪车辆及产品，以及自动化的运力筛选和费用结算功能，更全面地管理运输过程。基于强大的数据分析能力，京东物流还可以向客户推荐最优区域仓库数目，并决定存货在不同区域仓库间的最佳分配。此外，京东物流可以用算法计算出每个区域的最优库存水平，在库存水平最小化和营运资金有效运用及提高库存率之间取得平衡，为客户创造更优体验。

3. 一体化供应链物流服务解决方案

作为一家供应链和物流头部企业，京东物流长期致力于供应链和物流服务的专业化、标准化和模块化深耕，关注客户所在产业链的脉络及变化，提供一体化供应链物流服务柔性解决方案，以满足客户的差异化和定制化需求。一是"方案一体化"或"垂直一体化"，即提供从产品制造到仓储、配送的一整套解决方案，使企业客户能够避免或降低协调多家服务供应商而产生的成本。二是"网络一体化"，即通过京东物流的六大网络，全面满足企业物流活动需求。三是"运营一体化"，即基于不同环节进行集中化运营，依托京东物流的服务网络形成规模化效应，帮助客户进一步降低供应链与物流成本。

4. 行业影响与整合能力

京东物流在提供社会化开放服务的过程中十分重视关键客户（Key Account，KA）。这些关键客户在行业中具有风向标意义，能够产生重要的行业影响力。京东物流为之提供涉及多个链条的全套定制化服务，包括商业咨询、库存优化、全国网络规划、仓库管理、运输配送及退换货等。2024年，京东物流所服务的一体化供应链客户数量超过8万个，主要集中在快速消费品、服饰、3C电子、家居家电、汽车后市场、生鲜等领域，包括雀巢、小米、上汽通用五菱等的客户在内都通过京东的一体化供应链物流服务提升了智能化、自动化水平。京东物流由此带动一系列标准客户使用仓储、运输、快递、云仓、技术等服务产品，在更大范围内推进涵盖行业上下游的供应链物流整合与优化，产生积极的社会价值。

思考：京东物流是如何开展一体化供应链物流服务的？

任务一 数字化供应链环境下的智慧物流管理概述

任务描述

物流是供应链的组成部分，并贯穿整个供应链，连接供应链中的各个环节，成为企业合作的纽带，建立敏捷而高效的供应链物流系统能提高企业的竞争力。供应链管理成为 21 世纪企业的核心竞争力，而智慧物流管理又成为供应链管理的主要构成部分。学习掌握智慧物流管理的相关知识，以及供应链管理与智慧物流管理的关系等，对于提高企业作业效率和降低企业成本至关重要。

任务知识

就当前的物流行业发展而言，供应链管理概念的出现在一定程度上改变了传统物流行业的发展趋势，使传统物流行业受到了较大冲击，进而形成新的智慧物流管理环境。在这一新的环境中，物流企业在应对市场竞争方面发生了根本性的改变，从以前的时间、成本等客观因素变为现在较为直接的时效性竞争，这使得原来的物流管理体系已经不能匹配当下的物流行业的发展模式，所以物流行业的发展及其管理模式应进行必要的调整，以适应当下的市场竞争，为企业的技术革新提供更多的突破口。

一、智慧物流管理的概念和主要功能

（一）智慧物流管理的概念

智慧物流管理是指利用先进的信息技术和物流管理方法，通过建立智能化的物流系统，对物流过程进行全面的计划、组织、指挥、协调和控制，实现高效、便捷、安全、可追溯的物流运作。这是一种利用先进技术和智能系统来优化和改进物流运作的管理方法，结合了物流、信息技术和数据分析，旨在提高物流运作的效率、透明度和可持续性。智慧物流管理涉及物流规划、路线优化、仓储管理、运输管理、供应链可视化、实时监控和预测分析等方面。通过使用自动化、物联网、大数据、人工智能等技术，智慧物流管理可以帮助企业实现更高效、更可控的物流运作，从而降低成本、提高客户满意度并减少对环境的不良影响。

（二）智慧物流管理的主要功能

1. 物流信息采集功能

智慧物流管理能够实现对物流运输、仓储、配送等环节的实时监控和数据采集，包括货物运输轨迹、温度、湿度、气压等环境信息，以及车辆的行驶状态、速度、油耗等数据。通过物流信息采集功能，物流企业可以实现对物流运输过程的全面监控，及时发现并解决问题，提高物流服务质量。

2. 物流信息处理功能

智慧物流管理能够对采集到的物流信息进行处理和分析，形成可供决策的数据。物流信息处理包括数据清洗、数据分析、数据挖掘等环节。通过物流信息处理功能，物流企业可以深入分析物流运输过程中的问题和瓶颈，为决策提供支持。

3. 物流信息应用功能

智慧物流管理能够利用人工智能、大数据等技术手段，对物流信息进行挖掘和分析，从而为物流企业提供决策支持和预测服务。物流信息应用包括数据可视化、智能预测、优化方案等环节。通过物流信息应用功能，物流企业可以提高物流运营效率，降低物流成本，并改善客户服务质量。

二、数字化供应链环境下智慧物流管理的特点

智慧物流管理是运用管理学的科学方法，对物流活动进行计划、控制和监督，以最小的成本获得最大的经济效益和运输效率。数字化供应链环境下智慧物流管理的特点主要包括以下几个方面。

（一）自动化与智能化

智慧物流管理借助物联网、云计算、大数据、人工智能等先进技术，实现物流过程的自动化和智能化，通过传感器、RFID、条形码等技术，实时采集和监控物流信息，自动完成货物的装卸、分拣、运输等环节，提高物流效率和准确性。

（二）协同与集成化

智慧物流管理强调各个环节之间的协同和集成，实现信息的无缝传递和共享。通过智慧物流管理系统，供应商、物流企业、仓储企业和客户之间可以实现信息共享和协同操作，提高物流运作的效率和准确性。

（三）可视化与追踪性

智慧物流管理通过信息技术实现对物流过程的追踪和可视化。物流企业可以通过物流管理系统，实时监控货物的位置、状态和运输进度，为客户提供实时的物流信息查询和追踪服务，提升物流运作的可靠性和安全性。

（四）数据驱动与决策支持

智慧物流管理利用大数据和人工智能技术，对物流过程中的各项指标进行分析和预测，提供决策支持和优化方案。通过对历史数据和实时数据的分析，物流企业可以预测货物需求、优化运输路径、提高资源利用率，从而降低物流成本，实现效率最大化。

（五）灵活性与适应性

智慧物流管理具有较强的灵活性和适应性。通过智慧物流管理系统的灵活配置和调度，物流企业可以根据市场需求和资源变化进行动态调整和优化，实现灵活的生产配送和供应链管理。

（六）安全性与可靠性

智慧物流管理注重物流过程的安全性和可靠性。通过智慧物流管理系统和物联网技术，物流企业能够实现对货物的实时监控和防护，提高运输安全性；通过大数据分析和风险预警，物流企业可以提前发现并应对物流风险，从而提升物流运作的可靠性。

三、供应链管理和智慧物流管理的关系

人们普遍认为，供应链管理是随着智慧物流管理的发展而提出并逐步完善的，但是发展至今，智慧物流管理已经成为供应链管理的重要组成部分。

（一）供应链管理和智慧物流管理的联系

供应链管理利用计算机网络技术全面地对供应链中的商流、物流、信息流、资金流等进行计划、组织、协调和控制。它是为把企业供应链的各个环节相连接而进行的协同合作，可对资源进行优化配置，以此达到各方面利益最大化的目的。这种管理理念和技术改造了传统产业的经营理念，是一种新的市场竞争力量。

供应链管理这一概念从提出到实践都与智慧物流管理有着紧密的联系。从某种意义上讲，供应链管理是智慧物流管理的高级形态。从智慧物流管理发展的历史来观察，其经历了 5 个阶段：物流功能单独管理阶段、物流功能系统化管理阶段、智慧物流管理领域扩大化阶段、企业内物流一体化管理阶段、供应链智慧物流管理阶段。可见，供应链管理是智慧物流管理发展过程中顺应企业管理的需要而产生的一种新的管理模式，它从作业功能的整合到渠道关系的整合，使物流从战术高度上升到战略高度，是对智慧物流管理的逻辑延伸。

（二）供应链管理和智慧物流管理的区别

供应链管理偏向于协调统一的机制，智慧物流管理则偏向于计划控制的机制。在智慧物流管理中，主导企业通常是制造商，他力图通过一个计划来控制产品和信息的流动，与供应商和客户的关系本质上是追求利益的买卖关系，常常导致存货向上游企业的转移或成本的转移。供应链管理同样需要制订计划，但其目的是实现供应链企业之间的联动和协调。

供应链管理强调组织外部的一体化，而智慧物流管理主要关注组织内部的物流一体化。物流一体化管理是指从原材料采购到产成品交付，对企业物流的全过程进行统一管理，即站在企业全局的角度而非部门的角度，运用系统化的方法，使物流达到合理化状态。供应链管理认为只有组织内部的物流一体化是远远不够的，供应链管理是一项高度互动和复杂的系统工程，需要同步考虑不同层次上的相互关联的技术经济问题，进行成本效益权衡，并对实施一体化管理后所获得的整体效益在供应链企业之间进行合理分配。

供应链管理对共同价值有着更强的依赖。智慧物流管理通过对存货时间和地点的精确定位来创造价值，并通过对订单管理、库存、运输、仓储管理、物料处理及包装管理等活动的有效控制，以廉价高效的方式满足客户需求，实现企业和客户的价值增值。供应链的价值主要来自供应链企业在 5 个主要流程上的协同合作，这 5 个主要流程包括信息流、产品流、服务流、资金流及知识流。物流是供应链模式中产品流和服务流的主要

运输导管，如果说物流的运作是为了提高产品的客户可得性，那么供应链管理则是为了解决供应链伙伴合作之间的信息可靠性问题。

供应链管理是"外源"整合组织，智慧物流管理侧重于企业内部资源或不同物流功能的整合。供应链管理更强调企业在自己的核心业务的基础上，通过协作整合外部资源来获得最佳的总体运作效果。在供应链管理中，除了核心业务以外，几乎每件事情都是"外源"的，即可由企业外部完成。因此供应链管理对于资源配置而言是更先进、更全面的方法。

四、数字化供应链环境下智慧物流的发展趋势

智慧物流通过利用大数据、人工智能、物联网等先进技术，提升了物流运输效率和管理水平。数字化供应链则通过信息化手段实现了供应链各环节的数字化管理和协同。随着技术的不断发展和应用，数字化供应链环境下智慧物流的发展趋势主要表现在以下方面。

（一）数字化支撑物流与供应链企业高质量发展

物流业是支撑国民经济发展的先导性、基础性、战略性产业，物流和数字技术构成了物流与供应链行业坚实的物质技术基础，物流与供应链企业数字化转型对推动行业高质量发展，保障产业链、供应链自主可控和安全高效起到了支撑作用。

（二）数字化助力全国统一大市场建设

《"十四五"现代流通体系建设规划》（以下简称《规划》）提出深化现代流通市场化改革、完善现代商贸流通体系、加快发展现代物流体系、增强交通运输流通承载能力、加强现代金融服务流通功能、推进流通领域信用体系建设和实施保障。数字化是实现数字交通、供应链金融，以及搭建信用体系的有力抓手，特别是在平台经济背景下，通过平台实现最优运力需求匹配，打通供应链全链条交易及运单数据，构建用户画像，完成信用评价，可最终助力供应链金融落地，实现数据价值。

（三）数据治理及人才培养成为新需求

随着数字经济发展的不断深入，数据安全在国家安全体系中的重要地位进一步明确，然而数据安全作为新兴行业，正处于发展初期。一方面，需求侧受政策驱动，逐步觉醒数据安全意识，开始关注并着手建立自身的数据安全体系；另一方面，供应侧受市场引导，开展了数据安全相关产品及服务的研究布局。从数据安全需求侧来说，数据安全治理组织架构逐渐明晰，关键技术逐步补齐。如何建立体系化的数据安全治理能力，培养复合型数据安全人才是未来的工作重点。从数据安全供应侧来说，数据安全产品与服务的竞争愈加激烈，提供一体化的解决方案、咨询、培训等服务或是突破口。物流与供应链行业的数字化发展也将顺应这一趋势，在保障数据安全的前提下进一步向前迈进。

（四）数字化重塑物流与供应链新生态

物流企业数字化转型的目标可以分为以下 3 个层次：第一，通过数字技术的应用和信息系统的建设，优化作业流程，实现降本、提质、增效；第二，保持物流企业内部单项物流服务、整体解决方案及配套增值服务等业务结构的合理性，以适应不断变化的外部环境；第三，以数据驱动的自主演进决策体系替代原有的金字塔式决策体系，推动物流企业商业变革与创新，创造由物流服务带来的价值增量。数字化转型所带来的模式变革及价值增量将重构物流与供应链行业的产业结构，进而构建全新的行业生态。

任务二　数字化供应链环境下的物流运营模式

任务描述

企业间的竞争正向供应链间竞争的方向发展。在供应链管理环境下，科学制定物流发展规划、系统调配物流资源、实施科学高效的物流运营，是提高整个供应链竞争力的关键。本任务通过分析数字化供应链环境下智慧物流运营模式的内涵、类型，对自营物流、外包物流、物流联盟这 3 种运营模式进行了对比介绍，最后本任务又介绍了数字化供应链环境下智慧物流运营模式选择的影响因素。

任务知识

一、数字化供应链环境下智慧物流运营模式的内涵

物流运营模式是指物流企业根据客户的需求进行集货、分拣、包装和贴标签等一系列的工作，直至将货物送达客户手中所采用的流程和方式的总称，如图 7-1 所示。

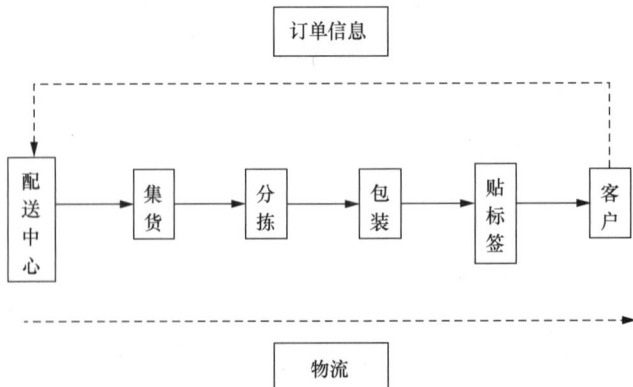

图 7-1　物流运营模式

物流运营模式追求的目标是客户满意度最大化，物流成本最小化。在整个过程中，既有物流的形成也有信息流的形成。

二、数字化供应链环境下智慧物流运营模式的类型

（一）自营物流

自营物流是企业为了满足自身物流业务需求而开展经营的物流运作模式。在我国，这种模式比较常见。通过实施自营物流，企业将实现对内部的集中采购、统一配送和结算，保证货物的及时供应。企业实施自营物流可以满足自身需求，在有能力的情况下满足社会的物流需求，从而提高物流效率和经济效益。

拓展案例

苏宁易购与苏宁物流

1. 自营物流的优势

（1）控制力强。这种模式可以使企业实现对物流的绝对控制，包括全面控制企业内部的供应、生产及销售物流，并能够有效调节和管理物流活动，使之顺利进行。

（2）服务灵活。自营物流能为有效企业提供高品质服务，为企业生产经营活动提供物流服务支持。企业通过准时高效的物流服务等为客户创造附加价值，提升客户满意度。

（3）节约成本。企业实施自营物流可以规避与第三方进行物流交易的风险。当企业实施自营物流并形成规模经济时，可以实现成本的降低。

2. 自营物流的劣势

（1）投资成本高，建设周期长。企业实施自营物流需购置物流设施设备，并配置相关物流作业人员及配送车队，这必然会加重企业的投资负担，同时减少企业对其核心业务的投入，削弱企业在市场中的核心竞争力，进而降低企业抵御市场风险的能力。

（2）规模受限，物流专业化水平不高。如果企业未形成足够大的规模，一方面，由于规模小无法发挥规模效应，会导致物流成本上升，削弱企业的竞争力，同时也会限制物流专业化服务范围；另一方面，当企业的业务量不足以匹配其规模，必然带来物流设施和设备的空置，从而增加企业的资源浪费和经营风险，影响物流资源的利用、服务质量的提升。

（3）智慧物流管理能力差。非专业的物流企业往往缺乏专业的智慧物流管理人才、物流设备、物流技术，这会导致管理物流所花费的时间、资源和成本加大，也会增加企业管理运作中的风险。

（二）外包物流

外包物流是指企业将主要精力和资源集中于自身的核心业务，将非核心物流业务以合同方式委托给第三方物流（Third-Party Logistics，TPL/3PL）的物流运作模式。外包物流通过第三方物流提供专业服务，利用第三方物流的网络和配送范围，节约企业的时间

成本，从而增强企业的核心业务能力。

1．外包物流的优势

（1）物流服务专业化程度高。通过第三方物流完善的信息网络和广泛的覆盖范围，企业可以提供灵活机动的点对点服务；通过物流信息网络和移动终端，客户可以随时随地查询货物的物流信息，从而大大提高客户满意度。

（2）降低物流成本。企业将物流外包可以节约自建物流中心的费用，提高资金周转率，降低物流运营成本，从而提升经营效益。

（3）提升核心竞争力。企业通过将物流外包，一方面可以获得第三方物流的专业服务；另一方面可以将自身有限的资源和精力集中于核心业务，从而提升核心竞争力。

拓展案例

小天鹅集团的物流运营模式

2．外包物流的劣势

外包物流的劣势主要表现在：将物流业务外包给第三方物流，企业对物流业务单元的控制力会降低，并在一定程度上受到第三方物流的约束；难以把握最终客户的需求变化，无法为其提供个性化的产品和服务，这给企业的客户群培养增加了不确定性和风险。

（三）物流联盟

1．物流联盟的定义

物流联盟是以物流作为合作基础的企业战略联盟，指两个或两个以上的企业，为了实现共同的物流战略目标，通过各种协议、契约而结成的优势互补、风险共担、利益共享的松散型网络组织。

狭义的物流联盟存在于非物流企业之间，广义的物流联盟包括第三方物流，具有资源整合、信息集成的功能。其目的是实现联盟成员的"共赢"，具有联盟成员相互依赖、核心专业化及强调合作的特点，是介于自营物流和外包物流之间的物流模式，能降低这两种模式的风险。

2．物流联盟产生的原因

（1）利益是物流联盟产生的最根本原因，企业之间有共同的利益是物流联盟形成的基础。

（2）大型企业为了保持其核心竞争力，通过物流联盟将物流外包给一个或几个第三方物流企业。

（3）中小企业为了提高物流服务水平，通过物流联盟弥补自身能力的不足。

（4）以第四方物流为中心对各个物流服务机构尤其是第三方物流企业进行整合，实现服务效率和服务质量的大幅提高，解决单独靠一家企业或第三方物流企业无法完成的问题，这也是物流联盟产生的原因之一。

（5）国际互联网技术的广泛应用使跨地区的物流联盟成为可能。

（6）我国物流企业面临跨国物流公司的竞争压力，这可以通过组建物流联盟来应对。

3. 物流联盟的优劣势

物流联盟的优劣势如表 7-1 所示。

表 7-1　物流联盟的优劣势

优势	劣势
1. 降低企业的运营风险； 2. 有利于拓展市场； 3. 有助于降低物流成本（物流联盟成员通过改善信息交流可减少交易成本）； 4. 提高企业的物流能力	1. 联盟成员间的稳固性有待加强； 2. 横向型联盟需要有一定规模的企业和产品加盟，否则难以发挥整合优势； 3. 建设联盟初期需要大量资金； 4. 彼此利益难以协调与管理，阻碍资源进一步范围优化

三、数字化供应链环境下智慧物流运营模式的比较

拓展案例

菜鸟联盟

在数字化供应链环境下不同的智慧物流运营模式有优势与劣势，3 种智慧物流运营模式的优劣势分析如表 7-2 所示。

表 7-2　数字化供应链环境下 3 种智慧物流运营模式的优劣势分析

物流运营模式	优势	劣势
自营物流	1. 控制能力强； 2. 服务方法灵活； 3. 降低成本	1. 投资成本高，建设周期长； 2. 规模受限，物流专业化水平较低； 3. 智慧物流管理能力不足
外包物流	1. 物流服务专业化程度高； 2. 降低物流成本； 3. 提升企业核心竞争力	1. 降低对物流业务单元的控制，转而依赖第三方物流； 2. 客户维护率较低
物流联盟	1. 降低企业运营风险； 2. 有利于拓展市场； 3. 有助于降低物流成本； 4. 提高企业物流能力	1. 联盟成员间的稳固性有待加强； 2. 横向型联盟需要一定规模的企业和产品加盟，否则难以发挥整合优势； 3. 建设联盟初期需要大量资金支持； 4. 彼此利益难以协调与管理，阻碍资源进一步优化

四、数字化供应链环境下智慧物流运营模式选择的影响因素

数字化供应链环境下的企业在选择智慧物流运营模式时，应认真研究各种模式的利

弊，并结合企业发展需求选择适合自己的智慧物流运营模式。影响企业选择智慧物流运营模式的因素可归纳为如下几种。

（一）经营产品的属性

企业所经营产品的属性会影响企业对智慧物流运营模式的选择。比如对于体积大、价值高的产品，企业会考虑选择自营物流，以避免物流配送过程中出现毁损、遗失等问题，影响企业的声誉。而食品或是冷鲜品都对仓储设施设备、运输车辆、流通加工过程提出了严格的要求，往往需要由专业化的冷链物流公司提供物流服务，所以经营这类产品的企业往往会选择外包物流，以获得满意的物流服务。

（二）企业的规模及实力

在智慧物流运营模式的选择中，企业的规模及实力也是重要的影响因素。对于规模庞大、资金实力雄厚的大型企业来说，自营物流不仅能满足其较大的物流需求，还能使其掌控物流的重要环节，控制物流成本，提升物流效率，更大幅度地拉开与其他企业的差距，获得更大的市场和更多的收益。而规模较小、市场定位尚不明确、处于发展阶段的企业更适合专注于核心业务，将物流业务外包或加入物流联盟。

（三）物流对企业的影响力

如果物流对企业的影响重大，且企业资金雄厚并掌握专业的物流知识，那么企业就可以建立自营物流体系，这样可以为客户提供专业化的服务，提升自身的形象。如果物流对企业的影响较小，且企业规模较小，那么企业比较适合选择外包的形式，以获得更加专业化的物流服务。

（四）企业对物流的控制力的要求

企业对物流的控制力的要求也是影响企业选择智慧物流运营模式的重要因素之一。如果物流对企业的影响大，企业需要控制整个物流环节，那么企业最好选择自营物流，这样可以更好地保护其销售渠道，提高客户服务水平。如果企业对物流的控制要求不是很高，可以选择外包物流或加入物流联盟。

任务三　数字化供应链环境下的库存管理

任务描述

库存管理是供应链物流系统的一项重要功能。从某种意义上说，库存管理是实现供应链效益的关键。库存管理要求企业将视野从自身转向由供应商、制造商、批发商、零售商组成的整个供应链网络，以市场需求为战略导向，企业间充分交换库存信息，相互协调，共同管理库存，从而实现供应链整体库存水平的下降。本任务将介绍库存与库存管理的概念、库存管理的目标与作用等相关知识，其中重点是库存管理的基本方法。

任务知识

一、库存的概念与分类

（一）库存的概念

库存（Inventory）是企业生产经营过程中不可或缺的重要环节，具有整合需求与供给、确保各项活动顺畅进行的功能。库存有广义和狭义之分：从狭义的角度看，库存指物品在仓库中的暂时闲置状态；从广义的角度看，库存表示用于将来目的的物品的暂时闲置状态。库存的资源称为存货，这需要从两个方面来理解：一是存货闲置的位置可以不同，可以在仓库里、生产线上或车间里，也可以在非仓库的任何位置，如车站、机场或码头等流通节点；二是存货的表现形式可以不同，可以是主动的各种形态的储备，也可以是被动的各种形态的仓储，还可以是完全的积压。

库存具有两面性：一方面，库存会为企业带来较高的库存成本；另一方面，库存能有效地解决供需矛盾，保持各项经营活动的顺畅进行，甚至具有投机功能。持有库存的理由在不同情况下、不同企业内可能有所不同。

一般来说，库存的目的有 3 个：预防不确定的、随机的需求变动；保持生产的连续性和稳定性；经济批量订货。持有库存会产生一定费用，还会带来一些管理上的问题。因此，企业需要在库存的益处与弊端之间实现平衡，这是库存管理需要解决的问题。

（二）库存的分类

库存的分类方法很多，具体如下。

1. 按库存的功能分类

（1）安全库存

安全库存是指为了应对需求、生产周期或者供应周期等可能发生的变化而设置的一定量的库存。它是由于无法准确预测销售数量、生产数量和时机而持有的库存。设置安全库存的方法是比正常订货时间提前一段时间订货或在交货期限前一段时间开始生产。另一种方法是，每次的订货量大于到下次订货为止的需求量，多余部分即为安全库存。安全库存的数量不仅受需求与供应的不确定性影响，还受企业希望达到的客户服务水平影响，企业在制定安全库存决策时应予以重视。

（2）调节库存

调节库存是指为了调节供应或需求的不均衡、生产速度与供应速度不均衡及各生产阶段的产出不均衡而设置的库存。例如，为了迎接销售旺季，企业需要在淡季设置调节库存。

（3）周转库存

在相邻两次订货之间，即订货周期内，企业需持有一定库存以避免缺货，这种库存就是周转库存。订货批量是指每次订货的数量，订货批量越大，订购周期就越长，周转库存量也就越大。

（4）在途库存

在途库存是指正处于运输途中或停放在相邻两个工作地点之间或相邻两个组织之间的库存。这种库存不能为工厂或客户服务，它的存在只是因为运输需要时间，其数量取决于运输时间，以及该期间的平均需求。

（5）投机性库存

投机性库存是指低价时大量购进而形成的库存。对于预期要涨价的物品，在价格较低时大量购进就会降低该物品的库存成本。

2. 按库存在生产和配送过程中所处的状态分类

（1）原材料库存

原材料库存是指用于制造成品组件的钢铁、木料、面粉、布料或其他物料。

（2）在制品库存

在制品库存是指工厂中正在被加工或等待被加工的物料和组件。

（3）成品库存

成品库存包括备货型库存和订货型库存。备货型库存是指生产企业持有的已完工货物。订货型库存是指生产企业准备根据某一订单发送给客户的完工货物。

这3种库存存在于供应链上的不同位置。对于分销商和零售商，其库存只有成品一种形态。但对于大型制造商来说，由于生产工序繁多，各种不同的在制品会大量存在，因此其库存包括多种不同的中间产品。制造商还可能拥有自己的配送中心，从而成品库存也会大量存在。这样整个物流和库存系统就会变得相当复杂。

3. 按用户对库存的需求特性分类

（1）独立需求库存

独立需求库存是指其需求水平与其他种类库存无关的库存。从库存管理的角度来说，独立需求是指那些随机的、由市场决定的需求，这种需求与企业对其他库存产品的生产决策无关。

（2）相关需求库存

相关需求库存是指其需求水平与另一种类库存有直接联系的库存。由于相关需求库存的需求数量和时机可以精确预测，因此这些库存大多处于企业的完全控制之下。

对于一个相对独立的企业而言，其产品的需求数量与需求时间一般是无法预先精确确定，只能通过一定的预测方法得出，因此，其产品属于独立需求库存。而生产过程中的在制品及所需的原材料,则可以通过产品的结构关系和一定的生产比例关系准确确定。因此它们属于相关需求库存。

二、库存管理的概念

库存管理是在满足客户需求的前提下，通过对经营过程中的各种库存进行计划、组织和控制的过程，其目的是降低库存水平，提高物流系统的效率，进而提高企业的竞争力。我国物流业发展还处于起步到成熟的阶段，整体的物流规划经验尚且不足，并且物流信息化程度不高，许多物流管理还是以人工管理为主，这直接导致仓储和库存成本居高不下。但从 20 世纪 60 年代以来企业信息化的趋势来看，物流企业的库存管理趋向于信息化、网络化和高度集成化，随着信息技术的高速发展，以及国外大型物流企业纷纷涌入国内，库存管理作为现代企业智慧物流管理核心部分，也要适应时代的发展。

不同企业对于库存管理历来有不同的认识，概括起来主要有以下 3 种。

（一）持有库存

一般而言，在库存方面投入更多可以带来更高水平的客户服务。长期以来，库存作为企业生产和销售的物资保障，在企业的经营中占有重要地位。企业持有一定的库存，有助于保证生产正常、连续、稳定地进行，也有助于保质、保量地满足客户需求，维护自身声誉，巩固市场占有率。

（二）库存控制

库存控制的目的是保持适当的库存量，既不能过度积压也不能出现短缺。但让企业管理者困惑的是库存控制的标准是什么？将库存控制到什么程度才能达到要求？如何配置库存是合理的？这些都是库存控制需要解决的问题。

（三）零库存

零库存理论认为，库存即为浪费。这是一种高效的库存管理方式，已得到了广泛应用。

三、库存管理的目标与作用

（一）库存管理的目标

在不同类型的企业中，库存管理的目标不同。但效益目标和安全目标是所有企业库存管理目标中不可缺少的部分。

1. 效益目标

企业经营是为了获得利润。库存管理有助于企业提高生产经营效率，降低产品成本，改善客户服务水平；按质、按量、按期供应经营所需的物资，积极配合生产管理或满足市场销售需要，为企业获取更多利润。库存过多会影响企业的资金周转及正常运营，因此，企业必须做好库存管理工作，以提高自身的经济效益。

2. 安全目标

库存管理工作中，首先要保证库存管理人员的安全，其次要保证库存物品、库存设备及仓库的安全。近年来，由于库存物品存放方法和存放环境等方面存在问题，在库存管理中常常发生意外事故。为了确保安全生产，企业应将安全目标置于库存管理的首位。

（二）库存管理的作用

在企业生产中，尽管库存的存在有一定的合理性，但库存也是一种无奈的结果，它是由于人们无法准确预测未来的需求变化而不得已采用的应对手段。库存管理的作用可以在企业经营过程中和供应链中得到体现。

1. 库存管理在企业经营中的作用

企业经营过程的各个环节中都存在库存，库存使各环节开展相对独立的经济活动成为可能。同时，库存可以调节各个环节之间供求品种及数量的不协调而导致的变化，在将采购、生产、销售等经营环节连接起来时起"桥梁"的作用。库存能够满足需求变化、保持生产过程的连续性、分摊订货费用、缩短订货提前期等作用。但是，对于库存在经营中的作用，不同的部门存在不同的看法。例如，库存管理部门希望尽力保持最低的库存数量以减少资金积压，节约成本；销售部门期望维持较高的库存数量和尽可能备齐各种产品来避免缺货的可能，以提高客户满意度；采购部门为了降低单位购买成本往往利用数量折扣，一次采购大量的物资来实现最低的购买单价，而这样又会不可避免地增加库存数量；制造部门愿意对同一产品进行大批量生产，这样可以降低单位产品的成本，但往往会增加库存数量；运输部门倾向于大批量发运，利用运量折扣来降低单位运输成本，但这样会增加每次运输过程中的库存数量。

总之，库存管理部门与其他部门的目标存在冲突。为了实现恰当的库存管理，企业需要协调各部门之间的关系，使每个部门不仅重视实现本部门的效益，更重视实现企业的整体效益。

2. 库存管理在供应链中的作用

如果把视野从单个企业扩大到供应链范围来考虑库存问题，就会发现有问题的库存数量将会大大增加。供应链企业之间的关系在过去是单纯的买卖关系，因而这些企业并不习惯相互交换信息，也不习惯相互协调进行库存管理，这种结果往往会形成大量不必要的库存，同时也可能降低客户的满意度。比如，过去的供应链企业对各自供应商及时、准确交货的承诺并不完全相信，因而，它们的库存量往往超过实际需要量，以防出现供应商延期交货或不能交货的情况。这种超过实际需要量的库存常常被称为"缓冲库存"。同样，过去的供应链企业与各自的客户之间缺乏必要的信息交流，从而对客户的需求，特别是最终消费者的实际需要难以把握，往往依靠预测来安排生产。由于预测与实际往往存在差距，因此容易出现库存不足或过剩的现象。因此，从供应链整体来看，过去这种传统交易习惯导致的不必要库存给企业增加了成本，而这些成本最终将反映在销售给客户的产品价格上，这会降低客户的满意度。

随着供应链的形成，企业间的关系从过去建立在交易基础上的关系向基于共同利益的协作伙伴型关系。供应链企业开始交流、分享信息，协调进行库存管理成为可能，先进的库存管理方法和技术的出现和运用则使这种可能变为现实。在供应链范围进行库存管理不仅可以降低库存水平，减少资金积压和库存成本，还可以提高客户满意度。当然，实现真正意义上的零库存，在现实中是不可能的，这只是准时生产方式下的努力目标。

目前，已经出现了许多在维持或提升客户服务水平的基础上优化企业内部和整个供应链库存的方法和技术。

四、库存管理的基本方法

（一）需求分析

库存管理是一项系统性的工作，要做好库存管理首先要进行需求分析。需求分析是指根据企业（或客户）的需求历史、生产计划等信息找出需求的规律，并且根据需求规律，预测未来计划期内的需求品种和需求量。因此，需求分析的目的和内容就是要通过对需求者的需求情况进行统计分析，寻找需求规律，解决好需要什么、需要多少、什么时候需要的问题。

在特定情况下，需求分析可能较为简单。例如，在单次、单一品种需求的情况下，需要什么、需要多少、什么时候需要等问题，都非常明确，无须进行复杂的需求分析。而在多品种、多批次等较为复杂的需求情况下，进行需求分析就很重要。例如，一个汽车制造企业有成千上万的零部件，有很多的车间、很多的工序，需要很多的原材料、工具、设备、用品，在各个不同时间节点需要不同的品种，该企业不可能一一采购而必须联合采购，因此，该企业需要找出这些需求的规律，然后根据需求规律去采购，确定采购什么、采购多少、什么时候采购。

需求分析涉及各个部门、各道工序，以及原材料、设备、工具、办公用品等各种物资，其中最重要的是生产所需的原材料，因为它的需求量最大，而且需求的持续性、时间性很强，直接影响生产的正常进行。因此，需求分析是一项复杂的工作，需要各部门的配合，更需要全面的知识，如生产技术、统计、物料性质、质量控制、管理方面的知识。

（二）ABC 分析法

ABC（Activity Based Classificafion，ABC）分析法又称重点管理法，其基本原理是运用数理统计的方法对品种繁多的物资，按其重要程度、消耗数量、价值大小、资金占用等情况进行分类，分清重点品种和一般品种，然后分别采用不同的管理方法，做到抓住重点，兼顾一般。ABC 分析法的实际应用表明，虽然企业使用的物资品种繁多，但是往往可以按其占用资金的多少划分为 A、B、C 三大类，如图 7-2 所示。

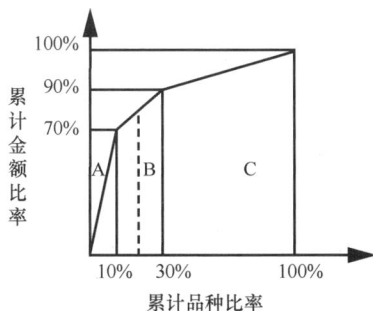

图 7-2　ABC 分析法曲线

从图 7-2 中可以看出以下内容。

（1）A 类物资，累计品种比率约为 10%，累计金额比率约为 70%。

（2）B 类物资，累计品种比率约为 20%，累计金额比率约为 20%。

（3）C 类物资，累计品种比率约为 70%，累计金额比率约为 10%。

分出 3 种类型的物资后，需要采用相应的管理方法。

A 类物资属于消耗量大、单价比较高、仓储面积占用较大的物资。这类物资品种不多，占用资金多，企业应将其定为物资管理的重点对象，采用最经济、最合理的批量和时间进行采购；既要尽量减少库存量，又要保证生产需要，严格控制和管理。

C 类物资，属于消耗量较小、单价比较低、仓储面积占用较小的物资，或不经常领用的零星器材、维修备件等。这类物资品种繁多，但资金占用很少，企业应将其视为物资管理的一般对象，采用比较粗放的管理方法，如定量订购，并可适当加大安全库存量，以防止缺料现象的发生。

B 类物资，其消耗量、单价、仓储占用面积和重要性介于上述两类物资之间，企业要根据自身物资管理的能力和水平，选择定期订购或定量订购的方式。

（三）库存控制的基本策略

在库存控制理论中，根据物品需求的重复程度不同，物品需求可分为单周期需求和多周期需求。单周期需求也叫一次性订货，这种需求的特征是偶发性和物品生命周期短，因而企业很少重复订货。例如报纸和月饼，没有人会订过期的报纸，人们也不会在农历八月十六预订中秋月饼，因此对报纸和月饼的需求都是单周期需求。多周期需求是在长时间内反复产生，表现为库存的不断补充的需求。在实际生活中，这种需求较为常见。

多周期需求又分为独立需求与相关需求两种类型。独立需求的库存控制与相关需求的库存控制是不相同的。独立需求对一些库存控制系统来说是一种外生变量，相关需求通常是库存控制系统的内生变量。不管是独立需求的库存控制还是相关需求的库存控制，都要解决 3 个主要问题：确定库存检查周期、确定订货量、确定订货时间。

1. 订货点法

（1）订货点法的含义与公式

在库存管理过程中，确定何时需要订货要比确定订多少货重要很多。因为库存往往涉及巨额的库存投资，万一缺货要付出极大的代价。为了恰当地控制库存，使用订货点法可以高效率地确定订货时间。

订货点法是建立在客户需求不确定，从而导致预测不准但又要保证客户服务水平这一基础上较好的确定订货时间的方法。它是指现有库存量降到预定的水平即订货点水平就开始订货的方法，即将现有库存量与订货点比较，找出那些现有库存量低于订货点水平的物品，并从物品的订货批量方式中取出批量方式和批量作为本次订货的数量，生成采购计划。订货点法适用于具有相对连续、稳定需求的货物，并且可以使用经济订货批量或固定批量来计算订货批量。在需求量和平均运营周期已知的情况下，基本订货点（再订货点）的计算公式如下。

$$R=D\times T$$

式中，R 为用单位数表示的基本订货点，D 为平均日需求量，T 为平均运营周期。

例如，假定需求量为 100 个单位数/天，且平均运营周期为 2 天，试计算基本订货点。

$$R=D\times T=100\times 2=200 \text{ 个单位数}$$

当平均日需求量或平均运营周期具有不确定性时，就必须使用缓冲库存来补偿这种不确定性。库存缓冲，称作安全库存。这时，基本订货点的计算公式如下。

$$R=D\times T+Q$$

式中，Q 为用单位数表示的库存缓冲。

订货量是库存成本（持有库存成本与采购成本之和）最低时的订货量。持有库存随库存量的增加而增加，而在总需求相对稳定时，每次订货量的增加意味着总的订货次数减少，这会降低库存的采购成本。也就是说，持有库存成本与采购成本之间，围绕着订货批量存在着"二律背反"的关系。

（2）订货点法库存管理策略

订货点法库存管理策略有很多，比较基本的有如下 4 种。

① 连续性检查的固定订货量、固定订货点策略，即 QR 策略

该策略的基本思想是对库存进行连续性检查，当库存量降低到订货点水平 R 时，即发出一次订货，每次的订货量保持不变。该策略适用于需求量大、缺货费用较高、需求波动性较大的情形。

② 连续性检查的固定订货点、最大库存策略，即 RS 策略

该策略的基本思想是要随时检查库存，当发现库存量降低到订货点水平 R 时，开始订货，订货后使最大库存保持不变，为常量 S。若发出订单时库存量为 I，则其订货量为 $R-I$。该策略和第一种策略的不同之处在于其订货量是根据实际库存量而确定的，因而订货量是可变的。

③ 周期性检查策略，即 TS 策略

该策略要求每隔一定时期检查一次库存，并发出一次订货。企业将现有库存补充到最大库存量 S，如果检查时库存量为 I，则订货量为 $S-I$，如此周期性地检查库存，不断补给。该策略不设订货点，只设固定检查周期和最大库存量。该策略适用于一些不是很需要的或使用量不大的物资。

④ 综合库存策略，即 TRS 策略

这种策略有固定的检测周期 T，最大库存量 S，固定订货点水平 R。当经过一定的检测周期后，若库存量低于订货点水平，则发出订货，否则，不订货。订货量的大小等于最大库存量减去检测时的库存量，如此周期性地进行下去，就可实现周期性的库存补给。

2. 经济订货批量法

（1）经济订货批量法的含义

经济订货批量，即最优订货批量，是指在订货费用与保管费用总和最低时的一次订

货批量。在允许缺货的条件下，经济订货批量法的总费用包括订货费用、保管费用和缺货损失费用。缺货损失费用是指因停工待料而采取应急措施所产生的费用，包括停工损失费、加班加点费、因对客户延期交货而支出的违约金，以及因采取临时性补救措施而发生的额外采购支出等。生产比较稳定的企业应尽量避免缺货损失费的产生，对于生产不稳定的企业，允许一定程度的缺货是一项重要的存储策略。通常来说，在生产不稳定的情况下，企业若想完全避免缺货，必然要大大提高存储量和增加存储费用，而当存储费用超过缺货损失费时，显然是不划算的。

假定在库存控制过程中涉及的物资品种单一，不允许出现缺货现象，采购条件中不规定价格折扣条款，每批订货均能一次到达。在这种条件下建立的经济订货批量控制模式为基本模式。此时控制的存储总费用只包括订货费用和保管费用两项。这两类费用与物资的订货次数和订货数量有密切的关系，在物资总需要量一定的条件下，订货次数多，每次订货数量就小，订货费用就多，而保管费用则少；反之，订货次数少，每次订货数量就大，订货费用就少，保管费用则多。因此，订货费用和保管费用是负相关的，要确定简单条件下的经济订货批量，就是要选择一个最适当的订货批量，使有关的订货费用和保管费用的总和达到最低。

（2）经济订货批量的计算公式

经济订货批量的标准公式如下。

$$EOQ = \sqrt{\frac{2DC_0}{UC_i}}$$

式中，EOQ 为经济订货批量，C_0 为每次订货发生的费用，C_i 为每年单位库存成本百分比，D 为每年需求量，U 为每年单位成本。

该模型成立的主要假设前提如下。

① 已知全部需求数量，产品的任何需求都将及时得到满足，不存在缺货方面的问题。

② 已知连续不变的需求速率，库存量随着时间均匀连续下降。

③ 已知不变的订货成本和订货提前期，库存补充的过程可以在瞬间完成，即不存在一边进货一边消耗的问题。

④ 产品价格与订货量和时间保持独立不变（即购买价格或运输价格不存在折扣）。

⑤ 不限定计划制订范围。

⑥ 多种存货项目之间不存在交互关系。

⑦ 没有在途物资等情况。

五、库存控制的缺陷

库存控制主要针对单一企业设定，侧重于优化单一的库存成本，从存储成本和订货成本出发确定经济订货批量和订货点。市场反应和企业间协作的程度普遍偏低，其实施需要依靠大量的历史数据和经验进行预测分析，信息获取时间长且不够准确的问题较为

156

严重。一旦市场发生突变或预测出现偏差，企业经营所受的影响可能是致命的。库存控制的缺陷具体如下。

（一）库存控制缺乏合作性与协调性

在传统管理环境下，各企业都是独立的单元，其使命和目标往往是使自己的利益最大化。例如，制造商的生产计划往往是根据自己的生产能力制订，其一味地追求批量效益，而零售商在经营中也是以自己为中心的，总是希望产品能够随要随到，有时为了获取紧俏产品，甚至夸大订货量，导致供应链的需求放大。企业这种"画地为牢、各自为政"的意识普遍存在，企业之间不信任、竞争和敌对的态度导致的组织障碍，更是影响企业库存控制成效的重要因素。

（二）库存控制的绩效考评准确具有局限性

传统管理环境下的库存控制，其考核标准都是以单个企业或部门为依据的，考核指标没有涉及与上下游企业间的整体绩效，如很多企业仅使用库存周转率等指标对库存控制水平进行评定，根本没有考虑到对用户需求的反应时间和服务水平。而类似于总订货周转时间、提前或延迟交货时间等指标也常常被忽略，比如某些企业经常用仓储费用考核物流成本和库存控制水平，却忽略了运输费用的存在，由于这两项费用存在"二律背反"的关系，仅考核其中的某一项，并不能说明企业物流总成本的控制情况，这种短视现象在单一企业的库存控制中普遍存在。

（三）库存控制策略过于单一

库存控制的目的是确保企业乃至供应链运行的连续性和妥善应对不确定的需求，传统的库存控制策略多数是面向单一企业的，采用的信息基本上都来自企业内部，而许多企业对所有物品均采用统一的库存控制策略，难以反映出供应与需求中的不确定性。

（四）库存信息传递能力不足

信息系统对企业库存控制的支持作用至关重要，很多企业的成功都得益于此，例如，国内零售企业物美集团，就是依靠其信息系统的支持，对库存信息进行预测、分析，实现对用户需求的快速响应。而在传统的管理环境下，许多企业的信息系统不能很好地集成起来，提供的信息往往是延迟和不准确的，由此造成企业库存水平过高也就不足为奇了。

能力测试

一、单选题

1.（   ）是运用管理学的科学与方法，对物流活动进行计划、控制和监督，用最小的成本来获得最大的经济效益和运输效率。

    A. 智慧物流管理   B. 供应链管理

    C. 运输管理   D. 仓储管理

2.（　　　）追求的目标是客户满意度最大化，物流成本最小化。在整个过程中，既有物流的形成也有信息流的形成。

    A．智慧物流管理　　　　　　　　　B．物流运营模式

    C．供应链管理　　　　　　　　　　D．仓储管理

3．在数字化供应链环境下的智慧物流运营模式中，（　　　）客户维护率低。

    A．自营物流　　　　　　　　　　　B．物流联盟

    C．外包物流　　　　　　　　　　　D．3 种模式都包括

4．库存管理的目标通常包括效益目标和（　　　）。

    A．空间目标　　　　　　　　　　　B．时间目标

    C．成本目标　　　　　　　　　　　D．安全目标

二、多选题

1．数字化供应链环境下智慧物流管理的特点包括（　　　）。

    A．快捷性　　　B．信息共享　　　　C．多样性　　　　　D．人性化

2．自营物流的优势包括（　　　）。

    A．控制力强　　　　　　　　　　　B．服务灵活

    C．节约成本　　　　　　　　　　　D．降低物流成本

3．按库存在生产和配送过程中所处的状态分类，库存可分为（　　　）。

    A．在制品库存　　B．原材料库存　　C．成品库存　　　　D．在途库存

4．库存管理的基本方法包括（　　　）。

    A．需求分析　　　B．ABC 分析法　　C．订货点法　　　　D．经济批量法

三、简答题

1．简述供应链管理和智慧物流管理的区别。

2．对数字化供应链环境下智慧物流运营模式进行比较。

3．简述数字化供应链环境下智慧物流运营模式选择的影响因素。

4．简述库存控制的缺陷。

08 项目八
数字化供应链环境下的销售管理

【项目描述】

销售管理是供应链管理中的重要环节,是实施供应链管理的基础。在完整的供应链中,最终产品的制造商通常处于核心地位,而供应商负责提供原材料,销售商负责产品的销售。制造商通常将主要精力集中于自己的核心业务——最终产品制造,而将其他非核心业务外包,这种外包型的管理模式对制造商而言是当前最有效率的经营管理模式。制造商的产品价格的实现要靠销售活动来进行,如果没有顺畅的销售渠道,制造商的生产经营活动就要受到很大影响。本项目主要介绍数字化供应链环境下的销售管理、需求预测和客户关系管理。

【项目目标】

知识目标

1. 掌握销售管理的概念
2. 了解数字化供应链环境下需求预测的内容与步骤
3. 掌握数字化供应链环境下需求预测的方法
4. 理解客户关系管理的内涵
5. 掌握客户关系管理的内容

技能目标

1. 结合实际情况进行需求预测
2. 运用客户关系管理的知识解决实际问题

素质目标

1. 培养整体性思维,增强对新理论、新思想、新方法的接受能力
2. 能够有创造性地开展沟通、协调及团队协作工作

【引导案例】

戴尔（Dell）的供应链管理

戴尔由现任董事长兼首席执行官迈克尔·戴尔创立，他同时也是目前计算机行业任期最久的首席执行官之一。他的简单经营理念创造了戴尔独树一帜的利基战略：按照不同需求，为客户量身定做计算机。与客户直接的沟通使戴尔更有效及明确地了解客户的需求，并迅速与客户的需求互动。这种革命性的业务模式，使戴尔成为目前全球领先的计算机系统直销商，同时也是电子商务基础建设的主要领导厂商。2021 年，戴尔营业收入高达 1070 亿美元，名列全球第四，更成为世界主要计算机系统厂商中的佼佼者。戴尔在全球共有十几万名员工，在美国，戴尔更是企业用户、政府部门、教育机构和消费者市场等领域排名前两位的个人计算机供货商。

戴尔在笔记本电脑、工作站的个人计算机系统研发方面，在设计、开发、生产、销售、维修和支持等环节中，皆提供专业服务。值得一提的是，戴尔的每一套系统都是根据客户的个性化要求开发的。

戴尔通过首创的直销模式，直接与大型跨国企业、政府部门、教育机构、中小型企业及个人消费者建立合作关系。同时，戴尔也是第一家提供客户免费直拨电话技术支持，并可在隔天上门服务的计算机供货商。这些服务形式现在已被业界争相模仿。

由于每日与大量客户的直接接触，戴尔在第一时间精准掌握了客户所需。戴尔为客户提供各项安装支持和系统管理服务，并且帮助客户解决技术转换方面的相关问题。戴尔通过 Dell Ware 计划，设计多款产品及服务，搭配多元化的计算机周边硬件和计算机软件等系列产品，为客户提供量身定做的解决方案。

戴尔利用网际网络扩大其直销模式的覆盖范围，进一步领导业界的发展。戴尔于1994 年推出官方网站，并于 1996 年增加电子商务功能，成为企业利用网际网络进行商业活动的典范。戴尔的网站以微软公司的 Microsoft Windows 操作系统为基础平台，为全球较高用量的商业网站。戴尔的网站的基础建构完全用戴尔 Power Edge 服务器运作，共有 78 个国家和地区的分站，每季共有超过 4000 万人次的浏览量。用户能够在网站上实时取得戴尔计算机的配备与价格资料，享受无论数量多寡的线上订购服务，并可24 小时于网络上取得相关技术支持及咨询服务。戴尔通过其网站取得的收益约占总收益的 50%。

思考：

1. 戴尔的供应链管理取得成功的关键是什么？现代企业之间的竞争主要是何种竞争？

2. 结合戴尔的实际情况，讨论客户关系管理的意义。

任务一　数字化供应链环境下的销售管理概述

任务描述

近年来，随着网络技术的飞速发展和全球经济一体化进程的加快，知识经济时代已经到来，这使得企业间的竞争愈发激烈。因此，企业有必要加强供应链管理，积极应对外部市场环境的剧烈变化，从而解决销售管理方面存在的问题。本任务主要介绍数字化供应链环境下销售管理的概念、特点、内容，以及数字化供应链环境下的销售策略。

任务知识

一、销售管理

（一）销售管理的概念

关于销售管理的概念，中外专家和学者的理解有所不同。西方学者一般认为，销售管理是对销售人员的管理。营销学专家菲利普·科特勒认为，销售管理是对销售团队的目标、战略、结构、规模和报酬等进行设计和控制。美国学者约瑟夫·P.瓦卡罗（Joseph P. Vaccaro）认为，销售管理是解决销售过程中出现的问题，销售经理旨在解决销售过程中的各类问题，销售经理需要具备渊博的知识与丰富的管理经验。拉尔夫·W.杰克逊和罗伯特·D.西里奇在《销售管理》中认为，销售管理是对人员推销活动的计划、指挥和监督。我国学者李先国等人认为，销售管理是管理直接实现销售收入的过程。销售管理有狭义和广义之分，狭义的销售管理专指以销售人员为中心的管理，广义的销售管理是对所有销售活动的综合管理。

销售管理是通过销售报价、订单、发货、退货、发票处理、客户管理、价格管理等功能，对销售全过程进行有效控制和跟踪的管理活动。销售管理可以帮助企业的销售人员完成客户档案管理、销售报价管理、销售订单管理、客户订金管理、客户信用检查、提货单及销售提货处理、销售发票及客户退货处理、货款拒付处理等一系列事务；可以通过内部的信息共享，使企业的领导和相关部门及时掌握销售订单内容，了解销售过程中每个环节的实际情况，准确地制订生产计划及其他计划。同时，销售管理可以通过减少订单准备时间、降低出错率、迅速解答客户咨询问题来提高企业的服务水平。

（二）销售管理的内容

1. 制定销售规划

销售规划是指对企业销售活动的计划与安排。销售规划是在销售预测的基础上，设定企业的销售策略与目标，编制销售配额和销售预算。销售规划是企业营销战略管理的最终体现，是所有销售管理功能中最重要的功能。只有销售规划做得周详、缜密，其他销售活动才能顺利开展，企业的营销目标才能有条不紊实现。销售规划具体包括以下内容。

（1）制定销售策略。销售策略是依据企业的营销策略制定的，涉及销售模式、价格政策、货款回收政策、销售远景规划和销售部门整体目标。

（2）制定销售目标。要做好销售目标的制定，必须先对企业销售面临的环境与形势进行分析，做好销售预测。销售目标要契合企业实际，还要有可行性。

（3）制定销售行动方案。销售行动方案涉及销售的具体工作程序和方法，所有的销售行动方案都应当细化和量化，并定期接受检查。

2. 设计销售组织

销售规划的实现，必须依靠销售人员。而现代企业的销售人员不再是个体作战，而是组成团队以发挥整体功能。因此，销售管理的第二个内容便是合理设计销售组织，以配合销售目标的实现。要设计好销售组织，就必须从销售组织的目的和战略入手，确定销售组织的规模与结构，并选择适当的薪酬形式。

3. 指挥和协调销售活动

销售活动是由销售人员来完成的。在销售管理过程中，销售经理要对销售人员的行为进行指导和协调，将企业的营销目标与思路准确地传达给销售人员，让他们达成共识。销售人员只有在明白自己的行动目标后，才能更有效地工作。销售经理要能够领导销售人员沿着正确的方向前进，团结销售人员，激励销售人员将销售工作做得更好。

4. 评价与改进销售活动

要想顺利完成销售目标，销售经理必须时刻关注销售人员和业务的发展动向，制定考核标准，建立评估与考核体系，并通过评估与考核来对整体销售业务进行控制。同时，销售经理还应根据实际情况对计划与目标做必要的调整和修改。通过评估与考核，销售人员应能提高工作效率，从而提升企业产品销售效率和整体服务质量。

二、供应链环境下销售管理的特点

供应链管理的基本思想是以顾客需求为导向，由核心企业推动，各供应链企业互相协调合作，通过运用现代企业管理思想和信息技术，实现对整个供应链上所有价值流、物流、资金流、信息流的有效规划和控制，最终形成一个更有竞争力的战略联盟。供应链环境下的销售管理具有以下特点。

（一）树立更全面的成本观念

传统企业会计考虑的成本主要是企业的经济成本，包括企业在生产过程中的各种生产要素支出和管理费用等成本。显然，企业的经济成本是以企业自身为核心来考虑的，但实施供应链管理后，企业要从整个供应链的角度来考虑成本。供应链管理要求对各供应链企业进行优化，建立良好的合作伙伴关系，采用先进的设备，促进产品和需求信息的快速传递，减少库存量和资金占用，降低库存成本。同时，各供应链企业应通过优化组合，建立最快捷、最简便的流通渠道，缩短流通路线，降低流通成本。因此，基于供应链的成本是更全面的成本，不仅要考虑顾客的购买成本，还要考虑顾客的使用、废弃成本；不仅要考虑企业的内部成本，还要考虑企业的外部成本。

（二）充分利用现代信息技术共享信息

供应链管理的核心是对供需信息资源的整体优化处理与充分利用。在数字化供应链环境下，企业之间建立起合作伙伴关系，有利于企业间的信息共享，这些信息包括需求信息、存货情况、生产能力计划、生产进度、促销计划、需求预测和装运进度等。这样既保证供应链上游企业可以通过下游企业及时准确地获得市场需求信息，又可以使供应链企业的一切活动都围绕顾客需求的变化而开展。供应链环境下，利用现代信息技术，供应链企业能够及时有效地共享和运用各种信息资源，围绕市场变化设计、生产和销售产品，从而提高整个供应链的竞争力。

（三）通过良好的物流管理提升顾客服务水平

传统的观点认为，提高顾客服务水平，物流成本自然就会上升。但事实并非如此，有效的供应链管理可以在降低物流成本的同时，提高顾客服务水平。在供应链管理中，物流将各供应链企业的采购、制造、装配、库存控制、分销等看作一个整体流程，实现对供应商、制造商、分销商、零售商、顾客及顾客的顾客等整个供应链物流的集成化管理，使企业物流资源与特定顾客的物流需求相匹配，并充分利用整个供应链的物流能力和资源来实现顾客价值增长。各供应链企业的整体协作，大大缩短了产品的流通周期，加快了配送速度，使产品可以被快速送到顾客手中。这种快速、高质量的服务，必然会塑造企业的良好形象，提升顾客满意度。

（四）加强企业间合作，实施更深入的整合营销

从供应链的角度看，整合营销强调的不仅是通过企业内部价值链的整合，使企业的所有部门都能为顾客的利益服务，更重要的是加强供应链企业间的合作，促使供应链中的所有企业都服务于最终顾客。供应链观念的提出使企业从更高的角度看待自己，企业应该把自己看成供应链中的一个环节，企业的成功离不开与供应链中其他企业的合作。高效的供应链一体化通过供应链上各环节的无缝连接，让所有企业一起为顾客服务，在为供应链最终顾客提供优质产品和服务的基础上，获取更多利益，从而使供应链中的所有企业获益。

三、数字化供应链环境下销售管理的优势

数字化供应链环境下的销售管理可以使企业实现供应链与销售的高效协同，提高企业的效率和灵活性，同时也能够为企业带来更为精准的销售服务和更高的市场份额，提高企业竞争力。具体来说，数字化供应链环境下的销售管理有以下优势。

（一）优化客户体验

数字化供应链环境下的销售管理能够更好地了解客户需求，制订个性化销售计划，

提高客户忠诚度。数字化供应链可以快速响应客户需求，提供高质量的产品和服务，优化客户体验，从而进一步提高客户忠诚度。

（二）实现智能化管理

数字化供应链环境下，销售管理可以通过数据分析和人工智能实现智能化管理，提高企业的决策效率和准确性。企业可以通过数据分析技术自动采集和分析客户行为习惯，优化广告投放和销售策略。数字化供应链可以实时监控和分析物流状态、库存水平和生产进度，优化物流与生产计划。

（三）提高企业竞争力

数字化供应链环境下的销售管理能够提升企业的市场份额和竞争力，并在市场中提供个性化的服务和精准销售，增加销售收入。数字化供应链管理可以提高物流效率和产品质量，降低成本，提高产品竞争力。

（四）开拓新商业模式

数字化供应链环境下的销售管理能够帮助企业开拓新的商业模式，提供新的销售渠道和方式，例如在线销售和社交电商。数字化供应链还支持跨境电商和智能物流，实现更为高效便捷的供应链系统。

四、企业在数字化供应链管理环境下的销售策略

（一）快速反应策略

在日新月异、快速变化的信息时代，企业间需求信息、库存状况、订单确认、供应管理和其他业务活动信息的交流将改变企业销售产品、服务质量和结算收款的方式。这些工作的核心就是建立适合企业规模的信息系统，把企业、客户、供应商在更广泛的范围内紧密地联系起来，及时地交换信息，让供应链中的每一个成员企业及时响应客户需求，使销售管理具有动态的应变性，最大限度地挖掘新的市场需求。

快速反应，就是在适当的时候、适当的地方、以适当的价格提供消费者期望的适当产品，以满足消费者适当的需求。它既要求企业各部门在相互信任基础上的整体配合，又要求准确、快捷地把握市场信息，使企业的产品和服务与顾客的需求高度一致。互联网与电子商务的迅速崛起，为企业和商家构筑覆盖全球的商业销售网络和供应链体系创造了条件；企业通过建立快速反应机制，在这场供应链的数字化竞争中抓住新的机遇。

（二）数据驱动销售策略

在数字化供应链中，数据是至关重要的资源。通过对供应链各环节的数据进行收集、分析和挖掘，企业可以更好地了解市场需求、产品流通情况和消费者行为。基于数据驱动的销售策略可以帮助企业更准确地定位目标市场，制定个性化销售方案，提高销售效率和精准度。

（1）精准营销：利用大数据分析技术，对消费者行为、市场趋势和竞争对手进行深入分析，形成精准的客户画像，实现个性化与精准销售。通过数据驱动，企业可以更准确地识别目标客户群体，提高营销活动的针对性和有效性。

（2）实时反馈与调整：基于数据分析结果，实时调整销售策略，确保策略的有效性。通过持续的数据监测和分析，企业可以及时发现市场变化，快速响应并调整策略。

（三）渠道优化策略

供应链中的渠道优化是指通过合理选择和管理销售渠道，实现产品的高效流通和销售。在数字化供应链环境下，企业可以通过线上线下结合、直营加代理等方式，拓展销售渠道，提升产品的市场覆盖率和销售额。渠道优化还可以帮助企业更好地控制成本，提高供应链效率和盈利能力。

在进行渠道优化时，企业要打造跨渠道无缝衔接销售体验，确保消费者在不同渠道之间获得一致的品牌信息和购物体验，通过整合线上线下资源，提供多渠道、全方位的销售服务。企业可以利用电商平台进行产品销售和客户关系管理，优化在线购物体验，提升转化率，利用 B2C、C2C、B2B 等不同的模式，实现企业的销售目标。另一方面，企业可以加强不同渠道之间的协同与合作，制定明确的角色与职责划分，建立高效的沟通机制和协同作业流程。通过构建全方位销售网络，包括搜索引擎优化（SEO）、搜索引擎营销（SEM）、行业论坛和社区等多渠道协同作战，企业能够提高品牌曝光度和销售转化率。

任务二　供应链销售需求预测

任务描述

需求预测是所有供应链计划的基础。在供应链中，推动流程是根据顾客需求预测来进行的，拉动流程是围绕对市场需求的响应来进行的。因此，不管是推动式供应链还是拉动式供应链，供应链管理者必须做的首要工作是对未来顾客的需求进行预测。本任务主要介绍需求预测的概念、内容、步骤及方法。

任务知识

一、需求预测的概念和内容

（一）需求预测的概念

需求预测是指估计未来一定时间内，产品的需求量和需求金额。其目的在于通过充分利用当前和过去的数据，考虑未来的各种影响因素，结合供应链生产销售的实际情况，采用合适的科学分析方法，提出契合实际的需求目标，为供应链的计划和控制提供依据。

（二）需求预测的内容

需求预测主要包括以下几个方面。

1. 商品需求总量预测

商品需求总量是市场上需求者有货币支付能力的商品需求量，包括生活消费需求量和生产消费需求量。

2. 市场需求构成预测

市场需求构成，可分为消费品需求构成和生产资料需求构成两大类。以消费品需求构成为例，其构成受消费者购买力水平的制约。一般来说，购买力水平越低，投向生活必需品的货币量相对越大，表现为购买力首先投向吃的方面；购买力水平越高，投向其他方面（如穿、用、住、行等）的货币量就会越大。另外，消费者的习惯、消费心理及商品价格等因素，也对消费品需求构成有很大影响。

3. 消费者购买行为预测

消费者购买行为预测主要是指通过对消费者购买的动机、方式和心理等方面进行调查分析，预测商品需求的趋向。其中的关键是调查消费者的购买决策，即由谁来买，买什么，为什么买，如何买，何时买，多长时间买一次，以及家庭和社会对其购买心理的影响等。

二、需求预测的步骤

遵循需求预测的步骤是提高预测工作效率和质量的重要保证。完整的需求预测工作一般包括以下 6 个步骤。

（一）确定预测目标

进行需求预测之前，首先要明确预测目标，确定需求预测的目的、时间范围、预测的精确度要求及预测的关键指标等。

（二）广泛收集资料

在进行需求预测必须有充分的资料。因此，在确定预测目标以后，要广泛系统地收集与本次预测对象有关的资料。资料收集得越广泛、越全面，预测的准确程度就越高，当然，资料收集的难度也会越大。市场调查是收集资料时普遍采用的方法。

（三）选择预测方法

收集完资料后，要对这些资料进行分析和判断。在分析判断的过程中，要考虑采用何种预测方法。预测方法有很多，不同的预测方法有不同的特点，适用于不同的市场情况。一般而言，如果掌握的资料较少，时间紧迫且预测的准确度要求低，可选用定性预测方法；如果掌握的资料丰富，时间充裕且预测的准确度要求高，可选用定量预测方法。

（四）建立模型，进行计算

需求预测是运用定性预测方法或定量预测方法进行的研究活动。使用一些定性预测方法时，经过简单的分析，就可以直接得到预测结果。使用定量预测方法时通常要应用数学模型进行计算。在预测过程中，应尽可能选用几种不同的预测方法，以便互相比较，验证结果。

（五）评价结果，编写报告

得出预测结果后，还要进行多方面的评价，并编写报告。

（六）对预测结果进行追踪调查

得出预测结果，完成报告编写，并不意味着需求预测活动的终结，下一步还要对预测结果进行追踪调查，考查预测结果的准确性，并分析总结原因，以便取得预测经验，不断提高预测水平。

三、需求预测的方法

（一）定性预测方法

定性预测方法又称经验判断法。它是根据已掌握的历史资料和现实材料，凭借个人的经验、知识和分析判断能力，对预测对象的未来发展趋势做出关于性质和程度的判断。对于缺乏历史资料或影响因素复杂且难以分清主次，或对主要影响因素难以进行定量分析的情况，使用这种预测方法是有效的。常用且较为科学的定性预测方法有以下 3 种。

1. 购买者意向调查法

购买者意向调查法也称"买主意向调查法"，是指通过一定的调查方式（如抽样调查、典型调查等）选择一部分或全部的潜在购买者，直接向他们了解他们在未来某一时期（即预测期）购买商品的意向，并在此基础上对商品需求或销售做出预测的方法。在缺乏历史资料的情况下，运用这种方法，可以取得相关数据资料，以便做出需求预测。

购买者意向调查法在现实情况满足下面 3 个条件时比较有效。

（1）购买者的购买意向明确清晰。

（2）这种意向会转化为购买行为。

（3）购买者愿意将其意向告诉调查者。

由于非耐用消费品的潜在购买者数量很多，难以逐一调查，故此法多用于工业用品和耐用消费品的调查。

2. 销售人员意见综合预测法

销售人员意见综合预测法是指企业直接将商品销售经验丰富的人员组织起来，先由预测组织者向他们介绍预测目标、预测内容和预测期的市场经济形势等情况，要求销售人员利用平时掌握的信息，结合预测组织者提供的情况，对预测期的商品销售前景提出自己的预测结果和意见，最后提交给预测组织者进行综合分析，以得出最终的预测结论的一种方法。

销售人员是商品的直接推销者。他们了解市场、熟悉商品销售情况，因而，他们的预测结果对编制营销计划和制定经营决策有较大的参考价值。同时，让销售人员参与需求预测，可激发他们的责任感，提升他们的工作积极性。但由于职业习惯和知识局限性，销售人员可能对宏观经济的运行态势和市场结构变化不甚了解，容易从局部出发做出预测，其预测结果具有一定的片面性。预测者激进或保守，都将影响预测的准确性。如果最终预测值将作为任务目标，预测者难免采取稳健态度，因而得出的预测值可能偏低。

销售人员意见综合预测法主要用来预测商品需求动向，市场景气状况，商品销售前景，商品采购品种、花色、型号、质量和数量等方面的问题。这种方法多在统计资料缺乏或不全的情况下采用，对短期需求的预测效果较好。

3. 专家意见法

专家意见法是借助专业人士的意见获得预测结果的方法，通常采用函询或现场深度访谈的方式进行，即在反复征求专家意见的基础上，经过客观分析和多次征询，逐步使各种意见趋于一致。专家一般来自经销商、分销商、供应商、营销顾问和贸易协会等各个方面。由于专家通常有更多数据和更好的预测方法，因此，其预测往往优于企业的预测。

（二）定量预测方法

目前，企业常用的定量预测方法主要有加权算术平均法、季节指数预测法、指数平滑法、回归分析预测法和时间序列预测法等，以下重点介绍季节指数预测法和一元线性回归分析预测法。

1. 季节指数预测法

（1）季节指数预测法的含义

季节指数预测法就是根据预测目标各年按月（或季度）编制的时间数列资料，以统计方法测出反映季节性变动规律的季节指数，并利用季节指数进行预测的预测方法。在市场销售中，某些商品如电风扇、空调、服装等往往受季节影响而出现销售淡季和销售旺季的季节性变动规律。掌握了季节性变动规律，预测者就可以利用它对季节性商品进行需求预测。

（2）季节指数预测法的要点

首先，利用统计方法计算出预测目标的季节指数，以测定季节变动的规律性；然后，在已知季节平均值的条件下，得出未来某个月（季）的预测值。

（3）季节指数预测法的操作步骤

① 收集历年（通常至少 3 年）各月或各季的统计数据（观察值）。

② 计算各年同月或同季观察值的平均数（用 A 表示）。

③ 计算历年间所有月份或季度的平均值（用 B 表示）。

④ 计算各月或各季度的季节指数，即 $S=A/B$。

⑤ 根据未来年度的全年趋势预测值，计算各月或各季度的平均趋势预测值，然后乘以相应季节指数，即得出未来年度内各月或各季度包含季节变动的预测值。

例：根据某市文化衫 2022～2024 年的销售资料预测 2025 年各个季度的销售量。2025 年的销售量以 2024 年的销售量为基数按 8%递增。2022～2024 年各季度的文化衫销售量如表 8-1 所示。

表 8-1　2022—2024 年各季度的文化衫销售量　　　　　　单位：件

季度	2022 年	2023 年	2024 年
Ⅰ季度	182	231	330
Ⅱ季度	1728	1705	1932
Ⅲ季度	1144	1208	1427
Ⅳ季度	118	134	132

解： 先求出 2024 年的销售量，再求出 2024 年的季平均数，最后根据各季度的季节指数求出预测值，如表 8-2 所示。

表 8-2　季节指数计算表　　　　　　单位：件

季度销售量	2022 年	2023 年	2024 年	同季平均（A）	季节指数（S）
Ⅰ季度	182	231	330	247.7	28.9%
Ⅱ季度	1728	1705	1932	1788.3	208.9%
Ⅲ季度	1144	1208	1427	1259.7	147.2%
Ⅳ季度	118	134	132	128	15%
合计	3172	3278	3821	3423.7	
历年季度平均数（B）				855.925	

2025 年的销售量：（330+1932+1427+132）×（1+8%）=4126.68（件）

2025 年的季平均数=4126.68/4≈1031.67（件）

Ⅰ季度销售量=1031.67×28.9%≈298.15（件）

Ⅱ季度销售量=1031.67×208.9%≈2155.16（件）

Ⅲ季度销售量=1031.67×147.2%≈1518.62（件）

Ⅳ季度销售量=1031.67×15%≈154.75（件）

2. 一元线性回归分析预测法

（1）一元线性回归分析预测法的含义

一元线性回归分析预测是指当成对的两个变量数据的散点图呈现出直线趋势时，采用最小二乘法，找到两者之间的经验公式，即一元线性回归分析预测模型。根据自变量（X）的变化，来估计因变量（Y）变化的预测方法。一元线性回归预测法是分析一个因变量（Y）与一个自变量（X）之间线性关系的预测方法。

（2）一元线性回归分析预测法的步骤

① 根据预测目标，确定自变量和因变量

预测目标就是因变量，因此根据预测目标，可以确定自变量和因变量。例如，预测目标是下一年度的销量，那么销量就是因变量。通过市场调查和查阅资料，寻找与预测目标的相关影响因素，并从中选出主要的影响因素。

在平面坐标系上分别标出因变量与自变量，就可得出一系列点，这一系列点所构成的分布图称为散点图。若点的分布呈现出直线型模式，就可采用一元线性回归预测。

② 建立一元线性回归预测模型

依据自变量和因变量的历史统计资料进行计算，在此基础上建立一元线性回归分析方程，即一元线性回归预测模型。

一元线性回归预测模型为：$Y=a+bX$

式中，Y代表因变量的值；

X代表自变量的值。

a、b代表一元线性回归方程的参数，a、b参数计算公式如下。

$$a = \frac{\sum y - b \sum x}{n} \qquad b = \frac{n \sum xy - \sum y \sum x}{n \sum x^2 - \sum x \sum x}$$

③ 进行相关分析

回归分析是对自变量和因变量所进行的数理统计分析处理。只有当自变量与因变量确实存在某种关系时，建立的回归方程才有意义。因此，作为因变量的预测对象与作为自变量的因素是否有关，相关程度如何，以及判断这种相关程度的把握性多大，就成为进行回归分析必须解决的问题。进行相关分析，一般要求出相关关系，以相关系数的大小来判断自变量和因变量的相关程度。相关系数 r 计算公式如下。

$$r = \frac{n \cdot \sum xy - \sum y \cdot \sum x}{\sqrt{\left(n \cdot \sum x^2 - \left(\sum y\right)^2\right)\left(n \cdot \sum y^2 - \left(\sum x\right)^2\right)}}$$

相关系数值范围是：$-1 < r < 1$。当 $r > 0$ 时，称为正线性相关，这时 y 有随 x 增加而线性增加的趋势；当 $r < 0$ 时，称为负线性相关，这时 y 有随 x 增加而线性减少的趋势。

相关系数 r 绝对值越接近 1，两个变量之间的线性相关程度就越高；反之则越低。当 $r=0$ 时，称为完全不线性相关。

④ 检验回归预测模型，计算预测误差

回归预测模型是否可用于实际预测，取决于对回归预测模型的检验和对预测误差的计算。回归方程只有通过各种检验，且预测误差较小，才能将回归方程作为预测模型进行预测。

⑤ 计算并确定预测值

利用回归预测模型计算预测值，并对预测值进行综合分析，确定最后的预测值。

例：根据下列某地啤酒销量与新增成年人口统计表预测未来几年啤酒的销量，统计数据如表 8-3 所示。

表 8-3 统计数据表

项目	1989 年	1990 年	1991 年	1992 年	1993 年	1994 年	1995 年	1996 年	1997 年	1998 年
新增成年人口/万人	25	28	34	38	47	62	45	56	54	55
啤酒销量/万箱	28	31	50	53	61	70	60	66	63	65

解析:

1. 绘制散点图

根据图 8-1，我们可以确定销量（因变量）和新增成年人口（自变量）呈现相关关系，可使用线性相关分析。

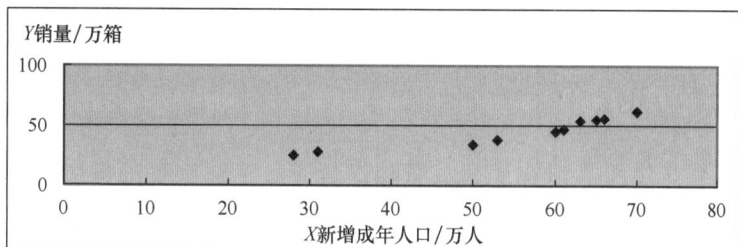

图 8-1　散点图

2. 绘制一元线性回归方程计算表

具体相关数据如表 8-4 所示。

表 8-4　一元线性回归方程计算表

年份	x	y	xy	x^2	y^2
1989 年	25	28	700	625	784
1990 年	28	31	868	784	961
1991 年	34	50	1700	1156	2500
1992 年	38	53	2014	1444	2809
1993 年	47	61	2867	2209	3721
1994 年	62	70	4340	3844	4900
1995 年	45	60	2700	2025	3600
1996 年	56	66	3696	3136	4356
1997 年	54	63	3402	2916	3969
1998 年	55	65	3575	3025	4225
合计	444	547	25862	21164	31825

根据公式计算一元线性回归方程的参数如下。

$$b = \frac{n\sum xy - \sum y \sum x}{n\sum x^2 - \sum x \sum x} = \frac{10 \cdot 25862 - 444 \cdot 547}{10 \cdot 21164 - 444^2} = 1.09$$

$$a = \frac{\sum y - b\sum x}{n} = \frac{547 - 1.10 \cdot 444}{10} = 6.3$$

根据一元线性回归方程公式得出:

$$\hat{Y} = \alpha + b\hat{X} = 6.3 + 1.09x$$

根据回归方程进行预测。

假定 1999 年的新增成年人口为 57 万人，2000 年为 59 万人，则：

1999 年的预测值为：6.3+1.09·57=68.43（万箱）

2000 年预测值为：6.3+1.09·59=70.61（万箱）

3．相关分析

根据公式计算相关系数：

$$Y = \frac{10 \cdot 25862 - 444 \cdot 547}{\sqrt{\left(10 \cdot 21164 - 444^2\right)\left(10 \cdot 31825 - 547^2\right)}} = 0.948$$

得出，相关系数 Y 的值为 0.948，接近 1，因此两个变量之间的线性相关程度比较高。

任务三　供应链环境下的客户关系管理

任务描述

供应链企业与其下游企业进行业务往来时，如何快速响应其需求？如何与它们建立紧密的联系并协同运作？如何为客户提供优质的产品和满意的服务以留住原有客户并使其成为忠诚客户甚至终生客户？这些都是关系到企业生存和发展的重大问题。因此，只有做好客户关系管理，才能实现供应链企业对下游业务的高效管理和从容应对。本任务主要介绍数字化供应链环境下的客户关系管理的内涵、内容、方法及客户关系管理与供应链管理的关系。

任务知识

一、客户关系管理的内涵

客户关系管理（Customer Relationship Management，CRM）是一种新经济背景下的管理理念，其核心是以客户满意度为目标的协同管理思想。它是一种以客户为中心的管理思想和经营理念，旨在改善企业与客户之间关系的新型管理机制，实施于企业的市场、销售、服务与技术支持等与客户相关的领域，目标是通过提供更快速、更周到的优质服务吸引和保持更多的客户，并通过对营销业务流程的全面管理来降低产品的销售成本。同时，它也是以多种信息技术为支撑的先进管理软件和技术。它将最佳的商业实践与数据挖掘、数据仓库、"一对一"营销、电子商务、销售自动化及其他的信息技术紧密结合在一起，为企业的销售、客户服务和决策支持提供了一个业务自动化的解决方案。实际上，它是一种以客户为导向的企业营销管理的系统工程。

客户关系管理是信息时代商务经营的重要工作，它有别于传统的客户服务管理，其重点在于整合：整合客户策略、销售策略与周详的服务流程管理；整合公关、销售与服务功能，落实客户关系服务；整合传统客户管理理论与信息科技。客户关系管理充分利用最新的信息技术与各式数字化服务工具，有效收集客户需求，进而分析客户喜好，并利用信息技术于最适当的时机提供最合适的服务，使客户形成认同感，进而产生终身购买价值。因此，客户关系管理是企业赖以提升竞争力与服务品质的利器。

二、客户关系管理的内容

客户关系管理主要包括市场营销中的客户关系管理、销售过程中的客户关系管理和客户服务过程中的客户关系管理。

（一）市场营销中的客户关系管理

市场营销中的客户关系管理是指企业通过对收集到的大量数据进行统计分析，对市场需求进行预测，制订市场推广计划，并对通过各种渠道（包括传统销售、电话营销、网上营销）接触到的客户进行记录、分类和辨识，提供对潜在客户的管理，并对各种市场活动的成效进行评估。

（二）销售过程中的客户关系管理

销售过程中的客户关系管理是指企业为提高核心竞争力，利用相应的信息技术和互联网技术协调企业与顾客在销售和服务上的交互，从而提升其管理水平，向客户提供创新式的个性化服务的过程。

（三）客户服务过程中的客户关系管理

客户服务过程中的客户关系管理的主要功能包括客户反馈、解决方案、满意度调查等。客户反馈中的自动升级功能可让管理者第一时间了解超期未解决的客户请求，解决方案功能使全公司所有员工都可以立刻提交给客户令其满意的解决方案，而满意度调查功能可以使最高层的管理者随时获知本公司客户服务的真实水平。有些客户关系管理软件还集成呼叫中心系统，这样可以缩短客户服务人员的响应时间，从而有效提高客户服务水平。

📖 **拓展案例**

京东商城包裹可视化跟踪系统

三、客户关系管理与供应链管理的关系

供应链管理和客户关系管理在企业管理中密切相关，二者相互作用、相互影响。供应链管理的重点在于企业与供应商之间的协作与协调，通过优化供应链的流程和资源配置，为客户提供高质量、低成本的产品或服务。而客户关系管理的重点在于企业与客户之间的互动与关系建立，通过了解客户需求，提供个性化的产品或服务，增强客户的满意度和忠诚度。

供应链管理和客户关系管理之间的紧密关系体现在以下几个方面。

（1）供应链管理可以影响产品或服务的交付时间和质量，进而影响客户的满意度和忠诚度。如果供应链中的某个环节出现问题，导致产品或服务无法按时提供给客户，客

户的满意度就会受到影响，进而影响客户与企业的关系。

（2）客户关系管理可以为供应链管理提供重要的信息和数据支持。通过客户的反馈意见和建议，企业可以了解客户对产品或服务的需求和期望，从而指导供应链设计和执行过程中的决策。

（3）供应链管理和客户关系管理的共同目标都是提高企业的竞争力和盈利能力。通过优化供应链，提供高质量、低成本的产品或服务，可以提高客户的满意度和忠诚度，从而提升企业的市场份额和收入。

综上所述，供应链管理与客户关系管理是现代企业管理中的重要组成部分，它们相互依存、相互作用，对于企业实现可持续发展和提升竞争力至关重要。企业应当注重供应链管理和客户关系管理的整合，通过有效的运作和协调，实现企业与客户的长期合作及企业的高效运作。

四、供应链环境下客户关系管理的方法

（一）树立客户导向的经营理念

首先，要了解服务对象的需求。企业要加强对市场和客户的细分，有针对性地设计个性化的服务，通过定制服务、等级服务，全力满足客户多样化的需求。其次，要树立"以人为本"的服务理念。卓有成效的服务策略的制定必须在有效的服务策略定位、深入的客户服务需求研究和遵循价值原则的客户细分的基础上进行，而差异化服务策略要针对细分客户群进行服务内容、服务渠道和服务方式设计。企业要通过对客户的精准定位，以有限的资源投入来实现自身和客户价值的最大化。

（二）加快客户营销创新

实现以人为本的营销创新要求企业不仅重视员工创新意识、创新精神的培养和创新能力的训练，还要关注客户满意度和忠诚度的提升。在我国市场主体、市场竞争、市场边界和市场秩序等企业外部环境因素都已经发生根本性变化的今天，传统营销的作用日益弱化，企业必须不断地采用新的营销策略才能吸引客户。营销创新便是企业在"以客户为中心"理念的指导下，采用区别于传统营销的新观念、新方法、新举措、新途径，更好地为客户服务的营销创意实践活动，因而也是一种提升客户满意度的有效策略。

（三）建立健全组织结构

首先，企业应根据管理目标来确定组织结构。管理目标是组织的根本，离开管理目标的组织将是不切实际的组织，企业应以长期发展方向作为管理目标，建立最基本的组织架构。其次，企业要根据自身条件来健全组织结构。健全组织结构是在建立组织结构的基础上实现的，企业要在人与事密切配合的前提下，通盘考虑自身条件，并根据所有影响企业的因素来健全组织结构。再次，企业应确保管理层次及管理幅度与自身相适应。在实际管理中，对于组织结构中纵向的管理层次与横向的管理幅度的安排，企业必须周

密考虑。一方面要维持适当的管理幅度，另一方面要避免出现不必要的管理层次。最后，企业要注意避免出现越级管理或多人管一人的现象。从实际工作情况来看，当一个员工受到多个上级管理时，上级的管理效力会减弱。

能力测试

一、单选题

1. （　　　）是指对企业销售活动的计划与安排。
   A. 销售规划　　　B. 销售管理　　　　C. 销售组织　　　　D. 销售活动
2. 下列对 CRM 的内涵的描述，错误的是（　　　）。
   A. CRM 是一种管理理念　　　　　B. CRM 是一种管理机制
   C. CRM 是一种简单的员工管理方法　D. CRM 是一种管理软件和技术
3. 企业实施客户关系管理的最终目的是（　　　）。
   A. 把握客户的消费动态
   B. 针对客户的个性化特征提供个性化服务，极大化客户的价值
   C. 做好客户服务工作
   D. 尽可能多地收集客户信息

二、多选题

1. 属于需求预测方法的有（　　　）。
   A. 定性预测方法　　　　　　　　B. 定量预测方法
   C. 市场资源预测法　　　　　　　D. 市场营销组合预测法
2. 属于定量预测方法的有（　　　）。
   A. 季节指数预测法　　　　　　　B. 专家意见法
   C. 销售人员综合意见预测法　　　D. 回归分析预测法
3. 销售管理的内容包括（　　　）。
   A. 制定销售规划　　　　　　　　B. 设计销售组织
   C. 指挥和协调销售活动　　　　　D. 评价与改进销售活动

三、简答题

1. 简述销售管理的概念。
2. 数字化供应链环境下需求预测的步骤有哪些？
3. 数字化供应链环境下需求预测的方法有哪些？
4. 简述客户关系管理的含义。
5. 简述客户关系管理的内容。

09 项目九
供应链信息管理和风险管理

【项目描述】

在信息化和经济全球化的今天，信息网络、信息产业与供应链的融合日益增强，整个社会的供应链管理体系也发生了翻天覆地的变化。信息技术在各个领域的应用，从根本上改变了成本高、机构冗余、管理复杂的局面，从而提升了企业在供应链管理方面的效率，增强了企业核心竞争力，使企业在激烈的竞争中保持领先优势。本项目主要介绍供应链信息管理的认知、数字化供应链管理中的信息技术及供应链风险管理。

【项目目标】

知识目标
1. 掌握供应链信息管理的概念和作用
2. 了解主要的数字化供应链信息技术
3. 掌握供应链风险的形成原因与分类
4. 理解供应链风险的防范与控制

技能目标
1. 发现供应链信息管理中存在的问题，并提出合理的解决方案
2. 结合实际妥善处理供应链风险

素质目标
1. 培养整体性思维，增强对新理论、新思想、新方法的接受能力
2. 培养大局观，增强识别与处理风险的能力

【引导案例】

联合利华活用大数据驱动供应链管理

在我国，消费者从超市货架上取走一瓶联合利华生产的洗发水，对联合利华来说，意味着它的 1000 多家供应商、25.3 万平方米的生产基地、9 个区域分仓、300 家超市和经销商都因此受到影响。这是联合利华供应链的一些基本节点。一端连接着来自全球的 1500 家供应商，另一端则是包括沃尔玛、乐购、屈臣氏和麦德龙等在内的总共约 300 家

零售商与经销商所提供的超过 8 万个销售终端。联合利华在我国销售清扬洗发水、力士香皂、中华牙膏、奥妙洗衣粉等 16 个品牌、近 3000 种规格的产品，拥有超过 100 亿元的年销售额。消费者每买走一件产品，联合利华整个供应链的运转都会受到影响。

1. 深度数据挖掘与需求分析

不同于家电、汽车等耐用消费品的消费趋势和周期比较容易预测，由于快速消费品的购买频次更高，消费结构更为复杂，以及销售过程中充满许多不确定性，企业较难对它做出需求预测。每天，分散在全国各地的业务人员巡店后，会将销售数据输入一个手持终端，然后将销售情况汇总到公司的中心数据库。与此同时，直接与公司中心数据库对接的沃尔玛销售时点系统和经销商的库存系统等，会将店里的销售和库存数据及时传送到公司的中心数据库中。其余还有 7 万多个销售终端的数据更新以周为单位，这些数据可以保证销售预测的波动（例如令人头疼和难以预料的团购情况）被控制在合理范围内。

除了汇总购买行为数据，联合利华还进行了深入分析。例如，分析某产品的促销策略（是降价还是买赠）、在某时段内的宣传力度、产品覆盖了多少区域或渠道等。同时联合利华还注重跨部门协作，要求生产、采购、财务、市场等团队进行协同，共同利用数据进行预测。

2. 全球协同采购

在联合利华全球化采购与生产架构下，消费者购买行为对联合利华的采购、生产的影响是全球性的。目前，联合利华旗下 400 多个品牌的产品在六大洲 200 多个生产基地生产，所有原料和包装材料的采购都遵循全球统一调配原则。这种全球化的操作将在成本节约上产生规模效应，同时也对联合利华的供应商管理水平提出了挑战。

联合利华利用大数据对供应商进行管理，形成了一套全球共同执行的标准。一个跨部门的管理团队每年会重新审核供应商等级，对 A 级供应商更是会到场审计两次。审计内容不仅涉及技术水平、产品质量、资金规模等常规指标，还包括绿色、环保、用工条件等社会责任方面的情况。如果供应商在某一方面没能达到要求，就将面临从采购名单里消失的风险。

3. 高效协同生产

当商品售出时，生产部门就要和计划部门对接，对售出产品的数据做出响应。根据售出产品的相关数据，生产计划经理需进行分析并做出决策。除了通过需求计划经理得到需求预测，生产计划经理还必须获得其他业务信息，例如通过采购团队掌握所有供应商的交货能力，通过工厂负责人了解目前生产线的实际产能等。最终，生产计划经理会将这些信息汇总并进行系统分析，确定下一段时期内的产能规划和供应水平。

根据这些大数据，工厂最终做出生产安排，指挥一个年产值为 140 亿元的生产系统在每一周、每一天里调度每一条生产线按照速度和专长的不同安排生产，以尽可能实现产能最大化，满足那些分散在全国各地乃至世界各地不断增长的购买需求。

4. 渠道供应链管理，赢在货架

联合利华在我国设有 9 个销售大区，其成品首先从合肥生产基地的总仓发往上海、广州、北京、沈阳、成都等9个城市的区域分仓。为了保证这些成品能够准时到达最终的货架，分销资源计划部门既要规划路线，又要考虑库存成本和各条运输线上波动的运输能力。比如，春节是联合利华产品的销售旺季，而临近春节时由东往西的铁路运输量很大，公路运输也比较繁忙。此外，还可能会有很多突发状况。因此，分销资源计划部门必须有充足的数据来进行详细周密的分析，并与其他业务部门协商，做出关于如何在西区提前建立库存等的决策。

联合利华充分利用数据，构建起一条从超市货架到产品，再到供应商的高价值的数据链路，并利用该链路上每一节点的数据来优化和改进业务，使得业务运营取得了骄人的成绩。

思考：

1. 结合联合利华对大数据的应用，谈谈信息化在供应链中的重要性。
2. 联合利华是怎么实现"赢在客户"的目标的？

任务一　供应链信息管理认知

任务描述

供应链的有效运作依赖于高质量的信息传递与共享，因此充分有效的信息管理是供应链管理成功的关键。成功的供应链战略把整个供应链作为整体来考虑，管理者根据影响供应链的所有因素制定供应链战略，使得供应链利润最大化。供应链中的信息管理是供应链管理的重要内容。本任务主要介绍供应链信息、供应链信息流、供应链信息管理的概念、特点、目标和作用。

任务知识

一、供应链信息

供应链信息按不同的分类方法可分为不同的类型。

（一）从供应链环节的角度划分

从供应链环节的角度划分，供应链信息可以分为如下几类。

（1）供应源信息，包括能够在多长的订货供货期内以什么样的价格购买到什么样的产品，产品能被送到何处。供应源信息还包括订货状态及支付安排等。

（2）生产信息，包括能够生产什么样的产品，产品数量为多少，在哪些工厂进行生产，需要多长的供货期，需要进行哪些权衡，成本为多少，批量订货规模多大等。

（3）配送和零售信息，包括哪些货物需要运送到什么地方，数量为多少，价格如何，在每一地点的库存是多少，供货期有多长等。

（4）需求信息，包括哪些人将购买什么货物，在哪里购买，数量为多少，价格为多少等。

（二）从供应链层次结构的角度划分

从供应链层次结构的角度看，供应链信息可以划分为供应链管理信息、企业信息、工作组信息及个人信息 4 个层次，如图 9-1 所示。

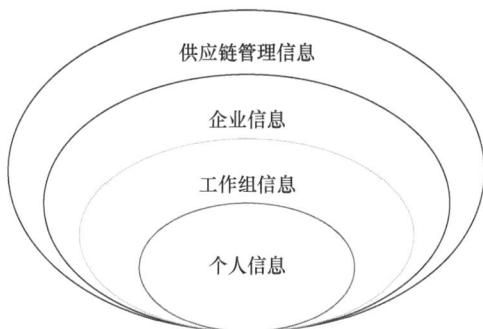

图 9-1 供应链信息层次结构

二、供应链信息流

（一）信息流的概念

信息流形成于信息的采集、传递和加工处理过程。从本质上看，信息流反映的是供应链中各个节点之间的供需关系。在供应链中，信息流、物流和资金流是紧密联系的一体。

信息流是对环境因素、上下游企业的运营情况，以及供应链中物流和资金流状态的描述，例如市场需求变化、中间商网点分布、成品的库存状态和原材料采购计划等。一方面，物流和资金流决定了信息流的内容。离开物流和资金流，信息流是没有内容的。另一方面，及时、充分的信息流对物流和资金流具有引导、促进与优化作用。完善的信息流能够缩短供应链多级响应周期、降低多级库存水平等，从而达到信息代替库存的目的。反之，如果信息处理不当，将会引起生产中的不协调，使供应链的总成本，进而使整个供应链存在能力短板。

传统方式下，由于信息的采集与传递方式的影响，信息流的特点为：信息流滞后于物流，通常在部门与部门交接处存在重复加工现象；信息在层层传递中通常存在着失真的现象；滞后和失真的信息达不到有效控制和调节物流的效果。这导致企业决策层仅了解结果，而不了解过程。采用信息技术以后，与传统的方式相比，信息流的特点为：信息流与物流同时发生；信息由计算机集中存储，统一加工，消除了部门与部门交接处的重复加工现象；信息由计算机传递、加工，及时性、准确性强；能够快速反馈信息并由此控制和调节物流。这使得企业决策层不仅了解结果，而且了解过程，实现信息的可追溯性并做出准确的判断和实时的决策。采用信息技术前后信息流的特点如表 9-1 所示。

表 9-1　采用信息技术前后信息流的特点

信息流的特点	采用信息技术前	采用信息技术后
信息流发生的时刻	信息流滞后于物流	信息流与物流同时发生
信息传递的准确性	在层层传递过程中存在失真现象	信息由计算机传递、加工，及时性、准确性强
信息加工处理情况	部门与部门交接处存在重复加工现象	采用计算机集中存储，统一加工，消除重复加工现象
企业决策层的特点	仅了解结果，不了解过程	不仅了解结果，而且了解过程，能做出准确的判断和实时的决策

（二）供应链信息流的控制模式

一般情况下，供应链信息流的控制模式可分为：分散控制模式、集中控制模式及综合协调控制模式 3 种。

1. 分散控制模式

分散控制模式是指信息在部门之间传递，信息流的控制主要分散在各个部门，由各部门决定信息的流向及内容，如图 9-2 所示。部门 A 与部门 B、部门 C、部门 D 之间可以互相交流，部门 B 与部门 A、部门 C、部门 D 之间也可以互相交流。

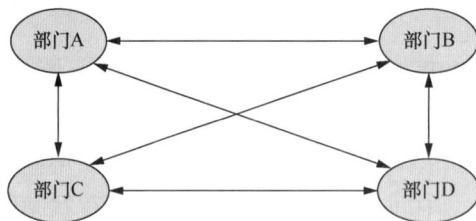

图 9-2　信息流的分散控制模式

该模式的特点是各部门对信息的流向及内容有决定权，能灵活掌握信息需求及信息传播的时间、地点和方式，但企业不能从整体上把握信息的流向及内容，缺乏宏观调控能力，会导致信息流的混乱及无序，管理效率下降，严重时甚至可能导致管理失控。

这种模式主要应用于部门之间文档的传输，包括意见、建议、说明及要求等，采用的信息传输渠道一般为电子邮件、电子公告板等。

2. 集中控制模式

集中控制模式是指所有的信息在传递过程中必须经过中央数据库再到达目的地，这时信息的流向及内容由中央数据库集中控制。这种情况下部门 A 的信息全部送往中央数据库，这些信息中哪些能送往部门 B、哪些能送往部门 C、哪些能送往部门 D 由中央数据库决定，如图 9-3 所示。

采用这种模式时，信息的流向及内容完全由中央数据库控制，在大多数情况下，信息流是固定的，如果需要改变信息的流向或内容，必须经过中央数据库的同意，因此，该模式缺乏灵活性。

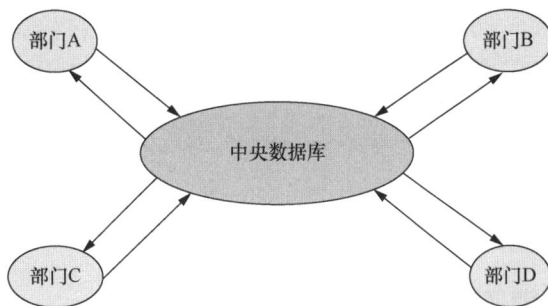

图 9-3　信息流的集中控制模式

该模式主要应用于研发、生产及销售等信息的处理。目前企业采用的多种 MRP、ERP 等系统，其信息流的控制模式便是这种模式。

3．综合协调控制模式

实际上，企业在供应链管理中所使用的信息流控制模式不会是单纯的分散控制模式或集中控制模式，往往会将两种模式的优点结合起来，以达到管理的最佳效果。图 9-4 中，甲、乙为两个企业，其中部门 A、部门 B 属于甲企业，部门 C 属于乙企业。单箭头表示部门与中央数据库的信息交流。双箭头表示两端的部门拥有对相应信息流的控制权。

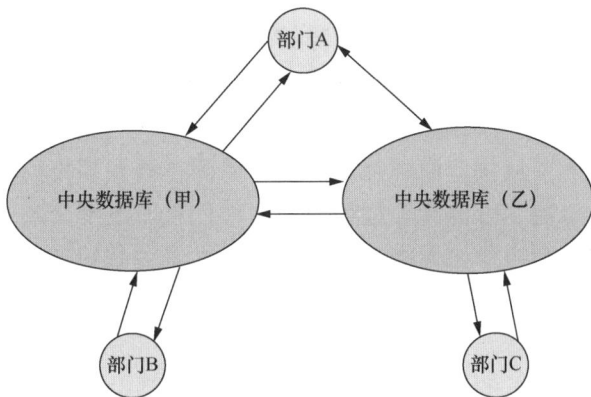

图 9-4　信息流的综合协调控制模式

设甲企业为核心企业，乙企业是以甲企业为核心的供应链上游企业。这两个企业的部门之间，以及部门与中央数据库之间的信息流的控制模式为分散控制模式，如果部门 A 为销售部门，部门 B 和部门 C 为研发部门，则部门 A 可向乙企业中央数据库传递销售预测信息，部门 B 可向部门 C 传递产品（零部件）开发的要求、建议等信息。而对于甲企业的中央数据库来说，乙企业可视作与部门 A、部门 B 一样的一个部门，集中控制产品（零部件）需求信息、物料的在途信息等信息的流向。

综合协调控制模式具有两个显著特点。第一，它兼具分散控制模式的灵活性和集中控制模式的宏观协调能力，能使管理效率得到极大的提高。第二，它符合供应链管理的

181

群体决策机制，能使物流、信息流顺畅、快捷地流动。

供应链管理思想对企业管理最大的影响是对现行计划与控制模式的挑战，因为企业的经营活动是由顾客需求驱动的，也是以计划与控制活动为中心而展开的，只有建立面向供应链管理的计划与控制系统，企业才能真正从传统的管理模式转向供应链管理模式。

三、供应链信息管理的概念和特点

（一）供应链信息管理的概念

供应链信息管理，就是通过供应链中的信息系统，实现对供应链的数据处理、信息处理、知识处理的全过程管理，使数据向信息转化，信息向知识转化，最终形成企业价值。

信息对供应链的运作至关重要，因为它为供应链管理者制定决策提供了事实依据。没有信息，供应链管理者只能盲目制定决策，供应链就不可能将产品高效地送到顾客手中。信息是供应链中最重要的管理要素之一。

（二）供应链信息管理的特点

1. 供应链信息来源多样化

供应链信息不仅包括来自供应链企业的各种信息之外，还包括与供应链相关的利益方及外部环境的各类信息。供应链竞争优势的获得需要各供应链企业的相互协调合作，协调合作的手段之一是信息及时交换和共享。

2. 供应链信息范围广

供应链信息流覆盖了从供应商、制造商到分销商，再到零售商等供应链中的所有环节，涵盖了物流、资金流、价值流等过程中的各种信息，范围广阔，数量巨大。供应链管理者应通过信息管理和合作协调机制将多个具有供需关系的企业集成为一个共同应对市场的有机整体。

3. 供应链信息量大

供应链信息随着供应链的生产运作活动及商品交易活动的展开而大量发生。比如，多品种、小批量生产和大批量、小数量配送使库存、运输等物流活动的信息大量增加。零售商广泛应用销售时点系统读取商品的品种、价格、数量等即时销售信息，并对这些信息进行加工整理，利用 EDI 技术向相关企业传送，使销售信息量剧增。随着供应链企业间合作的增强，信息技术的发展，以及数字化管理的深化，供应链的信息量在未来将会越来越大。

4. 供应链信息更新速度快

在供应链管理环境下，信息产生于各个运作环节。随着物联网、人工智能、传感器等数字化技术在供应链中的广泛应用，生产、物流、销售等过程中的信息能够实时被采集和传输，供应链信息也能够及时更新，这对供应链的信息处理能力提出了更高要求。

5. 供应链信息强调为客户服务

在供应链中，供应商、分销商、制造商和零售商均与最终客户发生直接或间接的信息交流，并且围绕客户的需求进行产品设计、生产、销售，为客户提供相应的产品或服务。从某种意义上讲，供应链的所有活动归根结底都是围绕着一种信息来运作的，这种信息就是客户需求信息。

四、供应链信息管理的目标和作用

（一）供应链信息管理的目标

在原材料获取、生产安排、产品销售、客户购买等各个阶段，信息都是决策的关键要素。同时，信息流也是供应链管理中流动最频繁、最快且变动最大的部分。管理好信息流才能为物流、资金流等的管理提供正确的决策依据，才能实现供应链管理目标。有效的信息管理是供应链管理成功的关键。而传统的信息管理局限于手工和半自动化的基础，具有效率低下、信息不可靠的特点，这又导致预测不精确，增加了库存、运输、退货等成本，降低了客户满意度。

因此，供应链信息管理的目标是通过有效管理和控制供应链管理中的信息及信息流，为供应链各环节业务的开展提供信息支持，并深入开发供应链信息的价值，以保证供应链管理目标的实现并获得额外的信息资源效益。

（二）供应链信息管理的作用

供应链信息管理的作用主要表现在以下几个方面。

1. 提高运营效率

通过实现信息的实时传递和处理，企业可以迅速了解供应链各环节的状态，准确做出决策，从而提高整体运营效率。

2. 增强供应链透明度

实时信息传递使供应链中的所有参与者能够清楚地了解货物的流动状态、库存状况和订单处理情况，从而增强供应链的透明度。

3. 提高客户满意度

客户可以随时了解订单状态和货物的实时位置，从而提高客户满意和品牌忠诚度，同时增强企业信誉。

4. 降低供应链成本和风险

通过信息的实时传递和处理，企业可以准确掌握各环节情况，优化资源配置，减少不必要的运输和库存成本，从而实现成本的降低。同时可以通过供应链信息系统实现供应链的风险识别和管理。

5. 实现供应链的协同

通过供应链信息系统，企业可以与供应商、物流企业和客户等各个环节进行协同合作，实现供应链信息共享与协同决策，提高供应链的效率和响应速度。

任务二　数字化供应链中的信息技术

任务描述

在供应链管理中，信息技术支撑体系的建立与运用至关重要。企业需要深入了解信息技术的应用，合理规划信息技术支撑体系，从而提升供应链的效率和竞争力。本任务主要介绍信息技术在供应链管理中的作用、信息技术在供应链管理中的应用和主要的数字化供应链信息技术。

任务知识

一、信息技术在供应链管理中的作用

信息技术的应用在很大程度上影响了供应链管理概念的产生和发展。可以说没有当今高速发展的信息技术，供应链管理根本不可能有效实施。信息技术在供应链管理中的作用具体体现在以下几个方面。

（一）促进建立新的供应链管理组织

传统的组织已不适应供应链管理的要求，只有建立以流程为基础的新的供应链管理组织，才能实现有效的供应链管理。而以流程为基础的新的供应链管理组织的建立，需要信息技术的支持。

（二）加强企业内外的资源整合

供应链管理离不开合作企业的资源集成，而集成强调对资源不断进行调整，整合过程使企业在不断变化的关系模式中，与顾客、与顾客的顾客、与供应商、与供应商的供应商进行协同。资源的集成的过程是各种资源网络化的过程，把企业的资源和能力联结成网络，以便对具体的机会采取相应行动。可见，资源的集成离不开对现代信息技术的应用。

（三）支撑供应链管理的各个方面

供应链管理包括存货管理、运输计划、自动补库等，需要有完善的信息系统和信息网络做支撑。供应链管理为企业获得竞争优势提供了非常重要的管理思想和方法，而这一思想和方法自诞生之日起，就与计算机技术和通信系统紧密联系在一起。

（四）帮助供应链实现信息共享

信息技术发展起来以前，由于信息处理速度的限制，数据的采集、处理、存储和传递都十分缓慢，供应链企业也不可能建立一个共享数据库来实现信息共享。供应链企业之间信息失真经常导致作业的不经济性，如库存投资过多、服务差、经济效益低下、物流计划不合理等。随着信息技术的进步，企业可以实时处理大量的信息并传递大量的数据。以开放为基础的共享数据库系统的应用，不仅在企业内部，而且在企业间，甚至整个供应链中都可实现信息共享。高效的信息共享有效削弱甚至消除了供应链企业间的信息隔阂、信息差，促进了供应链上下游企业的协同与合作，提高了供应链管理的系统性、高效性和合理性。

总之，利用各种信息技术对供应链中的各种信息进行采集与跟踪，可以满足供应链上下游企业对物料准备、生产制造、仓储运输、市场销售、零售管理等全方位的信息管理需求。可以说，信息技术正越来越深地影响着供应链的发展，已经成为供应链生存和发展的基础。

二、信息技术在供应链管理中的应用

供应链管理涉及产品（服务）设计、物流供应、生产、销售、客户服务等众多领域，它以同步化、集成化生产计划为指导，通过采用不同信息技术来提高这些领域的运作绩效。信息技术在供应链管理中的应用如下。

（一）在供应链规划设计方面的应用

为确保供应链的有效运作，必须重视供应链的规划设计。只有形成良好的供应链规划和设计，才能更好地促进供应链企业的发展，并根据市场的供需关系实现供应链内部的资源调整与配置，降低生产运输成本，提高供应链的竞争力。在进行供应链规划设计时，供应链管理者可以对供应链的规划设计方案进行筛选、评析优化，还可以利用信息技术，比如仿真技术，对遇到的困难、问题进行模拟演练，以求得到更优的方案。

（二）在仓储管理中的应用

仓储管理是供应链管理的重要环节，影响着整个供应链的生产、销售等活动。为了满足供应链管理的需求，应该重视提升供应链内仓储管理系统的信息化水平，采用更为先进的信息技术，比如射频识别、物联网、人工智能、大数据等技术。对这些技术的合理应用，能够提高供应链内部仓储管理的效率，为保障原材料和部件供给、降低库存成本、提高周转率创造有利条件。

（三）在物流运输配送中的应用

利用全球定位系统、地理信息系统、智能运输系统、物联网等先进的信息技术，企业可以缩短货物运送时间，降低产品的损耗，选择最优路线，并保证运输的顺利进行，降低物流成本。此外，通过先进的信息技术，企业还可以及时准确地传递消息，实现对运输作业和物流资源的远程监督管控。

（四）在生产领域中的应用

生产过程中的信息量大且复杂，如果处理不及时或处理不当，就有可能出现生产的混乱、停滞等现象，制造资源计划系统、计算机集成制造系统、管理信息系统等信息技术的应用可以解决企业生产中出现的多种复杂问题,提升企业生产和整个供应链的柔性,保证生产及供应链的正常运行。

（五）在营销领域中的应用

市场营销是信息处理量较大的作业过程,市场研究在一定程度上是信息化的主要受益者。市场营销作为一个流程,需要集成市场研究、预测和反馈等方面的信息,EDI、EOS、移动互联网、条码技术等在订单处理、付款、预测等事务中的应用可以提高客户和销售部门之间数据交换的效率,保证企业为客户提供高质量的产品和服务。

（六）在客户服务中的应用

客户服务技术可以促进企业与客户、企业与企业之间的信息共享,以提高企业的服务水平。客户关系管理系统、智能语音应答系统、人工智能、信息自动化系统等技术在客户服务中的应用,提高了客服、分销、后勤、售后等工作的效率,提升了对客户需求、客户反馈的响应速度,减少了客服人员的数量和工作量,从而降低客户服务成本和提高客户服务水平。

三、主要的数字化供应链信息技术

（一）EDI

电子数据交换（Electronic Data Interchange，EDI）是指按照一套通用标准格式,通过通信网络在贸易伙伴的电子计算机系统之间传输标准化的经济信息,并进行数据交换和自动处理。由于使用 EDI 能有效地减少甚至消除贸易过程中的纸面单证,因而 EDI 也被称为"无纸交易"。它是一种利用计算机进行商务处理的新方法,能将贸易、运输、保险、银行和海关等行业的信息,以一种国际公认的标准格式,通过计算机通信网络,使各相关部门与企业之间进行数据交换与处理,并完成以贸易为中心的全部业务过程。其工作方式如图 9-5 所示。

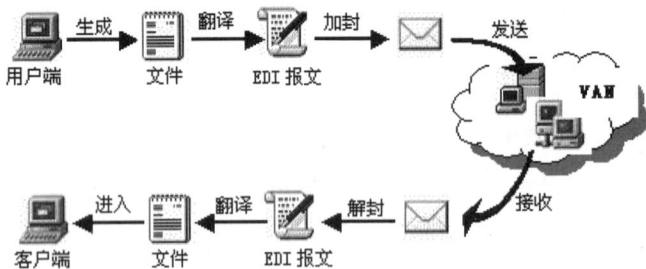

图 9-5 EDI 的工作方式

在供应链管理中实施 EDI 首先能够减少供应链上文档方面的工作,提升供应链合作伙伴之间数据传输的速度和准确性,使得更多的资源集中在战略决策方面。实施 EDI 不仅提升数据传输速度和准确性,扩大信息传输量,缩短订货采购提前期,而这又会使得库存水平降低,大大地降低供应链中的库存成本,提高供应链的整体竞争力。

EDI 主要应用于以下行业。

（1）制造业：制造业通过采用准时生产方式来减少库存量及生产线待料时间，降低生产成本。

（2）贸易运输业：贸易运输业通过快速通关报检、经济使用运输资源，减少贸易运输空间、成本与时间的浪费。

（3）流通业：流通业通过采用快速响应机制，降低商场库存水平与空架率、加速商品资金周转、降低成本；同时建立物资配送体系，实现产、存、运、销一体化的供应链管理。

（4）金融业：金融业采用电子转账支付方式，减少金融单位与其用户之间交通往返的时间与资金流动风险，并缩短资金流动所需的处理时间，增加用户资金调度的弹性；在跨行业服务方面，金融业更可使用户享受到不同金融单位所提供的服务，以提高服务品质。

（二）地理信息系统

地理信息系统（Geographic Information System，GIS）是多种学科交叉的产物，它以地理空间数据为基础，采用地理模型分析方法，适时提供多种空间和动态的地理信息，是一种为地理研究和地理决策服务的计算机技术系统。其基本功能是将表格型数据转换为地理图形显示，然后供用户对显示结果进行浏览、操作和分析。其显示范围可以从洲际地图到非常详细的街区地图，显示对象包括人口、销售情况、运输线路等内容。GIS 的应用如下。

GIS 应用于物流分析，主要是指利用 GIS 强大的地理数据功能来完善物流分析技术。目前已有企业开发出利用 GIS 为物流分析提供专门分析的软件。完整的 GIS 物流分析软件集成了车辆路线模型、网络物流模型、分配集合模型和设施定位模型等。

（1）车辆路线模型：用于解决在一个起始点、多个终点的货物运输中如何降低物流费用，并保证服务质量的问题，包括决定使用多少辆车、每辆车的路线等。

（2）网络物流模型：用于解决寻求最有效的货物路径分配问题，也就是物流网点布局问题。例如将货物从 N 个仓库运往 N 个商店，每个商店都有固定的需求，因此需要确定将哪个仓库的货物送给哪个商店，运输代价最小。

（3）分配集合模型：根据各个要素的相似点把同一层上的所有或部分要素分为几个组，以解决确定服务范围和销售市场范围等问题。如某一公司要设立 X 个分销点，要求这些分销点覆盖某一地区，而且每个分销点覆盖的顾客数目大致相等。

（4）设施定位模型：用于确定一个或多个设施的位置。在物流系统中，仓库和运输线路共同组成了物流网络，仓库即为物流网络的节点，节点决定着运输线路，对于如何根据供求关系并结合经济效益等原则，在既定区域内设立多少个仓库、每个仓库的位置、每个仓库的规模，以及仓库之间的物流关系等问题，运用此模型均能轻松地解决。

（三）GPS

全球定位系统（Global Positioning System，GPS）是一种以人造地球卫星为基础的高精度无线电导航定位系统，它在全球任何地方以及近地空间都能够提供准确的地理位置、车行速度及精确的时间信息。

GPS 在物流领域的主要应用有以下几种。

（1）用于汽车自定位、跟踪调度

通过 GPS，用户可以实现自有车辆位置信息查询、车辆调度及货物的动态了解等，同时还可以在车辆遇险或出现意外事故时进行必要的遥控操作。如厦门港务物流有限公司在集装箱运输车辆上安装了 GPS，以实时显示运输路线的功能，这样，一旦通关准备工作完成，该公司的堆场和运输车辆即可迅速配合相关监管查验部门进行通关工作，这样在减轻监管查验部门工作量的同时，将厦门的口岸功能扩展到漳州、泉州、三明等地，为厦门港务物流有限公司开辟更多的货源基地。

（2）用于铁路运输管理

铁路运输管理中基于 GPS 的计算机管理信息系统，可以通过 GPS 和计算机网络实时收集全路列车、集装箱及所运货物的动态信息，从而实现对列车、集装箱、货物的追踪管理。只要知道列车的车种、车型、车号，就可以立即从近 10 万千米的铁路网上流动的几十万列车中找到该列车，还能得知这列列车现在何处运行或停在何处，以及所有的车载货物信息。铁路部门运用该系统可大大提高铁路网及其运营的透明度，为货主提供更高质量的服务。

（四）AR/VR

1. AR 的概念

增强现实（Augmented Reality，AR）是一种将真实世界信息和虚拟世界信息"无缝"集成的新技术，它把原本在现实世界的一定时间、空间范围内很难体验到的实体信息（视觉信息、声音、味道、触感等），通过计算机等科学技术，模拟仿真后再叠加，将虚拟的信息应用到真实世界并被人们感知，从而使人们获得超越现实的感官体验。通俗地讲，AR 就是将虚拟叠加到真实之上，从而使真实的感官体验更丰富。

2. VR 的概念

虚拟现实（Virtual Reality，VR）是由雅龙·拉尼尔在 20 世纪 80 年代初提出的。其具体内涵：综合利用计算机图形系统和控制接口设备，在计算机上生成的可交互三维环境中提供沉浸感觉的技术。其中，计算机生成的、可交互的三维环境称为虚拟环境（Virtual Environment，VE）。

VR 是一种可以创建和体验虚拟世界的计算机仿真系统的技术。它利用计算机生成一种模拟环境，并通过多源信息融合的交互式三维动态视景和实体行为的系统仿真使用户沉浸到该环境中。

通俗一点讲，VR 是模拟出一个三维场景，然后将人的意识放进去，并进行一系列交互操作。比如，模拟出一个三维的英雄联盟地图，然后把人的意识放到（沉浸在）这个地图里，让人充当英雄（《英雄联盟》中的游戏角色）进行游戏。

AR 和 VR 可以为供应链管理带来全新的体验和效益。通过使用 AR 和 VR，企业可以进行远程培训和沟通，提高员工的工作效率和质量。同时，这些技术还可以用于模拟和优化供应链的各个环节，实现智能化的生产计划和物流调度。

（五）大数据与云计算

1. 大数据的概念与特点

大数据是指由于数据量巨大、数据种类繁多、所需数据处理速度快等特点而对传统数据处理技术产生挑战的一类数据。大数据具有以下特点。

（1）海量性：大数据的数据量很大，远远超过了传统数据库的数据处理能力。

（2）多样性：大数据包括结构化数据和非结构化数据，如文本、图片、视频等。

（3）高速性：大数据要求较快的数据处理速度，需要采用高效的算法和技术进行处理和分析。

2. 云计算的概念与特点

云计算是一种通过互联网提供各种服务的计算模式。它将计算和存储分布在不同的服务器上，通过网络进行连接和交互，实现资源共享和按需使用。云计算具有以下特点。

（1）弹性扩展：云计算可以根据需要进行弹性扩展，根据用户的需求自动调整资源的分配和使用，提高效率和灵活性。

（2）虚拟化技术：云计算使用虚拟化技术将物理资源划分为多个虚拟资源，提高资源的利用率和灵活性。

（3）按需付费：云计算采用按需付费的模式，用户只需根据自己的使用情况付费，避免了过多的投资和浪费。

大数据和云计算技术可以协同应用于各个供应链管理环节。在订单管理中，利用云计算技术构建订单管理系统，并结合大数据技术对订单数据进行分析和预测，可以减少库存、提高响应效率及客户满意度。在采购管理中，利用云计算技术构建采购管理系统，可以集中管理供应商信息和采购数据；利用大数据技术对采购数据进行分析，可以优化采购方案，降低采购成本和风险和减少采购数量。在库存管理中，利用大数据和云计算技术构建库存管理系统，可以实现动态库存控制，避免库存过多或过少，从而优化库存管理并降低成本。

大数据和云计算技术在供应链管理中的应用，可以显著提升供应链管理的效率和质量，并且在竞争激烈的商业环境下，为企业提供强大的数据分析和处理工具，帮助企业准确把握市场变化，获得更多商业机会。

（六）区块链技术

从狭义上来说，区块链技术是一种按照时间顺序将数据区块以顺序相连的方式组合成链式数据结构，并以密码学方式保证不可篡改和不可伪造的分布式账本技术。从广义上来说，区块链技术是利用块链式数据结构来验证与存储数据，利用分布式节点共识算法来生成和更新数据，利用密码学方式来保证数据传输和访问的安全，利用由自动化脚本代码组成的智能合约来编程和操作数据的一种全新的分布式基础架构与计算范式。一般认为，区块链技术是伴随着数字货币的出现而发展的一项新兴技术，是一种以密码学算法为基础的点对点分布式账本技术，是分布式存储、点对点传输、共识机制、加密算法等计算机技术的新型应用模式。

区块链的特点包括去中心化、不可篡改、透明、安全和可编程。每个数据块都链接到前一个块，形成连续的链，保障了交易历史的完整性。智能合约技术使区块链可编程，支持更广泛的应用。区块链技术在金融、供应链、医疗、不动产等领域得到广泛应用。

区块链技术在供应链溯源中的应用如下。

（1）供应链溯源是指通过追踪和记录产品的生产、流通和销售环节，确保产品的质量和安全性。传统的供应链溯源面临着数据造假、信息篡改等问题，而区块链技术可以实现数据的不可篡改和可追溯。将产品的生产信息、流通信息等记录在区块链上，可以实现对供应链的端到端溯源，从而保障了产品的可信度和可追溯性。

（2）区块链技术还可以提升产品在供应链中的合规性。在某些行业中，产品的合规性要求较高，需要供应链企业严格遵守相关法律和规定。利用区块链技术，供应链管理者可以建立一种分布式共享的合规性验证机制，各供应链企业共同验证和记录产品的合规性信息，以确保产品在供应链中的合规性。

任务三　供应链风险管理

任务描述

在全球化背景下，供应链风险日益增加。为了确保供应链正常运营并实现供应链管理目标，供应链管理者必须采取有效的策略来预防、应对风险。本任务主要介绍供应链风险的基础知识、供应链风险管理的概念和过程以及供应链风险的防范与控制。

任务知识

一、供应链风险

（一）风险的概念

风险是指活动或事件消极的、人们不希望后果发生的潜在可能性。风险的界定涉及3个要素。

（1）某一个特定事件有一定的可能性发生。在当前情况下，未来有多种不确定的特定事件发生，每一个特定事件的发生都有一定的概率。

（2）这一特定事件必然导致相应的后果。某一特定事件发生后必然有相应的后果产生，但后果的严重程度也可能是不确定的。

（3）特定事件的演化路径是具体的。每一个特定事件的发生都有其具体的演化路径，掌握特定事件的演化路径对风险管理十分重要。

（二）供应链风险的概念

供应链风险是指供应链在运营过程中，各种不确定因素使供应链实际收益与预期收益发生偏差的可能性。

供应链多参与主体、跨地域、多环节的特征，使供应链容易受到来自外部环境和链上各种不利因素的影响，形成供应链风险。供应链风险的特点主要表现如下。

1. 客观性与必然性

自然界中的地震、洪涝灾害等自然灾害与社会环境中出现的经济危机等，都是一种不以人们的主观意志为转移的客观存在，因而它们决定了供应链风险的产生具有客观性。而且，虽然供应链是以一个整体来应对市场竞争的，但供应链企业仍是市场中的独立经济实体，彼此之间仍存有潜在的利益冲突和信息不对称。在这种不稳定的系统内，各企业通过不完全契约方式来实现协调，因而供应链中必然存在风险。

2. 偶然性和不确定性

尽管供应链风险的产生具有客观性与必然性，但我们并不能确定供应链风险在何时、何地，以何种形式出现，其危害程度、范围如何。这是因为风险所引起的损失往往是以偶然和不确定的形式呈现在人们面前的。供应链风险是作为一种具有发生和不发生两种可能的随机现象而存在的。但在一定条件下，人们可以根据经验和数据的统计发现，某一风险存在或发生的可能性具有一定规律，这就为人们预测风险提供了可能。

3. 多样性与复杂性

供应链从诞生之日起就面对许多风险，它不仅要面对普通单个企业所要面对的系统风险与非系统风险、财务资产风险、人力资产风险、危害性风险等，还要面对供应链的特有结构可能带来的企业之间的合作风险、技术与信息资源传递风险、合作利润在不同企业中分配的风险等。这些风险产生的原因也是很复杂的，有时很难对其进行分析与预防。

4. 传递性与放大性

由于供应链从产品开发、生产到流通是由多个企业共同参与的，因此风险因素可以通过供应链流程在各个企业间传递和累积。这不仅会影响到当事企业，还会给上下游企业带来损失，影响整个供应链的正常运作。

（三）供应链风险的形成原因及分类

1. 供应链风险的形成原因

供应链风险的形成原因可以概括为两大方面：外生原因和内生原因。这两类原因均会影响供应链的整体竞争能力和获利能力，并决定供应链的稳定性。

（1）外生原因

所谓外生原因，也就是外界的不确定性因素，主要存在于供应链之外，这些因素常常具有不可预测和抗拒性，主要包括：自然灾害和社会灾害、政治因素、经济因素、社会因素、市场需求的不确定性和技术因素。

（2）内生原因

所谓内生原因，是指存在于供应链内部的因素，这些因素增加了供应链的风险，主要包括：企业内部各环节的不确定性、信息的不确定性、企业文化差异方面的不确定性、道德的不确定性以及经营的不确定性。

2. 供应链风险的分类

从不同角度、按照不同标准，可以对供应链风险进行以下的分类。

（1）按照供应链风险的来源分类

根据供应链风险的来源，可以将供应链风险分为外部风险和内部风险，如表 9-2 所示。

表 9-2　供应链风险类型及来源

类型	来源	举例说明
外部风险	自然灾害和社会灾害	地震、火灾、雪灾和疫情的发生
	政治因素	战争、恐怖袭击
	经济因素	通货膨胀、金融危机、罢工
	社会因素	社会信用的缺失
	市场需求的不确定性	消费者偏好的变化
	技术因素	技术革新对企业现有技术的冲击
内部风险	企业内部各环节的不确定性	采购、生产、销售、运输等过程中的各种风险
	信息方面的不确定性	信息传递不畅、信息不对称、信息扭曲等
	企业文化差异的不确定性	价值观不同导致目标存在差异、影响合作效率
	道德方面的不确定性	合作伙伴的欺诈以及失信行为
	经营方面的不确定性	企业战略的变动

（2）按风险结果的严重程度划分

按照风险结果的严重程度，可以将供应链风险分为偏离风险、中断风险和灾难风险。

① 偏离风险的产生是由一个或多个参数变化引起的，这些参数包括成本、需求、提前期等。当这些参数偏离它们的预期值或均值时，供应链的根本结构不会发生变化，但这种偏离会对供应链产生负面的影响。偏离风险表现为需求波动、供应波动、采购成本和产品成本等的波动以及提前期和运输时间的波动等。

② 中断风险指因人为因素或自然因素引发的不可预料事件引起的供应链系统根本性改变。中断风险表现为产品的中断、供应的中断和运输的中断。

③ 灾难风险是指不可预测的灾难性、系统性中断导致了暂时的不可挽回的供应链网络的运作停滞。

通常，供应链可以设计得足够完善以应对偏离风险和中断风险，但依靠设计一个足够完善的供应链来应对灾难风险则是不可能的。

（3）按行为主体的不同划分

按照行为主体的不同，供应链风险可划分为供应商风险、生产商风险、批发商风险、零售商风险和物流服务商风险等。

以上对供应链风险的分类是从不同的角度进行考虑的，同一风险从不同的角度考虑属于不同的类别，例如库存风险从供应链风险的来源角度考虑，属于内部风险，但同时它也是一种偏离风险。

二、供应链风险管理的概念和过程

（一）供应链风险管理的概念

供应链风险管理是通过识别和评估供应链风险，并在此基础上有效控制风险，用最经济合理的方法来综合处理供应链风险，并对供应链风险的处理建立监控与反馈机制的一整套系统而科学的管理方法。其目标包括损失前的管理目标和损失后的管理目标。损失前的管理目标是避免或减少损失的发生，损失后的管理目标则是尽快恢复到损失前的状况，两者结合在一起，就构成了供应链风险管理的完整目标。

（二）供应链风险管理过程

供应链风险管理过程包括4个阶段：供应链风险识别、供应链风险评估、供应链风险处理、供应链风险监控与反馈，如图9-6所示。这4个阶段之间存在内在联系。供应链风险管理主体只有在识别了供应链风险后，才能对其进行评估。同样，只有在对供应链风险的大小进行正确的评估后，才能选择合适的方法进行处理，而在处理供应链风险后才能对其进行监控与反馈。

图9-6 供应链风险管理过程

1. 供应链风险识别

供应链风险识别是供应链风险管理的首要步骤，指供应链风险管理主体在各类风险事件发生之前，运用各种方法系统地认识所面临的各种风险以及分析风险事件发生的潜在原因以及风险的性质。风险的客观性与普遍性以及风险识别的主观性，使正确识别风险成为风险管理中最重要也是最困难的工作。

2. 供应链风险评估

供应链风险评估是指对风险发生的可能性或损失的范围与程度进行估计与度量。仅仅通过识别风险，了解灾害或损失的存在，对实施风险管理来说远远不够，供应链风险管理主体还必须对实际可能出现的损失结果及损失的严重程度进行充分的估计和衡量。只有准确地评估风险，才能选择有效的工具管理风险，并以最少费用或支出获得最佳风险管理效果。

供应链风险管理主体在评估供应链风险时，不仅要考虑供应链风险对某个供应链企业的影响，还要考虑供应链风险的发生对供应链整体造成的后果；不仅要考虑供应链风险带来的经济损失，还要考虑其带来的非经济损失，如信任危机、企业声誉下降等。

3. 供应链风险处理

供应链风险处理是供应链风险管理的核心。识别供应链风险、评估供应链风险都是为了有效地处理供应链风险，减少供应链风险发生的概率和造成的损失。处理供应链风险的方法包括供应链风险回避、供应链风险控制、供应链风险转移、供应链风险自担等。

4. 供应链风险监控与反馈

制定好风险处理方案后，供应链风险管理主体需要在实践中进行检验，一旦发现其中可能存在的缺陷，应及时进行反馈。供应链风险监控与反馈就是将在供应链风险的识别、评估及处理中得到的经验或新知识，或者是从损失或接近损失中获取的有价值的经验教训，集中起来加以分析并反馈到供应链相关经营活动中，从而避免犯同样错误的过程。

三、供应链风险的防范与控制

由于供应链风险的不确定性和供应链本身的复杂性，供应链运行过程中有可能出现事先未曾预料到的风险，或实际发生的风险与事先估计的不同，供应链风险管理主体需要重新进行风险分析并制定新的风险处理措施。供应链风险控制的关键在于当机立断，果断采取措施进行处理。

（一）供应链风险的防范与控制过程

供应链风险的防范与控制过程一般如图 9-7 所示。

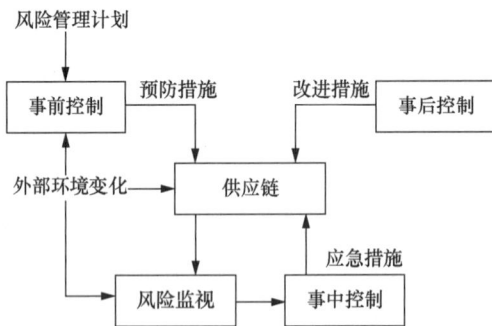

图 9-7　供应链风险的防范与控制过程

供应链风险的监视是指监视外部环境和供应链系统内部的风险因素和风险事件，供应链风险管理主体应该设法减少风险发生的可能，减轻风险的影响，尽快恢复供应链的正常状态。

风险控制根据控制措施的实施先后分为事前控制、事中控制和事后控制。

事前控制是指根据风险分析的结果和风险规划，事先采取措施防止风险发生，并准备风险应对手段。事前控制采取的措施称为预防措施。风险消减策略中的风险缓冲、风险吸收、应急计划都属于事前控制。优秀的供应链风险管理主体，应该尽量化风险于无形，而不是等风险因素酿成重大风险事件后再采取措施去应对。

事中控制是指密切监视供应链系统的运行，在风险事件发生以后，立即采取措施，努力减轻风险造成的影响。事中控制采取的措施称为应急措施。供应链风险管理主体应根据风险的成因、性质、分布、影响等特征，启动备用方案，调用备用资源，综合采用行政组织措施、经济措施、技术措施、合同法律措施，与合作伙伴及相关各方密切协作，采取协商、督促、监控等紧急手段，减轻风险造成的影响，尽快恢复供应链的正常运行。

事后控制是指风险过后的善后工作，其采取的措施称为改进措施，具体包括根据合同约定、法律约定和企业内部的管理规章制度，向有关责任方或责任人追究责任；通过风险事件发现供应链存在的问题，企业进行针对性的改进；总结风险管理中的得失与改进方向；整理风险处理过程中积累的资料，作为以后风险管理的预案、风险分析的参考。

（二）供应链风险的控制措施

针对供应链中存在的各种风险及其特征，供应链企业应该采取不同的防范对策。对于风险的防范，可以分别从战略层和战术层进行考虑，主要措施如下。

1. 发展多个、多地域的供应渠道，加强对供应商的跟踪评估

为确保产品供应稳定，供应链企业应适当发展多个供应渠道，不能单单依靠某一个供应商，否则一旦该供应商出现问题，势必影响整个供应链的正常运行。同时，在对某些原材料或产品有依赖性时，还要考虑地域风险。例如，战争会使某些地区的原材料供应中断，如果没有其他地区的供应，势必造成危机。除发展多个、多地域的供应渠道外，供应链企业还需对每个供应商的情况进行跟踪分析，一旦发现某个供应商出现问题，就应及时调整供应链战略。

2. 建立战略合作伙伴关系

供应链企业要实现预期的战略目标，客观上需要与其他供应链企业进行合作，形成共享利润、共担风险的双赢局面。因此，与供应链中的其他企业建立紧密的合作伙伴关系，成为供应链成功运作、防范风险的重要先决条件。建立长期的战略合作伙伴关系，首先要加强供应链企业间的信任；其次，应加强供应链企业间的信息交流与共享；最后，建立正式的合作机制，推动供应链企业间实现利益分享和风险分担。

3. 建立多种信息传递渠道，防范信息风险

供应链上的各企业之间的信息共享，一方面可提高供应链运作的协同性和运作效率，另一方面有利于及时发现供应链上的潜在风险，为规避风险、及早补救赢得宝贵时间。同时，供应链企业之间还应通过相互之间的信息交流和沟通来消除信息扭曲，从而降低风险。

4. 确立核心企业的领导地位

供应链上的各企业，由于占有的资源不同，例如资金实力、研发能力、品牌价值等

各不同，因此不可能处于平等的地位。实际上，供应链是围绕核心企业形成的网链，而绝不是简单地从供应商到用户的一条链。由于供应链是一个业务紧密联系的利益共同体，核心企业的领导作用有利于使整个供应链保持强大的改进动力，从而提高供应链的协同性和运作效率，降低风险。

5. 建立应急处理机制

供应链是一个多环节、多通道的复杂系统，在其运作过程中很容易发生一些突发事件。在供应链管理中，管理者对突发事件有充分的准备，针对合作过程中可能发生的各种意外情况，应从多方面、多层次考虑建立应急系统，确保在预警系统做出警告后，应急系统及时处理紧急、突发的事件。对于偶然发生但破坏性大的事件，应预先制定应对措施和工作流程，并建立应急处理小组。这样可以有效化解供应链运作过程中出现的各种意外情况，减少由此带来的实际损失。

能力测试

一、单选题

1. （　　）是指信息在部门之间传递，信息流的控制主要分散在各个部门，由部门决定信息的流向及内容。

　　A．分散控制　　B．集中控制　　　C．综合协调控制　　D．综合控制

2. （　　）是指所有的信息在传递过程中必须经过中央数据库再到达目的地，这时信息的流向及内容由中央数据库集中控制。

　　A．分散控制　　B．集中控制　　　C．综合协调控制　　D．综合控制

3. （　　）指供应链企业在运营过程当中，由于各种不确定因素使供应链企业实际收益与预期收益发生偏差的大小及可能性。

　　A．供应链风险　　　　　　　　　B．风险

　　C．突发事件　　　　　　　　　　D．供应链系统风险

4. （　　）是指对风险发生的可能性或者损失的范围与程度进行估计与度量。

　　A．供应链风险识别　　　　　　　B．供应链风险处理

　　C．供应链风险评估　　　　　　　D．供应链风险监控

二、多选题

1. 供应链信息从供应链层次结构的角度划分可分为（　　）。

　　A．供应链管理信息　　　　　　　B．工作组信息

　　C．企业信息　　　　　　　　　　D．个人信息

2. 采用信息技术后信息流的特点包括（　　）。

　　A．信息流与物流同时发生

　　B．信息由计算机传递、加工，及时性、准确性强

　　C．仅了解结果，不了解过程

　　D．采用计算机集中存储，统一加工，消除重复加工现象

3. 信息技术在供应链管理中的作用主要体现为（　　　）。

A. 促进建立新的供应链管理组织

B. 加强企业内外的资源集成

C. 支撑供应链管理的各个方面

D. 帮助供应链管理实现信息共享

4. GPS 在物流领域的应用主要有（　　　）3 个方面。

A. 汽车自定位、跟踪调度　　　　　B. 铁路运输管理

C. 工业　　　　　　　　　　　　　D. 军事物流

三、简答题

1. 什么是供应链信息管理？供应链信息管理有哪些特点？

2. 主要的数字化供应链信息技术有哪些？

3. 简述供应链风险的形成原因及分类。

4. 简述供应链风险管理过程。

【项目描述】

供应链管理的目标在于降低整个供应链的物流成本和费用，提高整个供应链的运作效率，因此全面地分析和评价供应链的运行绩效与激励机制，就成为供应链管理中十分必要且重要的一环。本项目主要介绍供应链绩效评价和供应链激励机制的相关内容。

【项目目标】

知识目标
1. 理解供应链绩效评价的概念
2. 掌握供应链绩效评价的常用指标
3. 掌握供应链绩效评价方法
4. 理解供应链激励机制的含义和内容

技能目标
1. 结合实际情况分析供应链绩效
2. 选择并应用供应链绩效评价方法

素质目标
1. 培养整体性思维，增强对新理论、新思想、新方法的接受能力
2. 培养自我管理能力，增强绩效管理能力

【引导案例】

如何进行供应链绩效管理

在统计流程控制中，最具挑战性的任务往往是界定导致失控的根本原因。在供应链绩效管理（Supply Chain Performance Management, SCPM）中，情况类似，当例外情况被识别出来后，管理者必须明确导致这些例外情况的根本原因是什么。正如对医生来说，诊断是关键，一旦做出准确的诊断，治疗的方式将是很简单的事情。供应链绩效管理系统也应该支持这种任务的理解和诊断。这将使管理者迅速获取相关数据，正确综合或分解数据，并根据地理和历史因素分析数据。

另外，与恰当的内部人员和外部关键人员交流同样重要。信息不再被"专家们"所独用，而是分散到组织中恰当的人那儿，以使他们能够理解问题、评价可选方案，并且

采取合适的行动。成功的供应链绩效管理需要曾接受过专业培训的人员和科学的绩效管理方法，还需要创造合作性的环境，以及将责任分配给合适的人。

让我们看看 Flextronics 公司如何从超越传统范畴的绩效管理方法中获得显著的效益，它的成功强化了供应链绩效管理的重要性。

利用 SCPM 方法，Flextronics 公司识别出生产运营中的例外情况，分析导致这些例外情况的根本原因和解决方法，并采取改变供应商的行动，修正超额成本和调节谈判力量。通过 SCPM 方法，Flextronics 公司在 8 个月内节约了几百万美元，最终在第一年就获得了显著的投资回报。这都是供应链绩效管理（SCPM）带来的好处。

为了识别出绩效例外情况，Flextronics 公司的系统可以不断比较合同条款和供应商名单。如果供应商并非战略性合作的，或者订货价格高于约定价，该系统将对采购方提出警告。另外，如果生产运营价格低于约定价格，该系统将提醒管理者这个可能节约成本的机会。

Flextronics 公司的管理者还可以利用该系统分析问题和找到解决方案。他们评价例外情况、决定是否重新谈判采购价格、考虑可选方案。采购经理分析市场条件，综合费用，然后再区分节约成本费用的可能性。

然后，系统用户会对影响力比较大的问题采取行动。Flextronics 公司在供应链绩效管理过程中会确认数据、流程和行为。在绩效系统实施时，Flextronics 公司既要建立关键指标和必要的门槛高度，还要确保数据质量和时效性。在日常使用中，他们还需确认行为结果，加速整体的例外情况的解决过程。

思考：结合案例，探讨供应链绩效管理的重要性和常用方法。

任务一　供应链绩效评价

任务描述

在供应链管理中，为促进供应链健康发展，科学全面地分析和评价供应链绩效就成为非常重要的问题。供应链系统具有变量多、机制复杂、结构层次难以界定、不确定性因素显著等特点，因此对供应链的整体发展水平进行综合评价难度较大，需要结合实际具体分析。本任务主要介绍供应链绩效评价的概念、特点、作用、内容、常用指标、流程和方法。

任务知识

一、供应链绩效评价概述

（一）供应链绩效评价的概念

绩效是人们在管理活动中常用的一个概念，它是实践活动所产生的、与劳动耗费有对比关系的、可以度量的、对人们有益的结果，也指那些经过评价的工作行为、方式及其效果。从管理学的角度看，绩效是组织期望的结果，是在特定的工作职能或活动中产生的有效输出，包括个人绩效和组织绩效两个方面。

供应链是一个网链结构，由多个企业共同构成。供应链绩效是这个网链结构中的所有参与者共同的行为及行为产生的结果，是供应链运行过程中的有效性与效率性的统一。供应链绩效评价既要考察投入成本的最终效率，同时也要考察供应链产出的有效性。

供应链绩效评价是指围绕供应链的目标，对供应链整体、各环节，尤其是核心企业运营状况及各环节之间的运营关系等进行的事前、事中和事后分析评价，即对整个供应链的运行绩效、供应链企业、供应链企业之间的合作关系所做出的评价。绩效评价的结果不仅可以作为奖惩的依据，还能帮助供应链管理者发现问题与不足，从而在下一阶段的工作中有效地解决这些问题。

（二）供应链绩效评价指标的特点

供应链绩效评价指标主要有以下特点。

1. 评价指标更为集成化

供应链绩效评价从整个供应链的角度分析问题，反映整个供应链的运营情况，而不仅仅是单个节点的运营情况。

2. 评价指标更注重未来发展性

供应链绩效评价采用实时分析与评价的方法，将绩效评价范围扩大到能反映供应链实时运营的信息上去，这比传统的事后分析具有价值。

3. 非财务指标和财务指标并重

供应链绩效评价关注供应链的长期发展和短期利润的有效结合，实现两个目标之间的有效传递，注重指标之间的平衡。

4. 内部评价和外部评价并重

供应链绩效评价不仅对供应链内部运作进行评价外，还把注意力放在外部供应链的测控上，采用能反映供应商、制造商及用户之间的关系的绩效评价指标，把评价的对象扩大到供应链上的相关企业。因此供应链绩效评价主要是反映供应链整体运营状况以及供应链企业之间的运营关系，而不是孤立地评价某一供应商的运营情况。

（三）供应链绩效评价的作用

1. 对整个供应链的运行效果做出评价

供应链绩效评价能够为供应链在市场中的生存、组建、运行和撤销等决策的做出提供必要的客观依据。进行供应链绩效评价的目的是获得对整个供应链的运行状况的了解，找出供应链运作方面的不足，及时采取措施予以纠正。

2. 对供应链企业做出评价

对供应链企业的绩效评价，主要考察供应链对链上企业的激励，以吸引新企业加入，同时剔除不良企业。

3. 对供应链上企业之间合作关系的评价

对供应链上企业之间的合作关系的绩效评价，主要考察供应链的上游企业（如供应商）为下游企业（如制造商）提供的产品和服务的质量，并从用户满意度的角度评价上、下游企业之间关系的优劣。

4. 对供应链企业的激励

供应链绩效评价还可以起到对供应链企业的激励作用，包括核心企业对非核心企业的激励，以及供应商、制造商和销售商之间的相互激励。

二、供应链绩效评价的内容和常用指标

（一）供应链绩效评价的内容

供应链绩效评价一般包括以下 3 个部分：内部绩效评价、外部绩效评价、综合绩效评价。

1. 内部绩效评价

内部绩效评价主要对各供应链企业的运营情况进行评价，着重将企业的供应链活动和过程同以前的活动和过程进行比较。常见的内部绩效评价指标有成本、客户服务、生产、资产、管理和质量等方面的指标。

2. 外部绩效评价

外部绩效评价主要是对供应链企业之间的合作关系进行评价。主要的外部绩效评价指标包括用户满意度、最佳实践标准等。

3. 综合绩效评价

综合绩效的评价包括两个方面的内容：一是对整个供应链的运行效果进行评价，二是对供应链企业起到的激励作用做出衡量。主要的综合绩效评价指标有产销率、产需率、供应链总运营成本等。

（二）供应链绩效评价的常用指标

1. 准时交货率

这是指供应商在一定时间内准时交货的次数占其总交货次数的百分比。供应商准时交货率低，说明其协作配套的生产能力达不到要求，或者对生产过程的组织管理跟不上供应链运行的要求；供应商准时交货率高，说明其生产能力强，生产管理水平高。

2. 成本利润率

这是指单位产品净利润占单位产品总成本的百分比。在市场经济条件下，产品价格由市场决定，因此，在市场供需关系基本平衡的情况下，企业生产的产品价格可以看作是一个不变的量。按照成本加成定价的基本思想，产品价格等于成本加利润，因此产品的成本利润率越高，说明企业的盈利能力越强，综合管理水平越高。在这种情况下，由于供应链企业在市场价格水平下能获得较大利润，其合作积极性必然增强，并愿意对相关设施或设备进行投资和改造，以提高生产效率。

3. 产品质量合格率

这是指质量合格的产品数量占总产品数量的百分比，它反映了供应链所提供的产品的质量水平。质量不合格的产品数量越多，产品质量合格率就越低，说明供应链企业提供的产品质量不稳定或质量较差，其必须承担对不合格的产品进行返修或报废的损失，这样就增加了其总成本，降低了其成本利润率。因此，产品质量合格率与产品成本利润率密切相关。同样，产品质量合格率也与准时交货率密切相关，因为产品质量合格率越低，就会使得产品的返修工作量越大，必然延长产品的交货期，从而降低准时交货率。

4. 产销率

产销率是指在一定时间内已销售的产品数量与已生产的产品数量的比值。

$$产销率 = \frac{一定时间内已销售的产品数量}{一定时间内已生产的产品数量} \times 100\%$$

产销率可分为以下 3 个具体的指标。

（1）供应链节点企业的产销率，反映供应链节点企业在一定时间内的经营状况。

（2）供应链核心企业的产销率，反映供应链核心企业在一定时间内的产销经营状况。

（3）供应链整体产销率，反映供应链在一定时间内的产销经营状况。

该指标还反映供应链资源（包括人、财、物、信息等）的有效利用程度，产销率越接近 1，说明供应链资源利用程度越高。同时，该指标也反映供应链库存水平和产品质量，其值越接近 1，说明供应链成品库存量越小。产销率指标中所用的时间单位越小（如天），说明供应链管理水平越高。

5. 平均产销绝对偏差

$$平均产销绝对偏差 = \frac{\sum_{i=1}^{n} |P_i - S_i|}{n}$$

其中，n——供应链节点企业的个数；

P_i——第 i 个节点企业在一定时间内已生产的产品数量；

S_i——第 i 个节点企业在一定时间内已生产的产品中销售出去的数量。

该指标反映在一定时间内供应链总体库存水平，其值越大，说明供应链成品库存量越大，库存费用越高；反之，说明供应链成品库存量越小，库存费用越低。

6. 产需率

产需率是指在一定时间内，供应链节点企业已生产的产品数量与其上层节点企业（或用户）对该产品需求量的比值。产需率具体分为以下两个指标。

（1）供应链节点企业产需率

$$供应链节点企业产需率 = \frac{一定时间内节点企业已生产的产品数量}{一定时间内上层节点企业对该产品的需求量} \times 100\%$$

该指标反映上、下层节点企业之间的供需关系。供应链节点企业产需率越接近 1，说明上、下层节点企业之间的供需关系协调，准时交货率高；反之，则说明下层节点企业的准时交货率低或者综合管理水平较低。

（2）供应链核心企业产需率

$$供应链核心企业产需率=\frac{一定时间内核心企业已生产的产品数量}{一定时间内用户对该产品的需求量}\times100\%$$

该指标反映供应链整体的生产能力和快速响应市场能力。若该指标数值大于或等于1，说明供应链整体生产能力较强，能快速响应市场需求，具有较强的市场竞争能力；若该指标数值小于1，则说明供应链生产能力不足，无法快速响应市场需求。

7. 供应链产品出产（或投产）循环期或节拍

当供应链节点企业生产的产品为单一品种时，供应链产品出产循环期是指产品的出产节拍；当供应链节点企业生产的产品品种较多时，供应链产品出产循环期是指混流生产线上同一种产品的出产间隔。由于供应链管理是在市场需求多样化经营环境中产生的一种新的管理模式，供应链节点企业（包括核心企业）生产的产品品种较多，因此，供应链产品出产循环期一般是指供应链节点企业混流生产线上同一种产品的出产间隔期。它可分为如下两个具体的指标。

（1）供应链节点企业（或供应商）零部件出产循环期。该指标反映了供应链节点企业的库存水平以及对其上层节点企业需求的响应程度。该循环期越短，说明供应链节点企业对其上层节点企业需求的快速响应性越好。

（2）供应链核心企业产品出产循环期。该指标反映了整个供应链的在制品库存水平和成品库存水平，同时也反映了整个供应链对市场或用户需求的快速响应能力。供应链核心企业产品出产循环期决定着各供应链节点企业产品出产循环期，即各供应链节点企业产品出产循环期必须与供应链核心企业产品出产循环期合拍。该循环期越短，一方面说明整个供应链的在制品库存量和成品库存量较少，总的库存费用较低；另一方面也说明供应链管理水平较高，能快速响应市场需求，并具有较强的市场竞争力。

8. 供应链总运营成本

供应链总运营成本包括供应链通信成本、供应链总库存费用及各供应链节点企业外部运输总费用，能反映供应链运营的效率。具体分析如下。

（1）供应链通信成本包括各供应链节点企业之间的通信费用，如 EDI、互联网的建设和使用费用，也包括供应链信息系统的开发和维护费等。

（2）供应链总库存费用包括各供应链节点企业的在制品库存和成品库存费用、各节点之间的在途库存费用。

（3）各供应链节点企业外部运输总费用是指供应链所有节点企业之间运输费用的总和。

9. 供应链核心企业产品成本

供应链核心企业产品成本是供应链管理水平的综合体现。根据供应链核心企业产品在市场上的价格确定该产品的目标成本，再向上游追溯到各供应商，确定相应的原材料、零部件的目标成本。只有当目标成本低于市场价格时，各企业才能获得利润，供应链才能实现可持续发展。

三、供应链绩效评价的流程

完整的供应链绩效管理过程包括以下 4 个步骤：供应链绩效计划制订、供应链绩效实施、供应链绩效评价、供应链绩效反馈与改进，如图 10-1 所示。这 4 个步骤相互影响。对于任何一个优秀供应链组织的绩效管理来讲，都是不可缺少的，缺少其中任何一个步骤，都不称为真正意义上的完整的绩效管理。

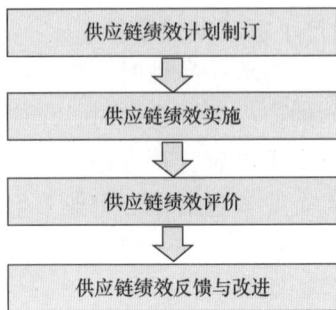

图 10-1　供应链绩效管理过程

（一）供应链绩效计划制订

供应链绩效管理的开始，主要任务是通过供应链企业间的共同商讨，确定供应链企业的绩效目标和评价周期。其中，绩效目标是指供应链企业在绩效评价期间的工作任务和要求，包括绩效考核要素和绩效考核标准两个方面。供应链绩效计划必须清楚地说明期望供应链企业达到的结果以及达到结果后期望供应链企业表现出来的行为和技能。

（二）供应链绩效实施

制订了供应链绩效计划之后，供应链企业需按照计划开展工作，这就是供应链绩效实施。供应链绩效实施在整个供应链绩效管理过程中处于中间环节，也是供应链绩效管理过程中耗时最长、最关键的一个环节，这个环节的好坏直接影响到供应链绩效管理的成败。供应链绩效实施包括两个方面的内容：一是供应链企业之间的绩效沟通，二是对供应链企业信息的收集与分析。

（三）供应链绩效评价

供应链绩效评价的目的包括两个方面：一是判断供应链绩效计划的实施是否在各种约束条件下达到了预定目标，二是分析供应链绩效计划与实际结果的差距及其原因，为进一步的绩效改进奠定基础。因此，供应链绩效评价是围绕供应链管理的目标进行，其评价客体是供应链整体及其成员，评价范围涉及供应链内部绩效、外部绩效和综合绩效，评价内容涉及反映供应链运作状况和运作关系的各种指标。

（四）供应链绩效反馈与改进

供应链绩效反馈是指为了改进供应链企业的工作绩效，使供应链管理人员获得相关信息，制订绩效改进计划，以提高绩效管理系统的有效性。供应链绩效改进是指采取一系列措施改进供应链的工作绩效。制订绩效改进计划有利于提高客户的满意度，激发供应链企业改善绩效的动力。

四、供应链绩效评价的方法

供应链绩效评价的方法有很多，如层次分析法、模糊综合评价法、ROF法、供应链运作参考模型法、平衡计分卡法和作业成本法等，这里主要介绍以下几种方法。

（一）层次分析法

层次分析法的核心是：评价者首先将复杂问题分解为若干组成要素，并将这些要素按支配关系形成有序的递阶层次结构；然后通过两两比较，确定层次中诸要素的相对重要性；最后综合各层次要素的重要程度，得到各要素的综合评价价值，并据此进行决策。层次分析法是一种实用的多准则决策分析方法，将定性分析与定量分析相结合，并将决策者的经验判断进行量化，具有实用性、系统性和简洁性。

（二）ROF法

比蒙（Beamon）于1999年提出了一种新的供应链绩效评价方法——ROF法。他用3个方面的绩效评价指标来反映供应链的战略目标：资源（Resources）、产出（Output）和柔性（Flexibility）。这3种指标各自具有不同的目标。资源评价指标反映了高效生产的关键所在，产出评价指标必须达到很高的水平以保持供应链的增值性，柔性评价指标则需符合供应链快速响应环境变化的要求。3种评价指标的具体内容如下。

（1）资源评价指标：包括对库存水平、人力资源、设备利用、能源使用和成本等方面的评价。

（2）产出评价指标：主要包括客户响应、质量和最终产出产品数量等方面的评价。

（3）柔性评价指标：主要包括范围柔性和响应柔性两个方面的评价。

（三）供应链运作参考模型法

供应链运作参考模型（Supply Chain Operations Reference，SCOR）是美国供应链协会于1996年提出的供应链管理模型。SCOR模型旨在应用于所有工业企业为目的，帮助企业诊断供应链中存在的问题，进行绩效评估，确立绩效改进目标，并促进供应链管理的相关软件开发。SCOR模型涵盖了供应链中的所有性能指标，为企业规范供应链以及进行相关的科技改进提供指导。SCOR模型描述所有阶段用于满足客户需求的行业行为情况。SCOR可划分为5个大的流程模块：计划（Plan）、采购（Source）、生产（Make）、发运（Deliver）和退货（Return）。

通过分别描述和界定这些供应链流程模块，SCOR模型能够用最通用的标准完整地描述实际上非常简单或是极其复杂的供应链流程完整地描述出来。因此，应用SCOR模型的规范化标准，可以完整地描述出全球范围或是在某一特定地域内的供应链并对其进行改进和完善。SCOR模型的应用开发包括4个等级。SCOR模型中各等级的描述具体如下。

（1）顶级。主要从企业的战略决策角度定义供应链的范围和内容，帮助 SCOR 模型分析企业需要达到绩效目标和发展战略方向。体现企业供应链绩效表现的主要指标包括：①交付能力，包括按时或提前完成订单/计划的比率、发运速度；②完成订单能力，包括订单完成提前期、全部订单完成率、供应链响应时间；③资金周转时间，包括存货供应天数、资金周转次数。

（2）配置级。SCOR 模型在这一层次将描述出供应链流程的基本结构。该层次确认了企业的基本流程，并将每一个流程都按照 SCOR 模型的基本流程的分类规则进行定位，可以直观地体现企业采购—制造—发运的具体过程，每一个流程定义都包括一系列具体的操作步骤。

（3）流程要素级。该层次将配置级所定义的流程进一步分解为连续的流程单元。它定义了企业在它所选择的市场中成功竞争的能力，包括流程要素定义、流程要素信息输入与输出、标杆应用、最佳实施方案和支持实施方案的系统能力。在这一级中，企业可以微调其运作战略。

（4）实施级。这个层次主要是进行流程要素分解，定义了取得竞争优势和适应企业条件变化的方案。SCOR 模型覆盖了从订单到付款发货等所有客户的交互环节，以及从供应商的供应商到客户的所有物流活动。SCOR 模型集成了业务流程重组、绩效基准和最优业务分析的内涵，提供涵盖整个供应链的绩效评价指标，如物流绩效、柔性与响应性、物流成本、资产管理等方面的指标。

近年来，国外企业应用 SCOR 模型极大地提升了供应链效率。SCOR 模型标准帮助它们构建现有供应链并且发现了低效率的环节。当构建了供应链之后，企业就可以对供应链的现状进行评价并且促进实现供应链最佳实践。

（四）平衡计分卡法

平衡计分卡法以企业的战略为基础，将各种衡量方法整合为一个有机整体，既包含了财务指标，又引入顾客角度、内部业务角度、创新与学习角度、财务角度这 4 个方面的指标，使企业能够一方面追踪财务结果，另一方面密切关注能使自身提高能力并获得未来增长潜力的无形资产等方面的进展。这 4 个方面的指标的结合，构成了内部与外部、结果与驱动因素、长期与短期、定性与定量等多种平衡，使企业既具有反映"硬件"的财务指标，又具备能够在竞争中取胜的"软件"指标。图 10-2 描述了这 4 个方面的指标及其相互之间的关系。

（1）顾客角度：其首要目标是解决"顾客如何要求我们"这一问题。如何以顾客为导向开展企业的经营活动是管理者必须考虑的问题。平衡计分卡要求管理者把为顾客服务的宗旨转化为具体的测评指标，这一角度能够反映真正与顾客相关的因素，主要包括时间、质量、性能、服务和成本。企业应该明确这些方面应该达到的目标，并将目标转化为测评指标。常见的顾客指标包括送货准时率、客户满意度、产品退货率、投诉数量等。顾客指标体现了企业对外界变化的反应能力。

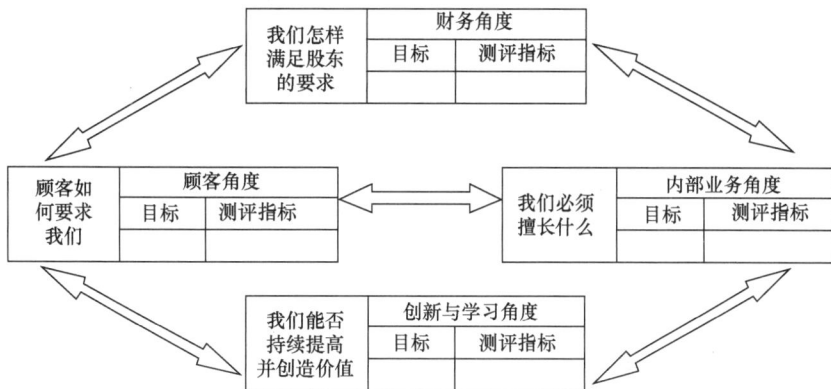

图 10-2　平衡计分卡法 4 个方面的指标关系示意图

（2）内部业务角度：其目标是解决"我们必须擅长什么"这一问题。以顾客为基础的指标固然重要，但优异的顾客绩效源于组织运作中的流程、决策和行为。平衡计分卡法要求管理者关注可能满足顾客需要的关键的内部经营活动。这方面的指标应该来自对顾客满意度有较大影响的业务流程，包括影响周期、质量、员工技能和生产率等各种因素。常见的内部业务指标有生产率、成本、合格品率、新产品开发率等。内部业务是企业改善绩效的重要内容。

（3）创新与学习角度：其目标是解决"我们能否持续提高并创造价值"这一问题。以顾客和内部业务流程为基础的测评指标，是企业在竞争中获胜的重要指标，但企业只有通过持续不断地开发新产品、为顾客提供更多价值，以及提高经营效率，才能获得持续性的发展。而这一切无疑取决于企业的创新与学习能力。这方面的测评指标引导企业将注意力投向企业未来成功的基础，涉及人员、信息系统和市场创新等问题。

（4）财务角度：其目标是解决"我们怎样满足股东的要求"这一问题。财务指标告诉企业管理者他们的努力是否对企业的经济效益产生了积极的影响。因此，财务指标是其他 3 个角度的指标出发点和归宿，反映企业的战略及其执行是否有助于利润的增长。常见的财务指标包括销售额、利润率、资产利用率等。

平衡计分卡法在企业绩效评价中的应用非常普遍。随着供应链管理的发展，平衡计分卡法也逐渐被应用到供应链绩效评价中，并经过扩展形成了新的供应链绩效评价方法——平衡供应链记分法，该方法从客户、内部业务流程、创新与学习及财务 4 个角度提出了供应链绩效评价指标，如表 10-1 所示。

表 10-1　平衡供应链计分法

角度	评价指标
顾客	1. 顾客联系点的数量 2. 顾客订单响应时间 3. 顾客对反应灵活性的评价 4. 顾客价值比率

角度	评价指标
内部业务流程	1. 本部分的供应链成本 2. 供应链周期时间 3. 订单数量/处理周期时间 4. 供应链成本目标完成的百分比
创新与学习方面	1. 产品最终完成点 2. 产品分类承诺比例 3. 共享信息数量 4. 竞争技术绩效
财务方面	1. 按供应链伙伴划分的利润率 2. 现金周期 3. 客户增长和客户盈利能力 4. 供应链资产回报率

任务二　供应链激励机制

任务描述

构建供应链的意义在于供应链能够帮助每个企业增加效益、提升竞争力，形成多赢局面。要保持这种长期稳定的多赢局面，就必须对供应链企业进行有效的激励。良好的激励可以防止机会主义行为产生，增强企业间的合作性和合作的持久性。本任务主要介绍供应链激励机制的概念、内容及其作用。

任务知识

一、供应链激励机制

（一）供应链激励

1. 激励

激励（Incentive）是激发和鼓励的过程，即利用某种外部诱因调动人的积极性和创造性，使人产生内在的动力朝向所期望的目标前进的心理过程，其实质是通过目标导向使人们产生有利于实现组织目标的优势动机并按组织所期待的方向行动。

激励包含以下几方面的要素。

（1）激励客体：激励需要有明确的对象，即激励的客体。

（2）激发行为因素：激励研究人的行为是由什么激发并赋予活力的，这指的是人们自身有什么样的内在能源或动力，能驱动他们以一定方式表现出某一特定行为，以及有哪些外在的环境性因素触发了此种活动。

（3）组织目标和工作期望：激励研究什么因素把人们已被激活的行为引导到一定方向上。人的行为总是指向一定的目的物，总是有所为而发。人们会为了组织目标和工作期望，而有所行动。

2. 供应链激励

供应链激励是一种主动的管理行为，旨在通过设计多种激励手段和方式，激发并引导供应链中各成员的行为，以实现整体目标。有效的供应链激励直接关系到供应链企业成员的利益和积极性，从而影响供应链运作的效率、效益和竞争力。

（二）供应链激励机制

激励机制（incentive mechanism）是指组织系统中激励主体为提高激励效果，利用激励手段与激励客体之间相互作用关系的总和。它是通过一套理性化的制度来反映激励主体和激励客体相互作用的方式。它包括下面 5 个方面。供应链激励机制和激励机制一样，也是一种利用理性化的制度来反映激励主体和激励客体相互作用的方式。它是指激励主体为达到供应链激励目标，对供应链中的激励客体使用的各种激励手段，是内在作用关系、激励运作原理和激励行为发展机理的总和。它主要应用于供应链管理环境中，涉及供应商、制造商、分销商等多个节点企业之间的协调和激励，它更关注整个供应链的运作效率和效益。

（1）诱导因素。

诱导因素是指能满足一个人的某种需要、激发一个人的某种行为、诱导一个人去做出一定业绩的事物。

（2）行为导向制度。

行为导向制度是组织对其成员所期望的努力方向、行为方式和应遵循的价值观的规定。在组织中，由诱导因素诱发的个体行为可能会指向不同方向，不一定都是指向组织目标的。同时，个体的价值观也不一定与组织的价值观一致，这就要求组织在员工间培养主导价值观。

（3）行为幅度制度。

行为幅度制度是指针对由诱导因素所激发的行为强度的控制措施。它通过不同的关联度和奖酬效价将员工的努力程度控制在一定的范围内，以防止激励依赖性和抗激励性的产生。

（4）行为时空制度。

行为时空制度是指奖酬制度在时间和空间方面的规定。这些规定包括特定的外在性奖酬、与绩效相关联的时间限制，员工与一定的工作相结合的时间限制，以及有效行为的空间范围。这样的规定可以防止员工的短期行为和地理无限性，从而使组织所期望的行为具有一定的持续性，并在一定的时间和空间范围内发生。

（5）行为归化制度。

行为归化制度是指对成员进行组织同化以及对违反行为规范或达不到要求行为

实施的处罚和教育制度。关于各种处罚制度，组织要在事前向员工介绍清楚，若违反行为规范和达不到要求的行为实际发生了，组织在给予员工适当的处罚的同时，还要加强教育。

📖**拓展案例**

某汽车制造商的激励措施

以上 5 个方面的内容都是激励因素，激励机制是这 5 个方面制度的总和，其中诱导因素起到激发行为的作用，后四者起到规范行为和制约行为的作用。

二、供应链激励机制的内容

从一般意义上讲，供应链激励机制的内容包括 3 个部分：激励主体与客体、激励目标以及激励方法。

（一）激励主体与客体

激励主体是指激励者，激励客体是指被激励者，也就是激励对象。激励的主体从最初的业主转变为管理者。直到今天的委托人。在供应链激励机制中，激励主体与客体主要是指供应链企业，如上游的供应商、下游的分销商、零售商等。因此，供应链管理环境下的激励主体与客体主要包括以下几对，如图 10-3 所示。

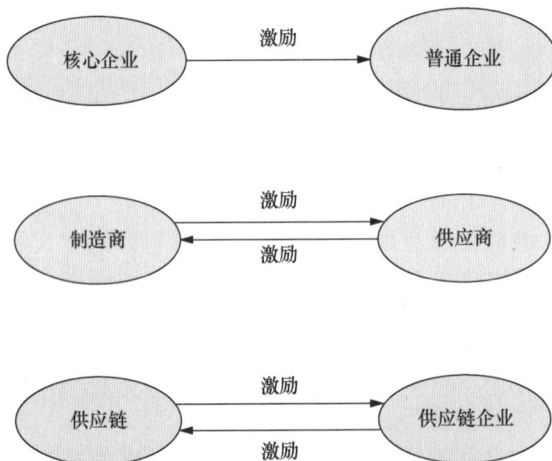

图 10-3　供应链管理环境下的激励主体与客体

（二）激励目标

1. 激励目标的内涵

激励目标主要是通过某些激励手段，调动激励客体的积极性，兼顾合作双方的共同利益，消除由于信息不对称和败德行为带来的风险。在供应链中，激励目标是指各供应链企业之间建立战略伙伴关系，互相信任，共享信息，充分发挥自己的核心竞争力，以形成资源的整合优势，使供应链的运作更加顺畅，实现供应链企业的"双赢"，甚至"多赢"，最终公平、合理地分配供应链的总利润。

2. 激励目标设立的原则

（1）具体性

具体性是指设立的激励目标必须能够被精确观察和测量，比如可以用产品合格率、准时交货率、库存周期等指标进行测量。

（2）挑战性

激励目标的实现难度与激励程度之间有着明确的关系。激励目标的实现难度越大，激励程度和绩效水平越高。也就是说，当设立的激励目标具有一定挑战性时，激励主体能够更好地激励客体。

（3）可接受性

激励主体要鼓励激励客体参与激励目标的制定，将自己的目标转化为激励客体的目标，从而使激励客体认同并关心激励目标。

（三）激励方法

在供应链管理环境下，供应链企业之间的激励方法多种多样。随着管理模式、方法和技术的不断创新，激励方法在不断创新。供应链管理环境下的激励方法主要如下。

1. 通过价格杠杆进行激励

对于传统的企业管理，价格激励主要存在于有直接供求关系的企业之间，操作简易。在供应链管理环境下，价格激励除了用于有直接供求关系的企业之间，还可用于整个供应链，因此，供应链管理环境下的价格激励在实务操作上具有较大的难度。

（1）局部供需企业之间的价格激励

单纯的点对点价格激励通常是需求方要求供应方给予价格优惠，以获得比竞争对手更有优势（或持平）的价格成本，在这种思维模式下，需求方有可能追求最低的价格成本而牺牲产品质量和服务质量，使产品质量和服务质量较好的企业因价格偏高而被排除在供应链之外。事实上，供应链中需求企业的这种价格追求，虽然可使其在短期内获得更好的效益，但从长远看，会因供应链的运作质量（产品质量和服务质量）下降而最终导致供应链整体利益的损失。因此，在供应链管理环境下，追求低价的策略只有在产品和服务满足综合质量要求的条件下才能实施。

（2）供应链整体的价格激励

在供应链管理环境下，点对点的价格激励机制通常能够解决大部分情况下的价格激励问题。然而在某些特殊情况下，如供应链运作的优化所带来的额外收益或供应链自身不可控的外部因素所造成的损失，仅由供应链上个别企业获得或承担显然有失公允，它必然影响到供应链战略联盟的利益共享和风险共担原则。为了解决这一问题，供应链必须建立一种利益协调机制，通过该机制驱动供应链整体的价格调整。

2. 通过商业信用进行激励

在供应链管理环境下，通过商业信用进行激励将是行之有效的办法，具体方式如下。

（1）供应链内部的商业信用激励

在供应链内部，必须建立商业信用激励机制。通过供应链的信息平台，对注重商业信用、赢得交易伙伴赞誉的企业进行公开宣传，从而使表现优秀的企业赢得社会的尊敬和更多的市场机会。在实际操作层面上，供应链管理信息系统需要有一个能够评价各供应链企业在一定时期内各种商业行为的子系统。该子系统定期客观地反映各供应链企业的商业信用状况，并依据事先确定的等级标准进行商业信用等级评定，由此确定商业信用激励的对象。

（2）社会化的商业信用激励

供应链内部的商业信用激励虽然能够较好地激励表现优秀的企业，但激励的范围不够广泛，无法最大限度地发挥商业信用激励的作用。因此，只有通过政府部门或相应的社会组织（如银行等）才能完成对更多优秀企业的商业信用激励。政府相关部门或相应的社会组织在对各企业的商业信用进行评价时，供应链管理信息系统能够提供很大的帮助。

3. 通过增加订单进行激励

在供应链管理环境下，制造商可能面临多个同质产品的供应商，由此形成供应链内部的竞争机制。供应商如果在产品质量、交货期和提供的各种服务上表现优秀，需求方除了可以通过其他方式对其进行激励外，还可以利用增加订单的方式进行激励。作为供应商，若能获得需求方的更多订单，就意味着更多的利润。因此，获得更多订单对供应商而言能够起到立竿见影的激励作用。

4. 通过处罚进行激励

激励的方式还可以通过在供应链内部亮黄牌（警告）、处罚及淘汰来实现。对于供应链企业偶然的、一般性的失误，可通过警告或处罚的方式处理，并限期整改，如果限期整改后仍不能达到供应链协议所规定的要求，则应考虑对其进行淘汰。对于出现严重的或重复性失误供应链企业，则应立即启动淘汰机制。

5. 通过提供有效信息进行激励

有效信息对称是供应链管理优于传统管理的一个重要方面。在传统管理环境中，各关联企业之间由于信息壁垒存在信息不对称的问题。信息少的企业，往往因为不能及时把握机会而降低自身的竞争力。此外，信息不对称也必然造成企业之间配合的不协调和库存水平过高等现象，这是传统管理环境中企业经营成本高的重要原因。因此，在供应链企业之间，如果一方能够向另一方提供及时、有效的信息，那就意味着各供应链企业捕捉市场机会的能力提升和经营成本下降，这也能提高供应链的整体竞争力。因此，供应链企业对有效信息的追求，在客观上形成了信息激励的基础。

6. 通过建立有竞争力的团队进行激励

供应链是以核心企业为中心，由多个企业构成的横向一体化团队。在这个团队中，如果普通企业仅仅听命于核心企业，那它们只能在供应方面尽量满足核心企业的需求，不可能真正发挥自身的主观能动性。在供应链管理环境下，帮助企业发挥主观能动性，核心企业具有义不容辞的责任。核心企业可通过持续不断地尊重与承认普通企业的作用，让普通企业参与核心企业的供应链战略制定过程及新产品和新技术的开发过程，满足普通企业获得成就和实现成长的需求，从而最大限度地激发普通企业的积极性。

三、有效供应链激励机制的作用

（一）给供应链企业带来效益

有效供应链激励机制的运行，可以使供应链企业间的合作更加高效，而这种高效的合作可以给各供应链企业带来效益，如表 10-2 所示。

表 10-2　有效供应链激励机制给供应链企业带来的效益

供应商	制造商	零售商/分销商
保证有稳定的市场需求 对用户需求有更好的了解 提高运作质量 提高零部件生产质量 降低生产成本 提高反应速度和柔性 增加利润 提高预测水平	降低合同成本 形成稳定而有竞争力的价格 提高产品质量 降低库存水平 改善时间管理能力 缩短交货提前期 提高可靠性 完善面向工艺的企业规划 形成更好的产品设计和对产品更快的反应速度 强化数据信息的获取和管理控制 提高预测水平	形成稳定而有竞争力的价格 提高库存水平 降低成本 提高服务水平 增强快速反应能力 形成稳定的供货渠道

（二）降低道德风险

有效的供应链激励机制可以促使供应链企业放弃短期行为，着眼于长期利益，在可预见的长期利益驱动下，降低道德风险，从而促进供应链企业间合作关系的维持和发展。

（三）有利于产品与市场的合作开发

供应商和经销商共同参与新产品、新技术的开发与投资，可以使供应商全面掌握新产品的开发信息，有利于新技术在供应链中的推广，同时可以开拓与稳定供应商的市场，这既有利于集中优势传递信息，又有利于分担风险。

（四）保持竞争力

实施价格激励，科学地制定价格，充分尊重供应商和分销商的利益，可以增强其获利感，激发积极性，使其主动采取合作态度，避免做出背叛行为。实施淘汰激励，对高绩效水平者给予鼓励，将业绩较差者淘汰出局，可以让所有供应链企业产生危机感，清楚认识自身承担的任务，并对工作负起全方位的责任。这不仅能够促进供应链企业的发展，还能使供应链整体竞争力保持在较高水平。

能力测试

一、单选题

1. 产销率是指（　　　）。

　　A. 一定时间内已销售的产品数量与未销售的产品数量之比

　　B. 一定时间内已销售的产品数量与已生产的产品数量之比

　　C. 一定时间内已生产的产品数量与已销售的产品数量之比

　　D. 一定时间内已生产的产品数量与未销售的产品数量之比

2. 供应链节点企业产需率是指（　　　）。

　　A. 一定时间内节点企业已生产的产品数量与其上层节点企业对该产品的需求量之比

　　B. 一定时间内核心企业已生产的产品数量与用户对该产品的需求量之比

　　C. 一定时间内已销售出去的产品数量与用户对该产品的需求量之比

　　D. 一定时间内已销售出去的产品数量与已生产的产品数量之比

3. 供应链管理环境下的激励主体和客体不包括（　　　）。

　　A. 核心企业、普通企业

　　B. 制造商（下游企业）、供应商（上游企业）

　　C. 制造商、员工

　　D. 制造商（上游企业）、销售商（下游企业）

二、多选题

1. 供应链绩效评价一般包括（　　　）部分。

　　A. 内部绩效评价　　　　　　　　　B. 外部绩效评价

　　C. 成本绩效评价　　　　　　　　　D. 利润绩效评价

　　E. 综合绩效评价

2. 下列哪些属于供应链绩效评价流程（　　　）。

　　A. 供应链绩效计划的制订

　　B. 绩效实施

　　C. 绩效评价

　　D. 绩效反馈与改进

3. 平衡计分法的评价指标角度有（　　　）。

　　A. 顾客　　　　　　　　　　　　　B. 内部流程

　　C. 学习和成长　　　　　　　　　　D. 财务

三、简答题

1. 供应链的绩效评价的常见指标有哪些？

2. 供应链绩效评价的流程是什么？

3. 简述供应链绩效评价的作用。